KB051316

인간의
마지막
권리

# 인간의 마지막 권리

죽음을 이해하고 준비하기 위한 13가지 물음

**초판 1쇄 펴낸날** 2019년 8월 13일
**초판 3쇄 펴낸날** 2023년 11월 30일

**지은이** 박충구
**펴낸이** 이건복
**펴낸곳** 도서출판 동녘

**등록** 제311-1980-01호 1980년 3월 25일
**주소** (10881) 경기도 파주시 회동길 77-26
**전화** 영업 031-955-3000 편집 031-955-3005 **전송** 031-955-3009
**홈페이지** www.dongnyok.com **전자우편** editor@dongnyok.com
**인쇄** 새한문화사 **라미네이팅** 북웨어 **종이** 한서지업사

ISBN 978-89-7297-944-9 (03100)

# 인간의
# 마지막
# 권리

죽음을 이해하고
준비하기 위한
13가지 물음

박충구 지음

*The Final Human Rights*

동녘

# 차례

시작하는 이야기 …9


## 1부  죽음을 어떻게 이해할 것인가


1.  죽음이란 무엇인가? …23

2.  우리는 죽음을 어떻게 만나는가? …34

3.  죽음이 찾아오는 길목에는 어떤 것이 있나? …66

4.  죽음이 다가오는 징후에는 어떤 것이 있나? …81

5.  우리는 왜 죽음을 두려워하는가? …98

6.  죽음은 우리 몸을 어떻게 멈추는가? …120

7.  근사체험을 어떻게 이해해야 할까? …152

## 2부 죽음을 어떻게 준비할 것인가

8.  낯선 죽음의 시대, 무엇인가? ···171

9.  고통이 없는 죽음은 가능한가? ···191

10. 합리적 자살, 왜 허용되어야 하는가? ···208

11. 견딜 수 없는 고통, 어떻게 보아야 하나? ···235

12. 새로운 죽음 이해, 과연 필요한가? ···254

13. 죽음, 삶의 마지막 책임 영역일까? ···267


마치는 이야기 ···285

"젊어서 죽고 싶지 않다면 늙는 수밖에 도리가 없다."

—장 아메리Jean Amery, 《자살에 대하여On Suicide》

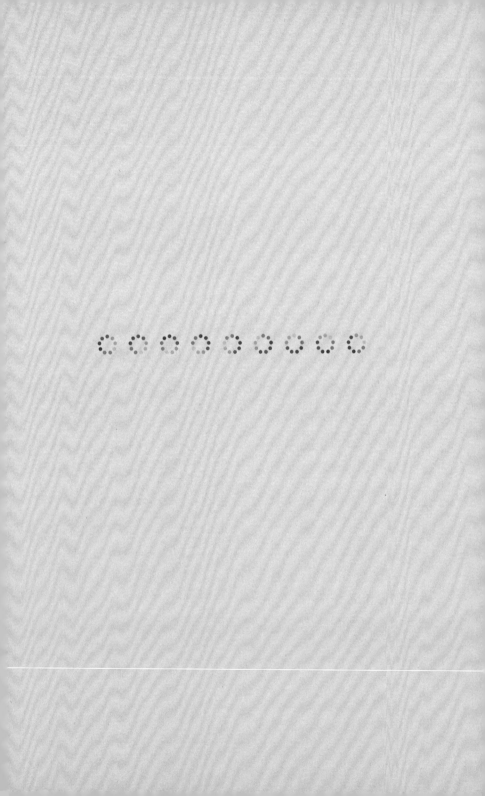

## 시작하는 이야기

　스위스와 네덜란드를 비롯한 유럽 여러 나라, 그리고 미국 오리건주를 포함한 7개 주에서 '의사조력자살<sub>physician assisted suicide</sub>'이 입법화되었다. 이런 뉴스를 접하면서 나는 현대인의 죽음에 대한 책을 써야겠다고 생각했다.

　'말기 환자의 자살을 허용하는 사회, 이 현상을 어떻게 받아들일 것인가?'

　이에 대해 더 깊이 이해하고 더 면밀히 알고 싶다는 생각이 들었다.

　그런데 인간의 죽음이라는 주제는 여타 윤리학적 주제와는 달리 좀처럼 객관화되지 않았다. 죽음과 관련된 책을 읽으면 읽을수록 죽음이라는 주제는 자꾸만 나의 존재와 엉겨붙었다. 언젠가는 죽음을 맞이해야 하는 사람으로서 나 자신의 죽음에 대해서 자유로울 수 없었기 때문이다. 의사조력자살의 문제 또한 나의 문제일 수 있다는 생각이 엄습했다.

　사실, 살아 있는 사람으로서 스스로의 죽음을 생각한다는 게 그리 유쾌한 일은 아니다. 죽음에 관한 자료를 잔뜩 모아놓은 채 차일피일 읽기를 미루기도 하고, 공연히 훌쩍 여행을 떠나기도 했다. 여행이라는 명목으로 여기저기 떠도는 중에도 나의 의식에서는 죽음이라는 주제가 떠나지 않은 채 미뤄둔 숙제처럼 굳건히 자리를 잡고 있었다. 관심을 가지지 않으려 해도, 못 본 척 밀쳐놓으려 해도 쉬이 사라지지 않았다.

인간의 죽음을 생각한다는 것, 그건 결국 자신의 죽음을 생각하는 것이다. 그동안 대학교에서 생명윤리학을 강의하면서 사형제도·인공유산·인공수정·유전자 검사·대리모·줄기세포 연구·생명복제 등을 다루었다. 이렇게 민감하고 논란이 될 만한 주제를 강의할 때도 전혀 경험하지 못한 일이다. 다양한 사회윤리학적 주제들은 나의 실존과 다소 거리가 있었기에 나와 직접 연관되는 주제가 아니었다.

결국 인간의 죽음을 생각한다는 것은 공연한 일이 아니라 사뭇 진지함을 강요받는 일이었다. 아무리 생각해도 흔히 말하는 '아름다운 죽음'이란 없었다. 그건 단지 교육적인 말일 뿐이었다.

죽음이 아름다울 수 있다는 생각이야말로 죽음에 대한 부정적 느낌을 상쇄하려는 필사적 노력이다. 솔직히 말하면 죽음은 어둡고, 침침하다. 죽음은 생명의 종말이자 모든 관계의 정지다. 그러므로 죽음의 색깔은 화려한 구석이라곤 찾아볼 수 없는 무채색이다. 죽음이 아름다울 수 있다고 말하려는 건 애써 이런 회색빛 절망을 외면하려는 노력이 아닐까.

실존하는 인간은 자신의 죽음 앞에서 괴로워하고, 슬퍼하고,

좌절하고, 체념하고, 절망한다. 시인들은 정제되고 압축된 언어로 인간의 죽음이 어떤 절망을 안겨주는지 노래했다. 때론 그 절망을 신앙으로 승화하는 비약을 보여주기도 한다. 인간의 죽음에 관한 시를 살펴보면 '죽어감'의 쓸쓸함과 고통을 드러내기보다는 죽음 앞에서 자유로운 영혼, 슬픔을 이기는 용기, 그리고 아름다운 체념을 담고 있다. 그리하여 그러한 시의 주제는 다시금 죽음 앞에서 바라보는 삶, 즉 살아 있음의 소중함으로 되돌아온다.

하지만 시인들에게 한결같이 결여된 것이 있다. 바로 가련하게 늙고 늙어 쓸쓸하게 죽어가는 이의 견딜 수 없는 고통이다. 왜 그들은 이 고통에 끈질긴 관심을 기울이지 않는가? 고통은 예단할 수 없는 것이기 때문일까? 그들은 인간의 고통을 노래하기보다는 고통을 넘어선 세계 혹은 죽음 이전의 삶이 얼마나 소중하고 아름다운지 예찬하는 데 더 많은 관심을 가진다.

죽음을 노래하는 것은 사랑을 노래하거나 아름다운 생명세계를 찬양하는 일과는 다르다. 그것은 실존의 절망을 부정해야만 가능한 일이다. 그러므로 정직한 사람이라면 아름다운 죽음을 노래하기는 어려울 것이다.

나는 항간에서 말하는 '아름다운 죽음'도 존재하리라 예상했다. 하지만 죽음이라는 주제를 구체적으로 살피면서 서서히 나의 예상이 빗나갔음을 알게 되었다. 죽음을 마주한 이들의 다양한 목소리를 들으면서 나는 아름다운 죽음이니, 추한 죽음이니 하는 것이 선입견임을 깨달았다. 그것은 죽어가는 자의 요구가 아니라 산 자들의 요구였으며, 죽어가는 이들을 향한 일종의 강요였다.

죽음에 관해 연구하고 사색하는 과정은 어떻게 보면 실존적 죽음을 경험하는 것과도 같다. 자신의 죽음을 예견하고 생각하려면 그것을 근거리에서 바라보아야만 한다. 그래서 사람들은 죽음을 확실히 예감하기 전에는 죽음에 대한 사색을 꺼린다. 종말을 예감한다는 건 어느 누구에게도 마음 편한 일은 아니기 때문이다. 그런데 고대 철학자들은 참된 마음으로 행하는 철학은 "죽음에 대한 경험"과 같다고 여겼다. 아마도 죽음이라는 주제를 배제하고서는 진지한 철학이 불가능하다고 생각했기 때문이리라.

"메멘토 모리Memento mori(너의 죽음을 기억하라)."

옛 로마에서는 승전 후 군중의 환호를 받으며 귀환하는 장군에게 노예들이 이렇게 외쳤다. 이는 오늘날 현대인들도 반드시 새겨들어야 할 권고다. 죽음에 대한 성찰이 없는 사람들은 영원히 살 것처럼 행동하면서 한사코 죽음이라는 문제를 회피한다. 하지만 우리 모두는 언젠가 스스로의 죽음 앞에 서게 된다는 사실에서 한 뼘도 달아날 수가 없다.

모든 종교는 나름대로 죽음에 대한 관점을 제시하면서 우리 모두 언젠가는 죽는다는 사실을 끊임없이 일깨워준다. 석가모니는 나이 스물아홉에 인간의 생로병사에 대해 번뇌하며 출가를 결심했다. 예수는 나이 서른셋에 엄습한 자신의 죽음을 회피하지 않고 정면으로 받아들였다. 이들은 우리에게 미리 죽음 앞에 서서 스스로의 삶을 바라보라는 종교적 가르침을 던진다.

기독교의 내세관이나 불교의 윤회설은 단순한 권선징악적 교설이 아니다. 엄연히 죽음이 다가올 테니 죽음 너머를 바라보면서 현재를 살아야 한다는 가르침이다. 하지만 현재를 위해서 죽음 이후를 생각하라는 것일 뿐, 죽음 이후를 위해서 현재를 살아가라는 것은 아니다. 그러므로 제대로 종교 생활을 하는 사람이라면 어느 정도는 자신의 죽음을 담담하게 바라보는 법을 배우는 중인지도 모르겠다.

죽음은 삶의 모든 욕망이 정지된 순간, 즉 생의 '마지막'을 표시하는 부호와 같다. 이 마지막이라는 말에서 죽음을 최종의 것이 아닌 새로운 시작으로 이해하려는 심리적 혹은 종교적 노력도 엿보인다.

'근사체험near death experience'이라는 용어가 있다. 생물학적으로 사망한 사람들의 사후세계 경험을 일컫는 말이다. 이들은 다시 살아나 자신들이 경험한 세계에 대해 들려주었다. 이처럼 죽음 너머를 엿보려는 관심과 시도 또한 끊이지 않는다.

사람들은 신념이나 종교에 따라 죽음을 상이하게 해석한다. 죽음 이후의 삶에 확고한 신앙이나 신념을 가진 사람들은 죽음을 하나의 과정으로 여기고 자신의 죽음 또한 담담하게 받아들인다. 이는 합리적 이해의 차원을 넘어 믿음이나 신앙에 자신의 죽음을 내맡기려는 노력일 것이다.

하지만 모두가 그렇게 죽음 앞에서 의연할 수는 없다. 끝내 죽음의 공포를 이기지 못한 채 혼비백산한 모습으로 죽어가는 사람도 있다. 마지막까지 저항하다가 어쩔 수 없이 죽음에 끌려가는 사람도 있고, 고통스럽게 죽어감의 과정을 겪다가 서서히 세상을 떠나는 사람도 있다. 사유하는 능력을 잃고 신체의 기능을 모두 상실한 채 수치스럽고 모욕적인 시간을 견뎌내다가 마침내 죽음과 맞닥뜨리는 사람도 있다. 치매에 걸려 인격을 잃은 사람은 자신의 존재조차 망각한 채 공허한 생존을 이어가다 죽음을 맞는다. 그렇게 보면 자신의 죽음을 직시하며 담담히 죽어갈 수 있는 것도 오로지 소수의 사람들에게만 허락되는 권리인 듯하다.

최근 들어 죽음에 대한 사회적 관심이 부쩍 커져간다. 인간 수명이 늘어남에 따라 우리나라도 고령사회가 되었다. 19세기만 해도 인간의 평균수명은 약 45세였다. 하지만 고령사회에서는 평균수명이 거의 그 배가 되었다. 그 결과 대부분의 사람들은 매우 쇠퇴한 몸으로 죽음을 맞는다. 장 아메리가 언급했듯이 젊어서 죽고 싶지 않다면 늙는 수밖에 다른 도리가 없다.

노인들은 대부분 암, 심장질환, 뇌질환이라는 3대 중증질환의 습격으로 죽음을 맞는다. 오래되고 낡은 기계처럼 노화로 인해 우리 몸의 중요한 기관이 고장나는 것이다. 일단 중증질환이 찾아오면 몸은 서서히 죽음 쪽으로 기울어간다. 그 과정에서 약 30%에 가까운 사람들이 인간으로서는 '견디기 어려운 괴로움'과 직면한다. 삶의 말기에 이러한 고통에 몸부림치는 사람들에게 우리가 해줄 수 있는 일은 그다지 많지 않다.

전통적 생명윤리는 인간의 수명이 비교적 짧았던 시대에 형성되었으므로 말기 환자들이 겪는 고통을 심각하게 고려하지

못했다. 죽음은 그저 인간이 받아들여야 할 숙명이자 신의 영역
이라고 믿었다.

이런 과거의 생명윤리로는 생명의 존엄성을 진지하게 숙고
하지 못했다. 인간은 다만 생명을 옹호하고 연장하는 과제를 수
행해야 한다고 믿었다. 죽음을 거부하고, 죽음에 저항하고, 죽음
을 유예하는 것이 생명을 옹호하는 일이라고 판단했다. 그런데
이러한 윤리는 오늘날 시효가 지난 것으로 판단된다.

이제 말기 환자의 견딜 수 없는 고통을 이해하면서 전통적 윤
리규범을 수정하려는 사회가 늘어나고 있는 추세다. 몇몇 사회
와 몇몇 나라들에서는 말기 환자가 인간 존엄성을 지키고 평화
로운 죽음을 맞이하도록 환자가 원하면 죽음을 앞당길 권리를
허용하기에 이르렀다. 하지만 전통적 생명윤리의 한계에서 벗
어나지 못한 사람이라면 오늘날 법제화되어가는 의사조력자살
의 도덕적 정당성을 받아들이기가 매우 힘들 것이다.

하나의 개체가 사라지고 또 하나의 개체가 태어나면서 자연
과 인간사회는 끊임없이 이어진다. 이를 생각하면 인간의 죽음
이란 피할 수 없을 뿐 아니라 꼭 필요한 것이기도 하다. 아마도
죽음이 없다면 지구의 인구는 기하급수적으로 늘어나고, 그에
따라 우리의 삶 또한 한없이 지루하고 비루해질 것이다. 하이데
거M. Heidegger의 말처럼 죽음이 없다면 삶도 의미가 없을 것이다.
그런데 다행히도 모든 인간에게 불변인 단 하나의 진리가 있으
니 모든 인간은 공평하게 죽는다는 사실이다.

모든 동식물 가운데 오직 인간만이 자신이 죽는다는 사실을

알고, 다가오는 죽음의 의미를 헤아린다. 동물들도 죽음을 예견한다고들 한다. 하지만 죽어가면서도 지적이고 도덕적인 능력을 행사하면서 그러한 행위에 대해 숙고하는 존재는 오로지 인간이 유일하지 않을까.

우리는 최후의 순간까지 생명을 사랑하겠지만 결국에는 언젠가 이 삶도 멈추리란 사실을 잘 안다. 죽음은 궁극적으로 조정이 불가능한, 우리 손 밖에 있는 어떤 것이다. 인간이 할 수 있는 것이라곤 언젠가 맞이할 죽음을 자성하고, 스스로의 죽음을 좀 더 깊이 이해하는 것뿐이다. 16세기 사상가 몽테뉴M. Montaigne는 인간은 노화 과정에서 이미 반 또는 4분의 3은 죽은 것과 마찬가지라고 했다. 육체적 죽음이란 그 나머지 4분의 1마저 죽는 것이라는 말이다.

고령화사회에서 우리는 이러한 현상과 온몸으로 맞닥뜨린다. 서서히 찾아오는 노화와 함께 죽어가는 과정에서 벗어날 수 없게 된 것이다.

인간 몸에서는 20대부터 생물학적 노화가 시작된다. 불교의 생로병사生老病死라는 말은 이를 요약한 것이다. 즉, 인간은 태어나는 순간 이미 늙고 병들어 죽는 존재라는 사실을 내포한 말이다.

그리스 철학자 크세노폰Xenophon은 아들의 죽음이라는 비보悲報를 전해 듣고 이렇게 말했다.

나는 나의 아들이
태어났을 때부터

인간의 마지막 권리

그가 언젠가는
죽으리란 사실을
알고 있었다.

누구에게나 다가오는 죽음의 본질은 과연 무엇인가. 나는 죽음이 육체에 일어나는 하나의 '사건'이라고 생각한다. 죽음은 삶의 모든 욕망을 정지시키는 사건이다. 죽음 앞에선 기쁨도 슬픔도, 행복도 불행도 모두 정지한다.

반면 삶은 기쁨과 행복, 슬픔과 불행이 교차하며 직조되는 과정이다. 인간은 수없이 선택의 자유를 행사하며 자기 삶을 책임지고 꾸려나간다. 그리고 삶을 영위하는 방식에는 보편적으로 고통의 극소화와 기쁨의 극대화라는 공리가 적용된다.

이런 공리는 마땅히 죽어가는 시간에도 적용되어야 할 것이다. 그런데 죽음이나 죽어감과 관련해서는 흔히 죽어가는 이의 주체성과 자율성, 자유와 선택이 보장되지 않는 '죽음의 윤리'를 적용한다. 과거에 형성된 전통과 습성, 종교의 가르침, 국가의 법, 타인의 기대나 요구, 의료진의 권위 등이 인간이 죽어가는 과정을 장악했기 때문이다. 그리하여 죽어가는 이는 자유를 박탈당하며 생의 마지막 결정권을 주체적으로 행사할 기회를 얻지 못한다. 심지어 극단의 고통 속에 무기력하게 방치되는 경우도 적지 않다.

나는 삶을 이해하는 방식이 죽음을 이해하는 방식을 대부분 결정한다고 생각한다. 책임감을 가지고 인간다운 존엄성을 지키며 자유롭고 아름다운 삶을 살아온 사람이라면 죽음 앞에서도 삶의 의미를 놓지 않고 주체성을 지키려 할 것이다. 반면 자유와 그에 수반되는 책임을 수행해야 할 무수한 순간 인간다움과 존엄성을 지키며 살지 못했다면 죽음 앞에서도 자유와 책임의 지평을 제대로 바라볼 수 없을 것이다. 결국 삶의 질이 죽음의 질을 결정하는 셈이다. 이런 점에서 볼 때 살아가면서나 죽어가면서나 인간다움과 인간으로서의 존엄성을 지킬 수 있도록 우리 모두는 서로서로 자유와 권리를 보장해야 한다.

죽음을 생각할 시점이 되면 사람들은 누구나 자신의 죽음이 '좋은 죽음'이 되기를 기대한다. 영어의 '안락사euthanasia'는 '좋은'을 뜻하는 '유eu'와 죽음이라는 명사 '타나토스thanatos'가 결합된 단어로서, '좋은 죽음'을 뜻하는 그리스어에서 유래한 말이다. 이 용어는 기원전 그리스 사람들이 '좋은 죽음'이란 고통이 없는 죽음이어야 한다고 생각하던 데서 연유했다. 오래전부터 인간은 신체적 고통이나 정신적 고통이 없는 죽음을 좋은 죽음으로 여겼던 것이다. 물론 그 단어는 불명예스러운 죽음이 아니라 명예로운 죽음이라는 의미도 내포한다.

지금 우리가 살아가는 사회에는 좋은 죽음을 누리게끔 돕는 '좋은 죽음'의 '윤리와 문화'가 결여되어 있다. 수명이 연장되어 사람들 대부분이 나이 많은 노인이 된 후에 죽는 세상이 찾아왔다. 하지만 오래전에 형성된 낡고 진부한 죽음의 윤리는 여전히 변하지 않고 작동한다. 이렇듯 지금의 세상에 적절한 죽음의 윤리가 결여된 사회에서는 평화롭고 인간다운 죽음을 맞이하기가

인간의 마지막 권리

쉽지 않다. 죽어가는 이를 존중하지 않는 문화에서 어찌 아름다운 죽음이 가능하겠는가? 그러므로 나는 아툴 가완디Atul Gawande의 명제가 차라리 옳다고 생각한다. 미국의 의사이자 작가로 2010년《타임Time》선정 세계에서 가장 영향력 있는 100인 중 한 사람이었던 그는 이렇게 말했다.

"아름다운 죽음은 없다. 그러나 인간다운 죽음은 있을 수 있다."

이 시대에 과연 인간다운 죽음은 무엇을 뜻할까? 그것은 바로 죽어가는 이가 스스로 인간의 존엄성을 지킬 수 있고, 또한 사회가 그 존엄성을 지켜주는 죽음일 것이다. 이 책은 독자들과 함께 이 질문에 대한 답을 찾아가는 여정이 될 것이다.

인간다운 죽음을 맞이하려면 우리는 과연 무엇을 해야 할 것인가?

2019년 8월

파주에서

박충구

1부

# 죽음을 어떻게 이해할 것인가

# 1. 죽음이란 무엇인가?

"나는 이제 곧 죽을 거야. 그럼 난 어떻게 해야 하나……."

－셸리 케이건Shelly Kagan, 《죽음이란 무엇인가Death》

죽음은 일종의 생물학적 사건이다. 생명체의 죽음이란, 유기체의 생명을 지속시켜온 유기적 기능이 회복 불가능한 상태가 되어 전적으로 멈춰버린 현상을 일컫는다. 그런데 인간의 죽음에는 다른 생명체들과 구분되는 점이 있다. 바로 자기의식과 존재의 상실을 동반한다는 것이다. 장구한 역사 속 수많은 사람들이 종교·철학·문학·역사학·심리학·인류학 등 다양한 분야에서 죽음을 언급했다. 그러나 그들이 생각한 것은 죽음 그 자체였을 뿐 하나의 생명체가 죽어가는 과정, 다시 말해 죽어감을 숙고한 경우는 극히 드물었다.

힌두교나 불교에서는 인간의 삶과 죽음이란 일회적인 것이 아니라고 본다. 즉, 죽음을 주어진 생명이 업보에 따라 다음 생으로 건너가는 길목과 같다고 여기는데 이것이 윤회설에서 바라보는 죽음이다. 반면 삶을 유일회적唯一回的이라 여기는 기독교 전통에서는 죽음을 일종의 형벌로 이해한다.

아우구스티누스Augustinus는 《신국론De civitate Dei》 13장에서 죽음을 아담이 지은 죄에서 유래된 형벌이라고 보면서 다음과 같이 주장했다.

"영혼이 떠난 육체에 죽음이 오듯 하나님이 떠난 영혼에는 죽음이 다가온다."

그는 영혼의 죽음과 육체의 죽음이라는 이중적 방식으로 인간의 죽음을 이해했다. 죽음이란 일종의 징벌이며, 하나님을 떠난 영혼의 신체에서 일어나는 사건이라고 본 것이다. 이처럼 다소 신화적인 아우구스티누스의 견해에 대해서는 신학적 해석이 필요하다. 나는 그의 이해보다 더 근원적 관점이 필요하다고 생각한다. 육체의 죽음이야말로 근본적인 인간의 죽음으로 생각되기 때문이다.

문화예술사적 관점에서는 죽음을 실체적 존재로 바라보거나 심지어 인격화하기도 했다. '죽음이 다가온다' 혹은 '나의 죽음을 생각한다' 등의 상징적 표현에서 그러한 예를 찾아볼 수 있다.

죽음은 육체에서 서서히 혹은 예외적으로 급작스럽게 일어난다. 생물학적 관점에서 보면 죽음이란 몸의 죽음, 즉 '생명을 가진 유기체가 그 생명력을 영원히 상실하는 것'이다. 생물학적 죽음이란 개인의 삶을 정지시키는 사건이자 결과적으로 존재의 상실이 일어난 상태다.

근래 들어 죽음을 이해하는 방식을 죽음death과 죽어감dying으로 구분하는 경향이 생겼다. 일종의 종료된 '상태'로서의 죽음과 하나의 사건으로서의 죽어가는 '과정'을 나누어 생각하는 현상이다. 죽어감의 과정이 비교적 짧았던 과거에는 인간의 죽음 자체에 관심의 초점을 두었다면 수명 연장으로 죽어감의 과정이 길어진 고령화사회에서는 죽음이 아닌 '죽어감'의 과정에 더 깊은 관심을 갖게 된 것이다.

철학적으로 죽음을 생각할 때 우선 '죽음이란 무엇인가?'라는 데서 출발해서 '죽음의 실제를 어떻게 알 수 있는가?'라는 물음에 도달하게 된다. 전자가 죽음에 대한 존재론적 물음이라면 후자는 죽음에 대한 인식론적 물음이다. 대부분의 철학자들이 죽음은 수수께끼처럼 알 수 없는 것이라고 생각했다. 죽음 이후도 마찬가지다. 철학자들은 죽음보다 삶에 더 많은 관심이 있었다. 죽음 이후를 묻는 제자에게 공자는 답했다.

"삶도 모르는데 죽은 후를 어찌 알겠느냐."

나는 삶보다 죽음 이후를 강조하는 종교인들에 비하면 죽음에 대해 알 수 없다고 생각한 철학자들이 지적으로 더 정직하다고 생각한다.

독일 루터교 신학자 에버하르트 융엘Eberhard Jüngel은 인간이 죽음을 규정할 수 있다면 죽음의 정체를 파악하고 지배하게 되는 것과 마찬가지라고 했다.[1] 하지만 그는 인간이 죽음을 지배한다기보다는 죽음이 인간을 지배한다고 보았다. 자연적인 것으로 보이는 죽음이 인간에게는 가혹할 정도로 폭력적인 것이기 때문이다. 이렇듯 죽음은 인간에게 위협, 불안, 폐쇄로, 제거하는 힘으로 다가온다. 죽음은 그 어떤 새로운 시작도 허락하지 않는다. 그러기에 죽음은 마지막을 뜻하며, 생명의 박탈을 의미한다. 죽음의 지배가 휩쓸고 지나가면 인간은 현재성을 잃어버리고 삶의 모든 것은 과거가 되어버린다. 이제 미래는 존재하지 않는다.

죽음은 살아 있는 유기체의 존재론적 성격을 박탈하며, 생명력에 내재된 모든 속성을 제거한다. 이렇게 해서 죽음이란 상태는 그저 죽은 몸뚱어리만을 의미하게 된다. 게다가 모든 유기체의 죽음 중에서 인간의 죽음은 신체의 유기체적 기능만이 아니라 인간됨 자체까지 상실하게 만든다. 인간은 사유와 행동을 통해 삶의 의미를 물으면서 살아가는 존재다. 그 인간됨의 '총체적 상실total loss'로서의 죽음은 결국 인간 존재를 무화無化한다.

그러므로 죽은 이는 이제 인간으로 여겨지지 않는다. 사유하는 능력, 특정한 행위를 의도하고 실천하는 능력을 상실함으로써 법적·도덕적 책임의 주체로 간주되지도 않는다. 그래서 그리스 비극작가 에우리피데스Euripidēs는 "내가 죽으면 불명예란 더는 문제가 되지 않는다"라고 주장했다. 한 개인이 소중히 여기던 모든 명예나 가치가 죽음으로 끝이 난다고 보았기 때문이다.

결국, 인간의 죽음이란 생명력을 전적으로 상실한 상태다. 이제 죽음을 맞은 인간은 모든 사회적·인격적·법적 관계를 상실한다. 생물학적으로는 생명력이 정지되어 회복이 불가능한 상태며, 사회적으로는 주체적이고 책임 있는 모든 관계를 상실한 상태다. 혹자는 죽음이란 "생명의 정지이지 관계의 정지는 아니다"라고 주장한다. 그러한 주장은 죽음 뒤에 남겨진 관계에 의

죽음을 어떻게 이해할 것인가

미를 부여하려는 노력에 불과하다. 산 자는 죽은 자가 삶의 영역
에 되돌아오는 것을 허락하지 않기 때문이다.

우리는 죽음으로 잃어버린 것에 절망하며 자신의 죽음 혹은
누군가의 죽음을 슬퍼한다. 그리고 돌이킬 수 없는 관계의 상실
에 깊은 허망함을 느낀다.

> 머지않아 당신을, 나를
> 알고 있다고 말할 사람은
> 아무도 없으리라.
> 다른 사람들이 이곳에서
> 살아갈 테고
> 우리를 그리워하는 자는
> 더는 없으리라.
>
> 샛별이 뜰 때까지
> 첫 이슬이 내릴 때까지
> 기다리리라.
> 우리는 하느님의 커다란 정원에서
> 기꺼이 꽃을 피우고
> 시들어가리라.
> ─헤르만 헤세Hermann Hesse, 《아름다운 죽음에 관한 사색Mit der
> Reife wird man immer junger》

## 생물학적 죽음

그렇다면 인간의 죽음을 어떻게 인지하고 확인할까. 전통적으로는 호흡 정지나 심장 정지 상태를 죽음을 판정하는 기준으로 삼았다. 즉 생물학적·의학적 판단에 따라 죽음을 판별한 것이다.

20세기 들어 심장 기능이나 호흡의 정지는 뇌세포의 치명적 손상으로 발생하는 현상이라는 사실을 알게 되었다. 호흡이 정지되면 혈액순환이 멈추면서 뇌세포의 죽음을 초래한다. 1950년대 이후에는 생명유지장치를 사용해 인위적으로 호흡을 지속시켰다. 즉 인공심장을 달아 생명을 다소 연장하는 것도 가능한 세상이 되었다.

이렇게 인공호흡장치나 심장박동장치의 도움을 받아 몸의 일부 기능을 인위적으로 지속시킨다면 과연 살아 있는 상태인가? 죽은 상태인가? 일종의 '죽음의 지연 상태'를 어떻게 판별할 것인가? 이에 대한 논란과 함께 새로운 판단기준이 필요하다는 문제가 제기되었다.

1968년 하버드의대 헨리 비처Henry Beecher 교수는 "만일 환자가 뇌사상태라고 판명된다면 생명유지장치 제거를 수용할 수 있어야 한다"는 견해를 밝혔다. 비록 생명유지장치의 도움을 받아 신체 기능의 일부가 작동한다고 해도 뇌사상태에 이른 환자는 이미 '죽은 상태'로 볼 수 있기 때문이다. 그러므로 신체 일부의 기능을 지속시키는 인공장치를 제거한다고 해도 환자의 생명을 위한다고 볼 수 없다는 것이다.

당시 사람들은 환자의 생명유지장치를 제거하는 행위가 때에 따라 합법적이고 윤리적으로 정당해질 수 있다면 장기이식의 길이 열릴 것이라고 생각했다. 희망이 없는 환자의 장기를 적출해서 다른 사람이 생명을 되찾도록 도울 수 있기 때문이다. 하지만 멀쩡하게 살아 있는 것처럼 보이는 사람의 생명유지장치를 제거하고 장기를 적출하는 행위는 자칫 고의적 살인 행위로 규정될 수도 있는 일이었다. 따라서 인간의 생물학적 죽음을 정의하는, 더욱 명료하고 새로운 기준이 요구되었다.

그 결과 인간의 죽음을 판정하는 더욱 엄밀한 기준은 호흡이나 심장의 정지가 아니라 뇌의 죽음, 곧 뇌사가 되어야 한다는 합의가 도출되었다. 뇌사란 '생명 유지에 필요한 뇌 기능의 완전한 상실'을 의미한다. 이것이 오늘날 인간의 죽음에 대한 가장 정확한 판단기준이다. 이제는 과거와는 달리 뇌가 완전히 손상되어 스스로 심폐 기능을 지속할 수 없는 상태를 이미 사망에 이른 상태라고 판단하는 것이다.

하지만 뇌사상태인 사람은, 뇌 일부가 스스로 기능함으로써 호흡과 혈액순환이 가능하기에 여전히 살아 있는 상태로 간주되는 식물인간과는 구별된다.

뇌사상태를 이해하려면 먼저 인간의 뇌 기능을 살펴볼 필요가 있다. 뇌는 크게 근육을 움직이는 대뇌·소뇌로 구성된 상층부와 뇌간·연수·척수 등으로 구성된 하층부로 나뉜다. 상층부 뇌가 의식과 연관된 곳으로서 의지적 근육운동의 동인動因이라

면 하층부 뇌는 의식이나 의지와 상관없이 움직이는 자율적 근
육운동의 동인動因이라고 볼 수 있다.

뇌사상태는 뇌의 상층부와 하층부 모두가 기능을 상실한 경
우를 말한다. 반면 식물인간의 뇌는 상층부가 손상되어 의식을
상실했으나 하층부는 일부 기능을 수행함으로써 호흡, 혈액순환
등 자율신경계를 통한 근육운동이 일어나는 상태다. 따라서 식
물인간은 뇌의 정지, 즉 뇌사 판정의 기준을 충족시키지 못한다.

모든 사람이 다 동의하지는 않는다 해도 현대에 와서는 많
은 사람들이 뇌 기능의 정지를 죽음으로 정의한다. 심장박동
이 계속되고 골수가 새로운 세포를 만들어낼지라도 뇌의 활동
이 정지되었다면 결코 살아 있는 상태로 볼 수 없기 때문이다.
　　－셔윈 누랜드Sherwin B. Nuland,《사람은 어떻게 죽음을 맞이하
　　는가How We Die》

## 식물인간

2008년 연세대 세브란스병원에 입원한 김 모 할머니가 폐암
조직검사 도중 과다출혈로 의식불명에 빠졌다. 이 사건은 2009년
대한민국에 존엄사 논란을 불러왔다. 식물인간 상태인 환자의
생명유지장치를 제거하는 것이 법적으로나 윤리적으로 정당한
행위일 수 있느냐는 문제가 제기된 것이다.

당시 대법원은 회복될 가능성이 없는 고령 노인에 대한 무의미한 연명치료가 오히려 인간의 존엄성과 가치를 훼손할 수 있다고 보았다. 사망 단계에 이르러 회복이 불가능한 환자가 인간으로서의 존엄성과 가치 및 행복추구권에 기초하여 삶을 마치겠다는 자기결정권을 행사하려 한다면 이를 인정해야 한다고 본 것이다. 대법원은 이런 사유로 김 모 할머니의 연명치료 중단을 승인했다(2009년 5월 21일 대법원 판결).

비록 살아 있지만 회생할 수 없는 상태에서 인간 존엄성과 가치를 지킬 권리를 요구한다면 사회는 이를 인정해야 한다는 판단이다. 일종의 간접적이며 소극적인 안락사를 승인한 셈이다.

결국 대법원은 의료진의 연명치료 행위가 일면 환자의 생명을 지속시킴으로써 생명권 옹호라는 가치를 가진다 해도 정당한 것으로 볼 수 없다고 판단한 것이다. 무의미한 연명치료로 환자의 고통이 연장되며, 삶의 질이 저하됨으로써 인간 존엄성이 상실되고, 편안한 죽음을 선택할 수 있는 행복추구권이 침해받기 때문이다. 이렇게 특정한 상황에서는 생명권보다 환자의 존엄성과 행복추구권에 우선성을 부여해야 옳다는 판단이었다.

이 판결의 성격을 보면 사실 뇌사에 대한 판정은 아니었다. 생명유지장치를 제거한 즉시 환자가 숨을 거두었다든지, 적절한 조치로 생명을 정지했더라면 일종의 안락사나 존엄사에 관한 문제로 볼 수 있었을 것이다. 그러나 이 사건은 그러한 차원까지 확대되지 않았다. 생명유지장치를 제거한 후에도 환자의 하층부 뇌는 기능하며 스스로 호흡하기도 하고, 혈액을 순환시킬 능력이 있었다. 할머니는 약 7개월 이상 튜브로 영양을 공급받으며 생존했으므로 진정한 의미에서 존엄사를 승인한 사례로 보기는 어렵다.

다른 관점에서 보면 이 사건은 생명유지장치 없이도 생존 가능한 환자에게 장치를 적용하고 이를 제거하면 사망할 것으로 본 의료진의 오판과 과잉치료 행위에 대한 법정 논쟁이라고 볼 수도 있다.

엄밀한 의미에서는 할머니가 뇌사상태였다면 굳이 법정 논쟁으로 확대되지 않았을 것이다. 식물인간 상태에서는 천에 하나 정도 회복되는 경우도 있으나 뇌사상태는 전적으로 회복이 불가능하기 때문이다. 환자가 뇌사상태인지 식물인간 상태인지를 일반인이 판단하기는 어렵다. 미세한 죽음의 과정에서 환자의 생명과 존엄성을 지키는 일은 세심하고 정확한 의학적 판단에 따라 적절히 수행할 수밖에 없다.

뇌사가 죽음 판정의 필요충분조건을 충족시키는 기준이라는 주장에 이의를 제기하는 사람들도 있다. 이들은 정확하게 신체 모든 세포의 죽음이 일어난 후의 상태가 진정한 죽음이라는 세포사細胞死 이론을 주장한다. 하지만 사람 뇌의 집약적 활동만이 하나의 유기체로서 인간의 모든 신체 활동을 가능하게 한다. 그러므로 이러한 기능의 정지를 초래하는 뇌사를 죽음의 기준으로 판정한다면 가장 총체적이고 명료할 것으로 보인다.

심정지를 기준으로 하는 심장사, 숨이 끊어진 상태를 기준으로 하는 호흡사, 뇌파 활동의 정지를 기준으로 하는 뇌사, 모든 세포의 죽음을 확인한 후 죽음이라고 판정하는 세포사 등은 서로 다른 듯 보여도 하나의 일정한 방향으로 향한다. 이 모든 개념은 생명력을 지속시킬 능력의 완전한 상실과 생명 유지 기능의 전적인 중지 상태에 대해 각기 다른 관점에서 내리는 상이한 판단이라고 할 수 있다.

사망이 선언되면 이제 하나의 생명으로서의 인간은 존재하지 않는다. 따라서 새로운 시작은 없고 실존은 종말에 이른다.

# 2. 우리는 죽음을 어떻게 만나는가?

사람아, 흙에서 왔으니 흙으로 돌아갈 것을 생각하여라.

−〈창세기〉 3장

짐승은 태어나자마자 일어나서 걷는 데 비해 인간의 신체 조건으론 최소한 일 년 이상 홀로 설 수 없다. 갓 태어난 아기는 순진하고 아름답지만 인식하고 실천하는 능력은 보잘것없다. 그들은 누군가의 돌봄을 받지 않고서는 생존할 수 없다. 타인에게 절대적으로 의존한 채 몸과 마음이 성숙해지면서 우리는 비로소 온전한 인간이 되어간다. 옛날에는 출생 후 얼마 살지 못하고 죽는 경우도 많았다. 유아기, 청소년기, 장년기, 노년기를 거치면서 인간은 의식하든, 의식하지 못하든 무수히 죽음의 고비를 넘긴다.

살아 있는 인간은 언제라도 죽음과 맞닥뜨릴 수 있다. 세상에서는 무수한 사건 사고가 일어나고 단 1초도 안 되는 짧은 순간에 삶과 죽음이 교차한다. 잘못된 유전형질을 타고나 남들과는 전혀 다른 삶을 살아야만 하는 사람이 있는가 하면, 건강하고 의욕적으로 살다가 갑작스런 사고로 생명을 잃거나 사소한 이유로 병원을 찾았다가 불치병 진단을 받는 사람도 있다.

이토록 연약한 존재인데도 한평생 아름답고 소중하게 삶을 향유하며 살 수 있다면 종교의 유무와 상관없이 하늘에서 선물받은 사람이라 할 만하다.

그래서 시편 기자는 이렇게 고백한다.

> 내가 사망의 음침한 골짜기를 지날지라도
> 해를 두려워하지 않음은
> 주께서 나와 함께하심입니다.
> 주의 지팡이와 막대기가
> 나를 지키셨기 때문입니다.
> -〈시편〉23장

## 타인의 죽음

살아가는 동안 우리는 때때로 죽음과 마주한다. 동일한 죽음이라도 그 죽음을 바라보는 시선은 여러 가지다. 보는 이의 시선에 따라 그의 죽음이 되기도 하고, 그대의 죽음이 되기도 하며, 나의 죽음이 되기도 한다. 가장 많이 마주하는 죽음은 대부분 그저 나를 스쳐 지나가는 타인의 죽음이다.

그/그녀의 죽음은 내게도 언젠가 죽음이 다가오리란 사실을 알려준다. 그리고 결국에는 그 죽음을 피할 수 없다는 사실을……. 먼 타인의 죽음은 그다지 고통스럽게 다가오지 않는다. 깊은 관계가 아니기에 그의 죽음이 존재의 심연을 흔들지 못하는 까닭이다. 그래서 우리는 대부분 타인의 죽음에는 스쳐 지나가듯 다소 무관심한 편이다. 항상 죽음의 그림자에서 멀어지고 싶어 하기에 우리는 타인의 죽음을 이내 잊어버린다.

그러다가도 죽은 자를 향한 산 자의 애절한 슬픔을 바라보노라면 스스로의 삶의 무게를 헤아리면서 나와 죽음의 거리가 어느 정도인지 가늠하게 된다. 그 죽음을 통해 나도 언젠가 죽으리란 사실을 선명하게 인식하고 한 번 더 생각한다. 나이가 들수록 죽음이 자신에게 가까이 다가오는 것을 느끼면서, 종국에는 자신도 죽음을 피할 수 없으리란 사실을 의식하면서 살아가게 된다.

타인의 죽음은 하나의 사건으로 목격하고 경험할 수 있지만 나의 죽음은 내가 경험할 수 없는 사건이다. 다만 스스로의 죽어가는 과정을 경험할 뿐이다. 그리스 철학자 에피쿠로스<sub>Epicurus</sub>가 주장했듯이 죽음 직전까지의 경험이 아마도 인간이 이해할 수 있는 최대치일 것이다. 죽음이 찾아온 순간 죽음을 경험할 자신은 이미 존재하지 않는다. 그러므로 죽음과의 만남은 불가능하며 죽음 그 자체를 경험할 수가 없다.

그런데 조금만 더 죽음 가까이 다가가보면 모든 죽음의 양태가 서로 다르다는 사실을 알게 된다. 매우 짧은 죽음이 있는가 하면 매우 긴 죽음이 있고, 주체적으로 대면하는 죽음이 있는가 하면 끌려가는 죽음이 있다. 죽어가는 이가 밑바닥까지 주체를 상실하고 철저히 객체가 되는 죽음, 삶의 온갖 수치와 모욕을 겪다가 맞는 죽음, 극심하게 고통받는 이가 간절히 기다리는 죽음, 스스로를 망각한 상태에서 아무런 자각 없이 맞이하는 죽음도 있다.

이처럼 죽음의 양태는 저마다 달라도 죽음이 삶에서 돌이킬 수 없는 불가역적 단계라는 점은 누구에게나 공통된다. 죽어가는 이의 죽음을 그 누구도 대신할 수 없다는 점에서 모든 죽음의 실존적 성격은 동일하다.

그러므로 타인의 죽음에 어떤 관점을 가지느냐는 매우 중요한 문제다. 타인의 죽음의 과정과 장례 절차가 결국에는 자신의 죽음을 간접적으로 예고하는 과정과 절차가 되는 까닭이다.

2015년 가을 나는 타이완의 타이난대학교에서 한 학기 강의를 했다. 죽음에 관한 책을 준비하던 나는 그곳에 머물면서 자연스럽게 타이완 사람이 죽음을 바라보는 시각에 관심을 갖게 되었다.

타이완 남부 가오슝 해안을 지나던 어느 날 나는 우연히 누군가의 장례 행렬을 목격하게 되었다. 흰옷 입은 무리가 두 줄의 긴 행렬로 피리를 불며 일몰 무렵 바닷가를 지나갔다. 수평선 넘어 짙게 드리운 저녁노을 아래 해안선을 따라 걷는 그들의 모습을 보면서 알지 못하는 누군가의 죽음에 강렬한 인상을 받았다. 행렬 마지막 사람은 죽은 자에게 작별을 고하는 내용을 적은 휘장을 등에 두르고 있었다. 거기에는 이런 글귀가 쓰여 있었다.

그대에게 평화를 드립니다.
이 평화를 가지고 멀리멀리 가십시오.
그리고 30년 이내에는 돌아오지 마십시오.

나는 이 장례 행렬을 보며 죽은 자는 산 자의 공동체를 떠나
야 한다고 느꼈다. 이제 죽은 자는 환영받지 못한 채 산 자에게
추방당해 영원한 이별을 맞는다. 그렇게 쫓겨나는 타인의 죽음
을 보면서 나의 죽음과 그 사회적 의미를 생각하니 쓸쓸하고 서
글픈 마음이 들었다. 두려운 마음으로 바라본 타인의 죽음을 통
해 나의 죽음에 드리울 운명을 엿보게 된 것이다.

## 사랑하는 이의 죽음

타자의 죽음에서 그랬듯 사랑하는 이의 죽음에서도 자신의
죽음을 예감하고 이해하는 방식을 습득한다. 하지만 타자의 죽
음과 달리 사랑하는 이의 죽음에서 우리는 적나라한 죽음의 폭
력성을 경험한다. 그리고 이를 통해 죽음이 단순한 생물학적 현
상이 아니라 사회적인 것이기도 하다는 진실과 마주하게 된다.
나와 관계없는 사람의 죽음은 나의 실존에서 멀리 떨어져 있
는 죽음이다. 내가 그의 죽음을 타인의 죽음으로 경험하듯이 나

의 죽음 또한 누군가에게는 타인의 죽음이 될 것이다. 하지만 내가 사랑하는 이의 죽음은 '그대의 죽음'이 된다. 나를 사랑하는 이에게 나의 죽음 또한 '그대의 죽음'이 될 것이다.

언젠가 벽제화장터에서 젊은 여성의 애끓는 울음소리를 들은 적이 있다. 슬픔에 몸부림치는 그녀의 모습을 보며 죽음 앞에서 망연자실할 수밖에 없는 산 자의 한계를 절실히 느꼈다. 사랑과 애착이 큰 관계일수록 떠나보내는 이의 슬픔과 괴로움도 한없이 커진다.

우리는 살아가면서 '사랑하는 이의 죽음', '너의 죽음', '그대의 죽음'과도 맞닥뜨린다. 사랑하는 이의 죽음은 타인의 죽음과는 전혀 다른 종류지만 피할 수 없다는 점만은 동일하다. 낯선 이의 죽음은 죽음의 그림자를 엿보게 할 뿐이지만 사랑하는 이의 죽음은 죽음의 폭력성을 격렬히 맛보게 한다. 사랑하는 이와 맺었던 관계의 총체적 부정이기 때문이다.

슬프지 않은 죽음이 있으랴만은 그중에서도 가장 슬픈 죽음은 지극히 사랑하는 이의 죽음일 것이다. 사랑하는 자식의 죽음을 목도하는 부모의 마음은 그 무엇으로도 위로하기 어렵다. 그리스와 트로이의 전쟁에서 트로이 왕 프리아모스Priamos는 자식의 비참한 죽음을 목격하고 깊이 절망한다. 그는 사랑하는 아들 헥토르Hector가 눈앞에서 아킬레우스Achilles의 칼에 죽임을 당하는 모습을 지켜보아야 했다. 헥토르의 시신은 뒤집힌 채 아킬레우스의 전차에 매달려 이리저리 끌려다니고 모든 병사들 앞에서 모욕당한다.

트로이 전쟁사의 한 페이지를 장식하는 이 이야기는 아마도 인간의 죽음 중에서 가장 처참한 죽음의 장면 가운데 하나일 것이다. 프리아모스는 아들의 시신을 찾고자 죽음을 각오하고 홀로 적진에 들어간다. 헥토르의 시신을 돌려달라고 간청하는 프리아모스에게 아킬레우스는 시신을 내어준다. 자식을 잃은 아버지의 심정을 헤아렸기 때문일 것이다. 프리아모스는 적의 수중에서 아들의 시신을 되찾아와 깊은 슬픔과 고통 속에 비감한 마음으로 장사 지낸다.

사랑하는 이의 죽음을 겪는다는 건 사랑을 하는 일만큼이나 고통스럽다. 사랑하는 이가 죽으면 스스로의 죽음을 선택하는 사람들도 있다. 셰익스피어의 〈로미오와 줄리엣〉에서 줄리엣은 사랑하는 로미오가 죽었다고 생각하는 순간 망설이지 않고 죽음을 선택한다. 그러한 행위를 보며 우리는 안타까워하면서도 거부감보다는 깊은 탄식과 공감을 느낀다.

고인이 된 박완서 작가는 1988년 남편을 폐암으로 떠나보냈다. 항암치료를 하면서 머리카락이 죄다 빠진 남편이 죽은 후 병실에는 그가 사용했던 모자 여덟 개만 덩그러니 남았다. 그녀는 〈여덟 개의 모자로 남은 당신〉이라는 간병기를 쓰며 남편에 대한 기억을 담담히 적어 내려갔다.

그런데 남편을 잃고 3개월이 지날 무렵 그녀에게 더 큰 고통이 찾아왔다. 스물다섯이던 꽃다운 외아들 원태가 죽은 것이다. 이때의 비통한 심경을 박완서 작가는 이런 글로 풀어냈다.

아들이 이 세상에 살아 있지 않다는 걸 인정하게 되면
그다음은 가슴을 쥐어뜯으며
미친 듯이 몸을 솟구치면서 울부짖을 차례였다. (…)
목청껏 아들의 이름을 부르면서 통곡하면
소리와 함께 고통이 반사되면서
곧 환장을 하거나 무당 같은 게 되어서
죽은 영혼과 교감할 수 있을 것 같은
예감에 사로잡히곤 했다. (…)
내 기억력 말고는
아들이 존재했었다는 아무런 흔적도 남아 있지 않은
이 세상이 도무지 낯설고 싫다.
그런 세상과는
생전 화해할 수 있을 것 같지 않다.
　　　　　-박완서,《그대 아직도 꿈꾸고 있는가, 한 말씀만 하소서》


　　사랑하는 이의 죽음은 너무나 큰 절망과 고통이며, 타인의
죽음보다 훨씬 강렬하게 우리의 실존을 흔든다. 죽음이 느껴지
는 차가운 몸은 살아 있는 자들끼리의 따스한 교감을 허락하지
않는다. 이제 서로를 바라보거나 어루만지며 웃을 수 없다. 함께
걷고, 웃고, 이야기하고, 음식을 나누고, 희망과 절망을 공유했
던 이의 죽음은 보내야만 하는 자에게는 차마 떨칠 수 없는 괴로
움이다. 그 고통은 사랑과 관계의 깊이에 비례한다. 이별은 모든
것을 차단하고, 관계의 정지와 상실이라는 영원한 고통을 안겨

준다. 슬픔으로 걷잡을 수 없이 뜨거운 눈물이 흐른다. 폐부 깊은 곳을 찌르는 듯한 고통과 더불어 극심한 외로움이 찾아온다. 어떤 따스한 위로도 고통을 경감시키지 못한다.

그리스 비극작가 에우리피데스도 이렇게 한탄했다.

자식의 죽음보다 더 큰 슬픔이 인간에게 있을까?

수필가 유달영은 신장종양이 재발한 어린 아들이 머잖아 죽는다는 선고를 들었다. 아무것도 모르고 천진난만하게 웃는 아들의 모습을 바라보며 느꼈던 마음을 그는 다음과 같은 수필에서 고백한다.

이 밤을 나는 눈을 못 붙이고 죽음을 생각한다.
그리고, 인간의 모든 고귀한 것은
한결같이 슬픔 속에서 생산生産된다는 생각을 하면서,
더없이 총명聰明해 보이는
내 아들의 잠든 얼굴을
안타까이 바라보고 있는 것이다.
그러면서 인생은 기쁨만도 슬픔만도 아니라는
그리고 슬픔은 인간이 영혼을 정화淨化시키고
훌륭한 가치를 창조한다는
나의 신념信念을 지그시 다지고 있는 것이다.
'신神이여,

거듭하는 슬픔으로 나를 태워

나의 영혼을 정화하소서.'

-유달영,〈슬픔에 관하여〉


1964년 어머니가 세상을 떠났을 때 시몬 드 보부아르Simone de Beauvoir는 사랑하는 이의 모든 것을 빼앗아가는 죽음의 본질은 "어떤 이유로도 정당화할 수 없는 폭력"이라고 고발했다. 죽음은 지난날 우리가 유지해온 모든 것을 파괴한다. 남은 것은 우리의 기억뿐이다. 그녀는 어머니의 죽음에 관해 쓴 책에서 말한다.


하지만 그게 아니었다.

사람은 태어났기 때문에 죽는 게 아니었다.

다 살았기 때문에 죽는 게 아니었다.

늙었기 때문에 죽는 것도 아니었다.

사람은 그 무언가에 의해 죽을 뿐이다.

(…)

자연사란 없다.

인간에게 닥쳐오는 어떤 일도 결코 자연스러운 것이 아니다.

인간이 존재한다는 사실이야말로,

세상에 그들의 문제를 제기하는 것이기 때문이다.

모든 인간은 죽는다.

그러나 개인에게 자신의 죽음은 돌발 사건이다.

죽음은 그가 인식하고 받아들인다 할지라도

어떤 이유로든 정당화할 수 없는 폭력이다.

—시몬 드 보부아르,《아주 편안한 죽음Une Mort Très Douce》

인간은 자유의지를 가지고 살아가면서 미래를 선택하고 결정한다. 살아 있는 동안 우리는 성패와 상관없이 언제나 새로운 시작을 할 수 있다. 미래라는 모호하지만 예측 가능한 새로움의 지평이 있기 때문이다. 그러나 죽음은 자유의지를 가지고 앞으로 나아가려는 인간의 존재를 강제로, 완벽하게 정지시킨다. 새로움의 지평을 지워버린다. 그랬기에 보부아르는 죽음을 무서운 강제성을 지닌 폭력이라고 일컬었던 것이다.

사랑하는 이의 죽음은 사랑하는 이의 미래뿐만 아니라 그와 나의 미래를 정지시키고, 모든 의지와 희망을 내려놓게 만든다. 죽음 앞에서 우리는 삶의 모든 감정과 희망을 내던지라고 강요당한다.

아우구스티누스는 젊은 날 사랑하는 친구의 죽음을 겪었다. 생명처럼 아꼈던, 영원하리라 믿었던 친구였다. 친구의 죽음으로 크나큰 충격을 받은 아우구스티누스는 당시의 심경을 이렇게 적었다.

내 마음은 고통으로 칠흑 같았다.
둘러보아도 온 세상은 오직 죽음뿐이었다.
내 고향은 내게 고통이 되어버렸다.
아버지의 집은 특히 불행한 곳이었다.

어디에도 친구는 없었다.

친구와 함께했던 모든 곳은

이제 아득한 고통이 될 뿐이다.

아무리 찾아도 친구는 없다.

-아우구스티누스,《고백록Confessiones》

벗의 죽음을 통해 아우구스티누스는 자신이 사랑하는 것이 영원하지 않으며 사라질 수도 있음을 깨닫게 되었다. 겹겹의 슬픔으로 다가오는 사랑하는 이의 죽음은 고통스럽기 그지없다. 그의 부재를 강요하는 이 부당한 폭력 앞에서 인간은 무기력해지고 만다.

그런데 사랑하는 이의 죽음은 우리에게 절망과 무의미를 가져오기도 하지만 슬픔을 넘어 우리를 더욱 정화된 세계로 이끌기도 한다. 그렇게 아끼고 사랑했던 친구의 허망한 죽음에서 아우구스티누스도 더욱 영원한 것을 찾으라는 내적 요구를 느꼈다. 그렇다면 우리가 죽음 너머에서 바랄 수 있는 건 과연 무얼까?

## 자신의 죽음

하지만 언젠가 우리는 '그의 죽음'이나 '그대의 죽음'이 아닌 우리 '자신의 죽음'과도 직면해야 한다. 피할 수 없는 '나의 죽음'이 다가올 때 우리들 대부분은 '나의 죽음'과 만날 준비가 충분히 되지 않았다는 사실을 깨닫는다.

프랑스 철학자 자크 데리다Jacques Derrida 역시 그랬다. 데리다는 2004년 췌장암 말기 상태에서 진행된《르 몽드Le Monde》와의 인터뷰에서 "나는 나 자신과 싸우고 있다"고 고백했다. 그동안 "살아가는 일에 대해서는 많이 생각했지만 죽어가는 일에 대해서는 거의 생각하지 못했다"는 것이다.

이처럼 대부분의 사람은 이따금 죽음을 생각하면서도 정작 자신의 죽음과 직면해서는 전혀 준비가 되어 있지 않다는 사실을 깨닫는다. 뒤늦게 자신 곁에 다가온 죽음을 알아차릴 때 우리는 스스로에게 묻는다.

"이제 어떻게 해야 하는가?"

하지만 어느 누구도 이 물음에 대답해줄 수 없다.

스위스의 정신과 의사이자 죽음학의 선구자인 엘리자베스 퀴블러 로스Elisabeth Kübler Ross는 임상적 경험을 바탕으로《죽음과 죽어감On Death and Dying》이라는 책을 썼다. 그녀는 이 책에서 죽음이 다가올 때 사람은 대부분 "부정, 분노, 타협, 우울, 수용"이라는 다섯 단계를 거친다고 말한다.

우선 '나의 죽음'의 그림자를 부정하며 고독하게 저항한다. '나의 죽음'은 도저히 받아들이기 어려운 사실이기 때문이다. 죽음에서의 도피가 불가능하다는 사실을 스스로 인정하게 될 때까지 무작정 부정하는데, 문제는 이 단계에 계속 머물 수도 없다.

죽음을 어떻게 이해할 것인가

아무리 죽음을 부정해보았자 실제로 해결되는 건 아무것도 없기 때문이다.

두 번째는 분노가 일어나는 단계다. 죽음을 거부할 능력이 없다는 사실을 알면 알수록 그는 스스로에게 절망한다. 시간이 지나면서 그는 마침내 죽음을 피할 수 없다는 사실을 깨닫는다. 죽음이 다가오고 있다는 사실 때문에, 그리고 자신의 죽음에 대한 책임을 물을 대상이 필요하기에 원망이 증대되고 분노에 사로잡힌다. 가족이나 친구, 신 등이 그 원망의 대상이 될 수도 있다. 누군가에게 죽음의 원인을 돌리면서 극도의 원망과 분노를 발하는 단계다.

세 번째는 타협을 모색하는 단계다. 분노와 원망으로는 다가오는 죽음을 떨쳐버릴 수 없음을 인식하지만 남은 삶에 대한 애착과 아쉬움은 포기할 수 없기 때문이다. 이 단계에서는 생존을 여전히 연장하고 싶다는 기대로 타협을 시도한다. 조금이라도 더 살면서 삶에 대한 애착과 미련을 해소하기를 애원하고 갈망하는 것이다. 예컨대 자녀의 대학 졸업까지만, 딸의 결혼식까지만 살다가 세상을 떠나기를 소원한다.

네 번째는 죽음에서의 도피도, 죽음과의 타협도 불가능하다는 사실을 인지하고 정신적으로 깊은 좌절과 우울에 사로잡히는 단계다. 타협의 여지가 없다는 사실을 깨닫는 순간 우울과 절망이 엄습한다. 죽음을 피하지 못한다는 엄연한 사실, 그에 동반하는 깊은 상실감과 무기력함으로 인해 애써 모든 관계에 무관심하고자 한다. 냉정해지려 애쓰고 무의미한 언어 대신 침묵을

택한다. 죽음에 대한 불안과 절망이 그를 사로잡는다. 마침내 우울의 심연에서 죽음의 현실에 직면한 그는 더 이상 죽음을 유예하거나 회피할 수 없다는 사실을 받아들이기에 이른다.

다섯 번째는 죽을 수밖에 없는 현실을 인정하면서 겸허하게 수용하는 단계다. 인간이란 예외 없이 죽음에 이르는 존재라는 사실과 스스로의 죽음을 수용하는 것이다. 이 단계에 이르면 그는 비로소 삶을 정리하기 위해 주변을 돌아보고, 갈등이 있던 사람들에게 이해와 용서를 구하면서 화해를 꾀한다. 스스로 죽음을 준비하는 단계다.

로스의 다섯 단계 이론을 비판하는 사람들도 있다. 죽어가는 사람들의 보편적 경험이 아니라는 이유다. 로스의 다섯 단계 죽음의 과정에는 죽어가는 이가 겪는 노화의 과정과 슬픔의 경험이 누락되어 있다는 지적이 가장 많았다. 로스는 이러한 비판을 달게 받아들이고 슬픔의 문제를 다룬 책《슬픔과 슬퍼함: 상실의 다섯 단계에서 슬퍼함의 의미 찾기On Grief & Grieving: Finding the Meaning of Grief Through the Five Stages of Loss》를 출간해 그간 제기된 비판에 답했다.

로스의 책을 읽다 보면 죽음 앞에 당황해서 어쩌지 못하는 인간의 모습을 연상하게 된다. 죽음에 직면한 인간의 모든 단계에 슬픔이 머무른다. 놀랐다가, 저항하다가, 저항조차 할 수 없는 스스로를 이해하고 결국에는 받아들이는 과정이 로스가 이해한 죽어감의 다섯 단계다. 로스는 이 여러 단계를 거친 후 마지막 단계에서 일어나는 화해와 평화가 죽어가는 이와 그 주변 사람들에게 매우 중요한 의미를 갖는다고 보았다.

나는 로스의 이론에 한 가지를 추가하고 싶다. 죽음을 규제하고 관리하는 단계가 필요하다고 생각하기 때문이다. 로스가 이해한 죽음의 5단계는 호스피스hospice 돌봄으로 이어진다. 하지만 이 정도 이해로는 2000년대 이후의 죽어감의 현실을 제대로 담아내지 못할 것이라는 생각이 든다.

로스의 이론에는 긴 죽음의 과정에서 죽음을 수용, 관리, 규제할 수 있는 환자의 권리가 언급되지 않았다. 죽음을 받아들이는 방법도 사전의료지시서living will를 작성하여 자신의 죽음을 관리하는 정도에 그친다. 이와는 달리 요즘은 여러 나라에서 무의미한 연명치료 거부와 조력자살에 대한 사회적 합의가 필요하다는 논의가 대두되는 실정이다. 이성적인 죽음 '관리' 단계에 이러한 최근의 논의를 보완할 필요가 있어 보인다.

로스의 다섯 단계를 경험하는 이들도 있겠지만 로스가 생각하는 것과는 다른 방식으로 죽음의 과정을 거치는 사람도 있을 것이다. 이들은 각기 나름대로 죽음에 대한 생각을 정리하고 의연한 태도로 죽음을 관리하기도 한다. 물론 어떤 경우라도 죽음을 앞둔 이가 겪어야 하는, 가슴 깊이 스며드는 슬픔만은 어찌할 도리가 없을 것이다.

## 랜디 포시

랜디 포시Randy Pausch 박사는 카네기멜론대학교 컴퓨터공학과 교수로서 교수법에 획기적 이해를 가져온 사람이다. 2000년 결혼해 세 아이를 둔 그는 2007년 주치의에게 뜻밖의 통보를 받았다. 췌장암이 재발해 채 3개월에서 6개월밖에 살지 못하리라는 선고였다.

랜디는 의연하고 정직하게, 유머를 잃지 않으면서도 겸손한 태도로 삶의 마지막 단계를 밟았다. 그는 웹페이지에 하루하루의 일과와 투병기를 남기면서 자신이 할 수 있는 최후의 강의를 준비했다. 강의의 부제는 '당신의 어릴 적 꿈을 진짜로 이루기'. 이 강의는 훗날《마지막 강의The Last Lecture》라는 책으로 출판되어 순식간에 280만 부가 팔리면서 베스트셀러가 되었다. 각국 언어로 번역된 것까지 포함하면 670만 부가 팔려나갔다. ABC 방송은 랜디를 2007년의 인물로 선정했고,《타임》은 그를 '세계에서 가장 영향력 있는 100인' 가운데 한 사람으로 선정했다.

2007년 9월 18일, 랜디는 카네기멜론대학교에서 가족과 친구, 학생, 동료 들이 참석한 가운데 마지막 강의를 했다. 그는 주어진 것이 부족하다고 탓하기보다 주어진 것을 가지고 최선을 다하라는 메시지를 전했다. 자신에게 주어진 카드를 바꿀 순 없어도 우리 손으로 그 카드를 의미 있게 사용할 수는 있다는 주장이다. 그는 "삶이란 무엇인가?"라는 질문을 제기하기보다 "우리 삶은 무엇이 될 수 있는가?"를 묻는 것이 중요하다고 했다.

주어진 세상에 그럭저럭 맞춰 살기보다는 진심으로 사랑하는 태도와 마음을 가지라는 것이다. 정말 하고 싶은 일을 하면서, 세상을 조금이라도 변화시키면서 각자의 길에서 자신의 꿈을 찾자는 그의 강연은 참석한 모든 이의 심금을 울렸다. 당시 겉보기에 건강해 보이는 그의 몸에서는 악성종양이 열 개나 자라고 있었다.

그는 누군가 인생에 대해 한마디만 충고해달라고 하면 이렇게 말할거라고 했다.

"진실을 말하라Tell the truth."

한마디 더 충고해달라고 하면 "언제나All the time"라고 말할 거라고 했다.

진실성을 지키며 살기, 그것이 죽음을 목전에 둔 사람으로서 랜디가 찾은 인생관이었다.

그는 어느 인터뷰에서 이렇게 말했다.

나는 삶을 사랑하고,
여전히 살아 있기를 원하지만
그럴 수가 없습니다.
나는 죽어가고 있습니다.
그래도 하루하루 즐기면서 살 겁니다.
왜냐하면 그 길밖에 다른 방법이 없으니까요.

죽음이 다가올 때 우리는 스스로의 죽음 앞에서 철학적 존재가 될 수밖에 없다. 그 순간 우리는 삶과 죽음을 생각하면서 거짓 없이 진실을 선택할 시간이 찾아왔음을 깨닫는다.

또한 랜디는 자신의 부재에 결핍감을 느낄 아이들 생각에 눈물을 흘리기도 했다.

자주, 샤워 중에 울 때가 있다.

'이제 아이들이 이걸 하는 모습을 못 보겠군'이라든가, '저런 모습도 못 보겠군' 하는 생각에 우는 것이 아니다.

나는 아이들이 아버지를 갖지 못한다는 사실을 떠올리고는 울음을 터뜨린다.

나는 내가 잃을 것들보다 그들이 잃을 것들에 더 집착한다.

물론 내 슬픔의 일부는 "이제 이것도, 저것도, 그것도 모두 못 보겠군' 하는 마음 때문인 건 맞다. 그러나 더 크게는 바로 그들 때문에 마음이 아프다.

"내 아이들에게 이제 아버지가 없을 테니 이것도, 저것도 못 해보겠구나……."

이런 생각들이 바로 내가 방심할 때마다 쳐들어와 마음을 흔들어버린다.

– 랜디 포시, 《마지막 강의》

2008년 7월 25일, 다섯 살 된 큰아이와 갓난아기 등 세 아이를 아내에게 남기고 그는 세상을 떠났다. 아마도 그의 아이들은 자라면서 아빠가 남긴 마지막 강의의 의미를 소중히 간직하고 살아갈 것이다.


## 루게릭병 환자 모리

인간은 다양한 모습으로 죽음과 직면한다. 랜디처럼 죽음을 통보받고 한 해도 지나지 않아 세상을 떠나는 경우가 있는가 하면 오랜 시간 고통을 견디며 서서히 죽음을 맞는 사람도 있다. 《모리와 함께한 화요일Tuesdays with Morrie》로 우리에게 잘 알려진 모리 슈워츠Morrie Schwartz 교수가 바로 그러한 사람이다.

그는 1959년 미국 보스턴 근교 브랜다이스대학교 사회학 교수로 임용되어 오랫동안 학생들을 가르쳤다. 그러던 1994년 예상치 못했던 루게릭병의 발병으로 강의를 멈추고 교수직에서 은퇴해야 했다. 사실 그는 오래전부터 조금씩 죽어가는 중이었다. 루게릭병은 척수신경 혹은 간뇌의 운동세포가 지속적으로 서서히 파괴되는 원인 불명의 불치병이다. 운동세포의 지배를 받는 근육은 계속 위축되다가 결국에는 전혀 힘을 쓰지 못하는 단계에 이른다.

루게릭병에 걸려 죽어가리란 사실을 의사에게 전해 듣고 병원 문을 나서면서 그는 '이젠 어쩌지?'라고 스스로에게 물었다.

그는 자신이 죽어간다는 사실을 일상에 받아들이고 살아갔다. 자동차 브레이크조차 밟을 수 없다는 사실을 깨닫게 된 날 운전을 관두었다. 스스로 옷을 입고 벗을 수 없다는 사실을 받아들이면서 늘 다니던 수영장에도 가지 않았다.

　루게릭병에 걸리면 일반적으로 다리부터 근육을 쓰지 못하고 차차 몸통, 목 위, 입 안의 혀까지 마비된다. 심해지면 그저 눈을 깜박이거나 혀를 겨우 내밀 수 있을 뿐이다.

　모리 교수는 가끔 숨을 들이쉬다가도 숨이 탁 막히는 것을 느꼈다. 다음 숨이 어디서 멈출지 알 수 없다는 건 커다란 공포로 다가왔다. 병에 사로잡힌 자신의 삶을 생각할 때마다 그에겐 깊은 슬픔이 찾아오곤 했다.

> 아침이면 울고 또 울면서
> 자기 연민에 빠지는 날도 있어요.
> 또 어떤 날 아침에는
> 화가 나고 쓸쓸하기도 해요.
> 하지만 그런 기분은 오래가지 않아요.
> 매일 아침 일어나면서 난 이렇게 말해요.
> "난 살고 싶다……!"
> -미치 앨봄Mitch Albom,《모리와 함께한 화요일》

　모리 교수는 용변 후 뒤처리를 할 수 없게 될 날을 두려워했다. 공포로 짓눌릴 죽음의 순간을 염려하면서 다른 사람들의 건강과 젊음을 부러워하기도 했다.

　하지만 죽어가는 그에게는 죽음보다 더 강한 것이 있었다. 바로 슬퍼하면서도 자신의 죽음과 직면할 수 있는 내면의 용기와 지혜였다.

그는 오래된 제자 미치에게 이렇게 말을 건넨다.

"미치, 만일 저 꼭대기에 있는 사람들에게
뽐내려고 애쓰는 중이라면 관두게.
어쨌든 그들은 자네를 멸시할 거야.
그리고 바닥에 있는 사람들에게 뽐내려 한다면
그것도 관두게.
그들은 자네를 질투하기만 할 테니까.
어느 계층에 속하느냐로 해결되는 건 없어.
열린 마음만이 자네를 모든 사람 사이에서 동등하게 해줄
걸세."

그는 말을 멈추고 나를 바라보았다.

"난 지금 죽어가고 있어. 맞지?

(…)

마음속에서 우러나는 일들을 하라고.
그런 일들을 하게 되면 절대 실망하지 않아.
질투심이 생기지도,
다른 사람 것을 탐내지도 않게 되지.
오히려 그들에게 베풀어줌으로써
나에게 되돌아오는 것들에 압도될 거야."

모리는 자신이 죽어가는 과정을 바라보고, 느끼고, 이해하려

했다. 그리고 이렇게 말했다.

"죽는다는 건 자연스러운 일이야.
우리가 죽음을 두고 소란을 떠는 건
우리를 자연의 일부로 보지 않기 때문이지.
인간이 자연보다 위에 있다고 생각하니까.
(…)
죽음은 생명이 끝나는 것이지 관계가 끝나는 것은 아니네."

자신의 죽음을 이해하는 과정에서 모리는 어떻게 평정심을 지키며 살아가야 할지 서서히 깨닫게 되었다. 24시간 동안 건강을 온전히 되찾는다면 무엇을 하겠느냐는 물음에 모리는 평범한 일상으로 가득 찬 하루를 미치에게 들려준다. 아침을 먹고, 수영을 하고, 대화를 나누고, 산책을 하고, 맛있게 저녁을 먹고, 춤을 추고 지쳐서 깊이 잠드는 하루에 대하여. 미치는 의외라는 듯 모리에게 물었다.
"그게 전부인가요?"
놀라는 미치에게 모리는 답했다.
"그래, 그게 다야."
평범한 일상을 진실하게 욕심 없이 사는 것. 바로 죽음 앞에서 모리가 생각하는 소중한 삶이었다. 모리 교수는 미치와 마지막 대화를 나눈 화요일이 지나고 토요일 아침이 되어 몇 시간 동안 혼수상태에 빠진 후 숨을 거두었다.

죽음을 어떻게 이해할 것인가

## 신학자 듀센 부부

반 듀센H. P. Van Dusen[2]은 뉴욕의 법률가 집안에서 태어나 신학 교육을 받은 학자다. 그는 영국 에든버러대학교와 뉴욕 유니언 신학교에서 공부했고, 학위를 마친 후에는 모교인 유니언신학 대학교 교수로 임용되어 강의했다. 1945년에는 유니언신학교 10대 총장으로 선임되었으며, 그 후 18년 동안 학교의 발전을 위해 열심히 일했다.

그는 세계교회협의회WCC (World Council of Churches)와 돈독한 관계를 가졌고 에큐메니칼 운동Ecumenical Movement(교파와 교단의 차이를 극복하고 모든 기독교인이 결속하자고 주장하는 세계 교회 일치운동)에도 크게 기여했다. 오랜 기간 록펠러재단과 프린스턴대학교 이사를 역임하는 등 바쁜 일정을 보내면서도 학술 저서를 25권이나 펴내며 학문 추구에도 열심이었다. 당시 진보적 학교로 알려진 유니언신학교 총장답게 해방신학 열풍을 소화해내고 열렬히 옹호하기도 했다.

듀센은 1963년 유니언신학교 총장 직에서 물러났다. 은퇴 후에도 그는 저작과 강연을 멈추지 않고 다방면에서 활동했으나 1970년 뇌출혈로 쓰러지고 말았다. 당시 그의 아내 엘리자베스Elizabeth는 오래된 관절염으로 고통을 겪으며 하루하루 힘겹게 살아가던 중이었는데, 남편도 뇌출혈로 온몸을 제대로 움직일 수 없는 지체장애인이 된 것이다. 노부부는 날마다 조금씩 스스로의 삶을 관리할 능력을 잃어갔고, 삶은 위태로워졌다.

부부는 오래전부터 '좋은 죽음을 위한 모임' 멤버로 활동하며 사전의료지시서 작성운동에 앞장섰다. 스스로 죽음을 결정할 수 있다는 것이 듀센 부부의 생각이었다. 그들은 하나님이 주신 생명을 가지고 최선을 다해 살다가 때가 되었다는 판단이 들면 세상을 떠나도 좋다고 생각했다. 사실 이는 전통적 기독교의 관점, 즉 생명은 신이 주시는 것이니 사람이 손을 대어선 안 된다는 원칙에서 한참 벗어나 있었다.

날이 갈수록 최소한의 일상을 이어가는 것조차 어려워진 듀센 부부는 마침내 결단을 내렸다. 1975년 1월, 그와 아내는 준비한 수면제를 과다 복용했다. 아내는 당일 숨을 거두었고, 듀센은 15일 후에 세상을 떠났다.

그는 세 자녀와 친지들에게 남긴 편지에서 이렇게 자신의 생각을 밝혔다.

> 우리는 행복한 삶을 살아왔습니다.
> 그러나 점점 건강이 악화되어
> 우리가 하려는 것들을
> 더는 할 수 없게 되었습니다.
> 우리는 죽음을 두려워하지 않습니다.
> 실망하시는 분도 있으리라 생각합니다만
> 여러분의 이해를 구합니다.
> (…)
> 우리 부부는 지금까지 행복한 삶을 살아왔고

우리의 자녀들은 우리 행복의 면류관이었습니다.

오늘날엔 죽는다는 것이 퍽 어려워졌습니다.

우리는 우리가 선택하는 이 방법이

언젠가 세월이 지나면

일상적인 것으로 받아들여질 만한

것이라고 생각합니다.[3]

유니언신학교에서 듀센의 후임 총장이었고, 나의 논문 지도 교수 가운데 한 사람이기도 했던 로저 신Roger L. Shinn 박사는 듀센의 죽음에 대해 이렇게 말했다.

듀센은 영원한 삶에 대한 확신을 가진 사람이었습니다.

그는 때가 되어 우리가 가능한 삶을 다 살았다면

모든 것을 멈추고,

그다음 삶의 단계로 건너가는 것도

좋은 일이라고 생각한 것입니다.[4]

스위스의 가톨릭 신학자 한스 큉Hans Küng 역시 2013년 9월 12일 독일 잡지《슈피겔Der Spiegel》과 나눈 인터뷰에서, "인간이 자기 죽음의 시간과 날짜를 결정하는 일은 기독교 신앙에 위배되는 것이 아니"라는 견해를 밝혔다.

기독교 전통에서 자란 이들은 대부분 지옥과 천국의 존재를 믿는다. 그리고 스스로 목숨을 끊으면 반드시 지옥에 간다고 생각하는 경향이 있다. 보수적 기독교인들은 듀센이나 큉처럼 생각하는 사람들에게 하나님이 주신 생명을 스스로 버리는 행위는 불신앙의 결과이며 그들 영혼은 파멸을 맞게 되리라 선언한다.

하지만 큉은 지옥은 타인으로부터 온다고 했다. 누군가를 증오하고, 죽이고, 전쟁을 벌이는 사람들이 만드는 현실이 우리에게 다가오는 지옥이라는 것이다.

만일 하나님이 영원한 형벌의 자리인 지옥을 만들어두고 인간을 징벌하려 하신다면 과연 그가 사랑의 하나님일 수 있을까? 그는 사람들의 상상처럼 권선징악의 연장선에서 그려지는 지옥이 과연 존재할지 의심스럽다고 생각했다.

듀센 부부가 남긴 편지는 아내 엘리자베스가 작성한 것이었다. 그들이 세상을 떠났을 때 듀센은 77세, 아내는 80세였다.

부부는 다음과 같이 마지막 편지를 매듭지었다.

오, 이 세상 모든 죄를 짊어지신
하나님의 어린양이시여,
저희에게 자비를 베푸소서.
세상의 모든 죄를 담당하신
하나님의 어린양이시여,
저희에게 당신의 평화를 허락하소서.

## 페터 놀

스위스의 페터 놀Peter Noll[5]은 독일 마인츠대학교와 스위스 취리히대학교의 형법학 교수였다. 그는 목사의 아들이기도 했다. 55세 되던 해인 1981년 12월 19일 그는 방광암 진단을 받았다. 의사는 수술로 방광을 절단하면 생명을 연장할 수 있다고 했지만 놀은 수술을 하지 않기로 했다. 입원과 수술의 거부는 결국 죽음을 받아들인다는 의미였다. 남아 있는 시간과 자유를 소중하고 의미 있게 사용하기를 원했기에 외과적 처치나 방사선치료에 매달리지 않기로 결정한 것이다. 그는 얼마 남지 않은 삶의 존엄성과 자유를 의료진에게 넘겨주지 않고 스스로 지키겠다고 결심했다.

수술을 받는다면 아마도 남은 삶 내내 꺼질 듯 말 듯한 희망에 매달려야 할 것이다. 마침내 실낱같은 기대조차 좌절된 후 공동묘지 입구처럼 죽음이 기다리는 임종실에서 삶을 마치게 될 것이다. 그나마 얼마 남지 않은 삶을 병원 침대에 가두어야 할 테고, 생명이 조금 연장될지 몰라도 그 늘어난 시간만큼 고통도 연장될 게 분명했다. 그는 이 모든 사실을 잘 헤아렸다.

그는 수술 대신 한 가지 중요한 일을 하겠다고 마음먹었다. 세상을 떠나는 날까지 자신의 투병 일정을 하루하루 기록으로 남기기로 작정한 것이다. 결심대로 그는 1981년 12월 28일부터 이듬해 1982년 9월 30일까지 방광암을 앓으며 살아온 기록을 면밀하게 남겼다. 이 기록에는 병고를 겪는 과정과 현실만이 아니라 법률가로서, 그리고 현대세계를 살아가는 한 인간으로서의 고뇌가 고스란히 담겨 있었다.

그는 자신의 장례식 절차까지 적어놓았다. 어느 목사가 장례식을 인도하고, 하관식 메시지는 누가 담당할지, 손님에게 어떤 음식과 음료수를 대접할지 등 세세히 기록했다. 이 기록은《죽음을 직면하여In the Face of Death》라는 책으로 출판되었다.

그는 이렇게 주장했다.

> 우리에겐 정말이지 죽어가는 일과 죽음에 대한 개혁적 태도가 필요합니다.
>
> (…)
>
> 죽음과 더불어 살아가고 있기 때문에 우리는 살아 있는 동안 죽음을 생각할 필요가 있습니다.[6]

그의 이야기는 독일 잡지《디 차이트Die Zeit》에 〈무력함의 존엄성: 어느 암 환자의 해명Die Würde der Ohnmacht: Ein Krebskranker gibt Rechenschaft〉이라는 기사로 실렸다. 이 글은 많은 사람들의 심금을 울렸고, 죽음의 힘을 거역하려는 것이 아니라, 무력하게 죽음에 직면한 상태에서도 인간으로서의 존엄성을 지키며 산다는 것이 무엇인지 많은 사람들이 진지하게 생각할 수 있게 했다.

그는 말기 암 진단을 받은 후에도 강의를 계속했고 다가오는 죽음 앞에서도 되도록이면 일상을 그대로 유지하려고 노력했다. 수단과 방법을 가리지 않고 생명 연장에 매달리는 대신 암으로 인한 고통 속에서도 남은 삶을 의연하게 살아내는 길을 선택했던 것이다.

그는 이렇게 묻기도 했다.

우리는 짐승들은 편안히 죽게 하면서
왜 인간은 안 된다고 하는 걸까?

인간이 평화와 존엄성을 지키며 죽어갈 길은 없을까? 목사의 아들이자 사회과학도로 살아온 페터 놀은 자신의 삶과 죽음을 통해 아마도 우리의 질문에 대한 답을 알려준 게 아닐까.

## 박공순 원장

나는 2017년 8월 14일 한 사람의 부고를 전해 들었다. 벽제 동광원 박공순 원장이 87세를 일기로 별세했다는 소식이었다.

원장의 죽음은 매우 특이했다. 그는 스스로 죽음을 맞기로 작정하고 한 달 반 정도 단식한 후 편안하게 숨을 거두었다. 평생을 맑은 눈으로 청빈과 겸손, 순결을 지켜온 그녀는 맨발의 성자로 알려진 이현필의 가르침[7]을 깊이 가슴에 각인했고 그녀의 삶은 그 결정체였다.

이현필은 6·25전쟁 중 전라도 광주에서 오갈 데 없는 고아들을 모아 보살핀 사람이다. 기독교적 사랑을 바탕으로 완벽하게 순결한 공동체적 삶을 꿈꾸었던 그는 동광원을 설립하고 자기 자식과 고아들을 아무 차별 없이 동등하게 길렀다. 이현필은 다른 사람 몫이 줄어든다며 끼니를 양보해 피골이 상접한 몸으로 살았다.

폐결핵 환자를 돌보던 이현필은 병에 전염되어 53세라는 젊은 나이에 세상을 떠나고 말았다. 그의 죽음을 지켜본 박공순은 스승이 죽음을 앞두고 남긴 뜻을 마음 깊이 담았다. 죽어가던 이현필은 제자들에게 "사랑으로 모여서 사랑으로 지내다가 사랑으로 헤어지라!"고 권고하면서 "청빈과 순결만이 세상을 이기는 길"이라는 유지를 남겼다. 박 원장은 선생의 뜻을 평생의 좌우명으로 삼고 실천했다.

농사일과 공동체 일을 도맡아 하던 박 원장은 후두결핵으로 노환이 깊어지고 거동이 어려워지자 스스로 곡기를 끊어 죽음을 맞았다. 하지만 박 원장의 죽음은 삶을 포기하는 자살이 아니었다. 신이 주신 생명으로 한평생 최선을 다해 살다가 떠날 시간이 되었음을 알아차리고 단식이라는 방법으로 죽음을 준비한 것이었다. 수도 생활로 단련해온 강한 정신력 덕분에 그는 아무런 두려움 없이 삶과 죽음의 경계를 넘어설 수 있었다.[8]

그리스나 로마의 철학자들도 죽음을 초연하게 생각했다. 하지만 대부분의 사람들이 자신의 죽음은 그런 태도로 바라보지 못한다. 죽음은 살아 있는 것, 애착과 관심을 가지던 것, 그리고 무엇보다 사랑하는 이가 머무는 세상과의 작별을 의미하기 때문이다. 아쉬운 작별은 슬픔을 자아낸다. 유달영은 다가오는 죽음을 알지 못하는 천진난만한 어린 아들을 바라보며 아비로서의 슬픔을 겪어야 했다. 랜디 포시 역시 아버지가 곧 죽게 된다는 사실을 알지 못하는 천진난만한 아이들을 바라보며 이렇게 썼다.

> 아내와 나는 아이들에게 내가 곧 죽는다는 사실을 알리지 않았다. 우리는 증상이 심해질 때, 기다려야 한다는 조언을 받았다. 현재로서는 살 수 있는 날이 몇 달밖에 남지 않았다 해도 나는 여전히 건강해 보인다.
> 그래서 아이들은 내가 그들과 눈을 마주치는 매 순간마다 작별 인사를 하고 있다는 사실을 모르고 있다.
> ─랜디 포시, 《마지막 강의》

자신의 죽음을 바라보고 생각한다는 건 삶을 마지막으로 정리하는 일과도 같다. 어떤 이는 두려움 속에서, 어떤 이는 지치고 지쳐서, 어떤 이는 초연하게, 어떤 이는 깊은 슬픔 속에서 죽음과 마주한다. 전혀 죽음을 예기치 못한 사람이라면 죽음과 맞닥뜨린 순간 아마도 퀴블러 로스가 언급했던 다섯 단계를 밟을 가능성이 크다. 하지만 이미 오랜 시간 노화를 겪으며 죽음에 대해 깊이 숙고해온 사람이라면 아마도 조금은 자신의 죽음과 친근해졌을지도 모른다.

# 3. 죽음이 찾아오는 길목에는 어떤 것이 있나?

죽음이 열고 들어오는 문은 몇천 가지나 된다.

—패트리샤 그레이|Patricia W. Grey

죽음은 모든 생명체가 겪어야 할 하나의 과정이다. 그리고
인간이 수행해야 할 마지막 삶의 과제다. 죽지 않는 존재가 있는
가. 그런 존재가 있다면 그는 인간이 아니라 신적 존재일 것이다.
신이 아니기에 죽음을 피하려 애썼던 인간들에 관해서는 무수
한 이야기가 있다. 평범한 사람들은 그저 숙명에 복종할 수밖에
없었지만 권력을 가진 이들은 어떻게든 죽음을 피해보려고 궁
여지책을 찾곤 했다.

진시황은 불로초를 찾아 헤맸고, 이집트 왕들은 거대한 피라
미드를 세우며 지하세계에서의 영생을 꿈꾸었다. 경전에 쓰인
약속을 믿는 경건한 신앙인들은 영원한 생명을 희망했다. 그러
나 그들 모두 언젠가 죽음을 맞이한다는 인간의 본질에서 한 치
도 벗어나지 못했다.

죽음을 어떻게 이해할 것인가

지금 이 시간에도 누군가는 중환자실에서 주어진 시간이 얼마 남지 않았다는 사실을 확인하며 마지막 숨을 몰아쉴 것이다. 지구에서는 한 해 약 5700만 명이 세상을 떠난다. 오늘도 전 세계에서 약 15만 5000명이 죽음을 맞고 있다. 2017년 한 해 동안 우리나라에서만 28만 5534명이 세상을 떠났다. 하루 약 782명이 세상과 작별한 것이다.

누군가의 죽음 하나하나는 저마다의 독특한 성질이 있다. 2010년 프로버스상The Proverse Prize을 수상한 패트리샤 그레이는 《죽음이 열고 들어오는 문은 몇천 가지나 된다Death Has A Thousand Doors》라는 미스터리 소설을 썼다. 이 소설의 제목이 암시하듯이 죽음이 우리에게 다가오는 방법은 미스터리여서 인간으로선 알 수가 없다. 너무나 순간적이며 직접적일 때가 있는가 하면, 때론 너무나 은밀하고 때론 너무나 복잡해서 도무지 가늠할 수 없다.

고대사회에서는 감염질환이 갓 태어난 유아의 생명을 빼앗는 치명적 요인이었다. 조야한 위생 환경 때문에 유아 사망률이 높을 수밖에 없었다. 산모와 유아는 병원균에 감염되기 쉬웠고 발병 후에도 원인을 알지 못해서 치료 자체가 불가능했다.

오늘날 위생 시설을 잘 갖춘 선진국에서는 놀라울 정도로 유아 사망률이 감소했다. 이뿐만 아니라 다양한 의료 혜택을 받는 현대인은 여러 가지 질병을 극복하고 이전보다 더욱 긴 생애를 누리게 되었다. 그 결과 현대인의 죽음은 대부분 노화 과정을 겪은 고령 노인의 죽음이라는 점에 그 특이성이 있다.

우리나라를 비롯한 선진국들의 주요 사망 원인이 각종 암,

혈관질환, 순환계질환이라는 통계 자료 역시 고령사회에서 일어나는 죽음은 대부분 노인의 죽음이라는 사실을 보여준다. 2017년 사망자 가운데 80세 이상이 차지하는 비중은 44.8%로 10년 전보다 13.5%가 높아졌다. 이는 고령 인구의 증가가 가져온 변화다. 과거에는 폐렴 등 감염에 의한 질병이 사망의 주된 원인이었다면 오늘날에는 노화의 여파로 인한 질병이 사망의 주된 원인이 되는 것이다.

이렇듯 사망 원인이 바뀌고 고령층이 급속도로 증가한 오늘날은 현대사회에 적절한 새로운 죽음 이해를 가져야 할 시점이다. 과거의 죽음 이해가 '죽음' 자체에 초점을 두었다면 오늘날의 죽음 이해는 '죽어감'에 더욱 큰 관심을 기울인다. 그런데 주목할 사실은 바로 기대수명과 건강수명의 편차가 보여주는 특이함이다.

경제협력개발기구OECD (이하 OECD로 표기) 통계에 따르면 2018년 기준 대한민국 남성의 기대수명은 80.5세이고 여성의 기대수명은 85.74세다. 남녀 기대수명의 평균치는 거의 83.01세에 이른다. 하지만 이 수치는 실제로 건강하게 사는 나이를 뜻하는 건강수명과는 커다란 편차를 보인다.

2016년 보건복지부 통계에 따르면 한국인의 건강수명은 남성이 평균 64.7세, 여성이 65.2세로 평가되었다. 이는 남성의 기대수명인 79.3세보다 14.6년, 여성의 기대수명인 85.4세보다 20.2년이 낮은 수치다. 요약하면 건강수명과 평균수명의 차이가 남성은 약 14.6년, 여성은 약 20.2년이나 된다는 말이다.

죽음을 어떻게 이해할 것인가

연도별 유병 기간

| | | 건강 기간(남) | 유병 기간(남) | 기대 수명(남) |
| 남성 | 2012 | 65.0 | 12.5 | 77.6 |
| | 2014 | 64.7 | 13.8 | 78.6 |
| | 2016 | 64.7 | 14.6 | 79.3 |
| 여성 | 2012 | 66.5 | 17.7 | 84.2 |
| | 2014 | 65.7 | 19.3 | 85.0 |
| | 2016 | 65.2 | 20.2 | 85.4 |

40  50  60  70  80 (년)

건강 기간(여)  유병 기간(여)  기대 수명(여)

*출처:통계청

건강수명과 기대수명의 격차로 표시되는 구간은 생애 주기 동안 평균적으로 병에 걸려 어려움을 겪는 기간을 의미한다. 고령사회로 접어든 우리 사회에서 80세 이상 장수한다 해도 남성은 약 14년, 여성은 약 20년 동안 크고 작은 병고에 시달리다가 죽음을 맞는다.

이러한 형편이다 보니 현대인은 과거와는 사뭇 다른 방식으로 자신의 죽음을 이해할 수밖에 없게 되었다. 과거에는 병원균 감염 등으로 사망할 경우 상대적으로 죽어가는 과정이 무척 짧았다. 일단 병에 걸리면 사망할 확률이 대단히 높았으며, 죽기까지 그리 긴 시간이 걸리지 않았다. 따라서 죽음을 거부하거나 항거한다는 것이 불가능했다. 죽음이란 신의 섭리에 따른 운명으로, 거부할 수 없는 필연적 과정으로 해석되었다.

그러나 오늘날 고도의 의료기술과 접하면서 인간은 삶과 죽음의 경계를 상당 부분 인위적으로 조정할 수 있다고 기대하게 되었다. 인공심장박동기를 이용하면 다른 신체 기관의 기능과 상관없이 심장에 지속적 박동을 가하여 환자의 생존을 연장할 수 있다. 스스로 호흡할 능력을 상실한 사람에게는 인공호흡기를 부착한다. 끊임없이 산소를 폐에 공급하여 기계적으로 심폐기능을 지속시키는 것이다. 심지어 장기가 손상되었을 때도 이식을 포함한 다양한 방법으로 환자의 생존을 상당히 연장하는 것이 가능해졌다.

죽음을 운명으로 받아들이던 과거와는 달리 어느 정도 죽음에 저항하거나 거부할 수 있다고 생각하는 경향도 생겨났다. 과거에는 생각도 할 수 없는 일이었으나 오늘날에는 죽음도 어느 정도 관리할 수 있다고 여기게 된 것이다. 사람이 손댈 수 없었던 생명과 죽음의 경계가 사람이 관리하는 영역에 편입된 셈이다.

그런데 죽음의 지연과 생존의 연장 자체는 결과적으로 죽어가는 시간의 연장을 의미하기도 한다.

과거와 현재를 비교해보면 죽는 장소도 바뀌었다. 과거에는 대부분 익숙한 삶의 공간에서 가족과 친지들 돌봄을 받으며 죽음을 맞았다. 그러나 오늘날에는 생활하던 공간에서 자연스럽게 죽는 경우가 매우 드물다. 위기가 다가오면 환자는 지체 없이 병원으로 이송되어 낯선 의료진의 관리를 받는 처지에 놓인다. 그들 대부분은 사랑하는 이의 품이 아니라 상업화된 의료진에 둘러싸여 생명 연장이 가능할 때까지 도움을 받다가 세상을 떠난다.

2017년 대한민국 사망자 약 76%가 의료기관에서 사망했고, 약 15%만이 주거지에서 죽음을 맞았다. 병원에서 사망한 사람들 비율은 네덜란드 약 29.1%, 미국 43%, 프랑스 57%, 일본 75.8%로서 유독 일본과 우리나라가 죽어가는 사람을 병원으로 보내는 비율이 높다.


## 연령별 죽음

오랜 수명을 누리는 대신 대부분의 사람들이 고령 노인이 되어 죽음을 맞게 되었다. 주목할 것은 고령 노인이 사망하는 연령도 수명 연장과 밀접한 함수관계가 있다는 사실이다. 2017년 통계에 따르면 대한민국 연령별 사망자 수는 0~9세 1471명, 10~19세 823명, 20~29세 2371명, 30~39세 4911명, 40~49세 12만 702명, 50~59세 2만 7691명, 60~69세 3만 7663명, 70~79세 6만 9960명, 80세 이상 12만 7801명이다. 사망 빈도가 40대부터 점점 높아지다가 고령에 이르면 아주 급격하게 높아지는 현상을 보여주는 수치라 할 수 있다.

특이하게도 남성과 여성은 20대까지 성별에 따른 사망 비율에서 그리 큰 차이를 보이지 않다가 20대 후반부터 70대의 남성 사망률이 여성 사망률의 2배가량 급증한다. 반면 80대에 이르면

남성 2007 7.2% 24.4% 48.2% 20.1%
2017 4.0% 19.0% 45.5% 31.4%

여성 2007 5.5% 10.6% 39.1% 44.9%
2017 2.6% 8.4% 28.5% 60.5%

■ 0~39세   ■ 40~59세   ■ 60~79세   ■ 80세 이상

* 출처: 통계청

남성 사망률은 급격히 떨어지는 대신 여성 사망률이 급증한다.

2017년에는 남성의 경우 70대 사망자 수가 4만 3010명, 80대가 4만 8453명인 데 비해 여성의 경우 70대 사망자 수가 2만 6943명, 80대가 7만 9348명으로 엄청난 증가를 보인다. 이러한 수치는 한국 남성은 70대 이후에, 여성은 80대 이후에 가장 많이 사망한다는 사실을 보여준다.

이 같은 통계에서 여성이 남성에 비하면 수명이 길고, 더욱 고령화된 죽음을 맞는다는 사실을 알 수 있다. 40~50대 남성의 사망률이 여성 사망률보다 2배 이상 높은 것도 매우 특이한 현상이다. 우리 사회의 가부장적이고 남성 중심적 특성을 고려할 때 생업과 사회 활동을 주도하는 남성이 다양한 반생명적 요인의 영향을 받는다는 점을 시사하는 수치라고 할 수 있다.

## 죽음과 질병

2017년 사망한 사람들의 가장 큰 사망 요인은 남녀 모두 만성질환이었다. 악성신생물, 즉 암에 의한 사망(7만 8863명)이 가장 높고, 그다음이 심장질환(3만 852명), 뇌질환(2만 2745명)순이다. 암으로 인한 사망이 심장질환이나 뇌질환에 비해 거의 두세 배가량 높은 것이다. 이 세 가지 사망 원인을 합치면 전체 사망자의 절반인 46.4%에 달한다.

2003년 인구 10만 명을 기준으로 131.1명이던 암 사망률은 2012년 146.5명으로 늘어났고, 2013년 149.0명, 2017년 153.9명으로 계속 증가했다. 또한 암으로 인한 사망은 전체 사망자의 27.6%에 이른다. 국민 열 명 중에 세 명이 암으로 사망하는 것이다.

2017년 남성을 사망에 이르게 한 암은 폐암(51.9%), 간암(31.2%), 위암(20.2%)순이었지만 여성은 폐암(18.4%), 대장암(14.6%), 위암(11.2%)순이었다. 남성의 암 사망률(191.1명)은 여성(116.9명)에 비해 약 1.6배 높다. 위암 사망률은 10년 전 21.9명에서 16.2명으로 약 26% 떨어졌으나 폐암 사망률은 28.7명에서 35.1명으로 약 22%나 급격히 증가한 것으로 나타났다.

특히 3대 암인 폐암, 간암, 위암은 60대 이후 노인의 주요 사망 원인이다. 40~50대의 가장 큰 사망 원인이 간암인 데 비해 폐암 사망률은 50대 21.1명에서 60대가 되면 77.4명으로 3배 이상 높아지고, 70대가 되면 216.5명으로 50대의 10배 이상 높아진다. 80대가 되면 50대의 약 17배인 345.9명으로 급증한다.

28.1명으로 50대의 가장 큰 사망 원인인 간암의 경우, 60대 52.3명, 70대 97.8명으로 증가를 보인다.

80대의 가장 치명적인 사망 원인은 폐암(345.9명), 위암(175.6명), 대장암(202.1명)순이다. 80대에 이르면 각종 암에 걸릴 확률이 상당히 높아진다. 50대의 가장 높은 사망 요인이었던 세 가지 암 사망률이 도합 63.7명인 데 비해 80대에서는 도합 723.6명으로 높아진다. 고령 노인의 경우 50대에 비하면 암으로 인한 사망 빈도가 11.4배나 높아지는 셈이다.

순환기 계통의 사망 원인을 살펴보면 전체 사망률 119.6명 가운데 심장질환이 60.2명, 뇌혈관질환이 44.4명, 고혈압성 질환이 11.3명이다. 순환기 계통 질환은 여성(127명)이 남성(112.1명)에 비해 다소 사망률이 높다. 2016년 자료에서도 50대에서는 사망률 52.5명이었던 순환기 계통 질환으로 인한 사망이 60대 들어서는 126.6명으로 높아지고, 70대는 490명, 80세 이상의 경우엔 2196.9명으로 급상승한다. 이처럼 심장질환 역시 70대를 넘어 80대까지 생존한 이들을 급습한다.

최근 나타나는 특이한 사항은 치매에 의한 사망률이 증가한다는 사실이다. 치매 유병률은 2002년 0.52%였으나 2013년에는 10.70%로 지난 10년 동안 약 20배 이상 급증했다. 2017년 국민건강보험공단 자료에 따르면 우리나라 치매 환자는 총 72만 4800명으로 추산되고 그중 여성이 51만 7500명으로 약 71.4%에 이른다. 또한 치매 전 단계를 일컫는 경도인지장애mild cognitive impairment 환자가 199만여 명으로 유병률이 노인 인구의 27.8%에 달하며 최근 5년 사이에만 4.3배나 증가한 것으로 밝혀졌다.

종합하면 고령 노인 중 상당히 많은 수가 암과 순환기질환, 호흡기질환으로 사망한다는 결론에 이른다. 우리나라에서는 암에 걸려 사망하는 사람들이 가장 많고 심장질환, 뇌질환 순으로 사망자가 나온다.

이처럼 우리나라 사람들이 고령 노인이 되어 중증질환으로 사망하는 빈도는 여타 선진국과 다를 바 없을 정도로 높은 편이다.


## 자살

대한민국 사망 관련 통계 수치가 드러내는 특이한 현상 가운데 하나는 자살률이 유난히 높다는 점이다. 대한민국은 OECD 37개국 중에서 자살률 1,2위를 다툰다. 세계보건기구WHO(이하 WHO로 표기)는 자살을 "작위(행위)로 자신의 죽음을 초래하는 것으로서 죽음의 의도와 동기를 인식하면서 자신에게 손상을 입히는 행위"라고 정의한다.

2017년 한 해 동안 우리나라에서는 1만 2463명이 스스로 목숨을 끊었다. 1일 평균 자살자는 34.1명에 이른다. 지금 이 순간에도 매 40분마다 한 사람이 스스로 목숨을 끊는 셈이다. 대한민국은 불명예스럽게도 지난 14년 연속 OECD 국가 중 가장 높은 자살률(2017년 10만 명당 24.3명)을 유지하고 있다. 우리나라 자살

## 2017년 자살률 현황

| 년도 | 구분 | 연령별 | | | | | | | |
|------|------|--------|--------|--------|--------|--------|--------|--------|--------|
| 2017 | 연령 | 10~19 | 20~29 | 30~39 | 40~49 | 50~59 | 60~69 | 70~79 | 80 |
| | 전체 | 4.7 | 16.4 | 24.5 | 27.9 | 30.8 | 30.2 | 48.8 | 70.0 |
| | 남성 | 5.8 | 20.89 | 32.4 | 38.7 | 47.7 | 47.7 | 81.7 | 138.4 |
| | 여성 | 3.5 | 11.4 | 16.2 | 16.8 | 13.7 | 13.6 | 23.4 | 38.6 |
| | 성비 | 1.7 | 1.8 | 2.0 | 2.3 | 3.5 | 3.5 | 3.5 | 3.6 |

* 출처: 통계청

률은 OECD 평균 자살률(11.9명)에 비해 배 이상 높다.

대한민국 자살률은 남성이 인구 10만 명당 34.9명으로 여성의 13.8명에 비해 2.5배 높다. 연령별 사망 원인 1위는 40대 이상의 경우 암이지만 10~30대에서는 고의적 자해, 곧 자살이 가장 높은 사망 원인이다. 그리고 40대~50대 사망 원인 2위 역시 자살이다. 대한민국의 자살자 수가 2003년 이후 OECD 국가 중에서 가장 높아진 이유는 무엇일까?

연령별 자살률 추이를 살펴보면 일반적으로 남성이 여성에 비해 더 높은 자살률을 보인다. 이는 다른 OECD 국가들과 유사하다. 인구 10만 명당 남성 자살률은 2000년 IMF 이후 52.2명에서 2010년 125명으로 2.4배 증가했고, 여성 역시 23.1명에서 49.4명으로 2.1배 증가했다. 이런 수치는 경제적 어려움과 자살이 매우 밀접한 관련성이 있음을 의미한다. 남성의 자살 빈도 증가는 40대 이후 두드러지는 데, 이는 상당 부분 고도의 경쟁사회에서 낙오하고 사회적 성취감을 박탈당한 데서 비롯된 것으로 보인다.

그런데 자세히 들여다보면 50대 이후 노년층 자살률이 생애주기 중 가장 높다는 사실을 알 수 있다. 70대 노인 자살률이 현저하게 높아지는 사실 또한 매우 특이하다. 여기서 그치지 않고 80대의 자살률(인구 10만 명당 70명)은 놀랍게도 10대 자살률(4.7명)의 무려 15배에 이른다. 80대 남성(138.4명)의 경우 심지어 10대 남성 자살률(5.8명)의 23.8배에 이른다. 그렇다면 어떤 연유로 이렇게 고령 노인들의 자살이 급증하는 걸까?

한 연구 보고서[9]는 감정 기복으로 인한 심리사회적 위험 요인들이 노인 자살의 원인이라고 분석한다. 즉 고령에 혼자 살면서 느끼는 고립감, 건강 악화, 경제적 어려움, 배우자와의 사별로 인한 상실감, 고통스러운 질병, 알코올의존이나 중독과 연관된 정신병리적 요인, 감정부전장애dysthymic disorder 등의 요인이다. 이 보고서는 오스트레일리아 사회의 노인과 자살을 분석했으나 그 내용을 살펴보면 고령 노인의 매우 보편적 자살 위험 요인을 지적한다는 사실을 알 수 있다. 배진희의 연구[10]도 늙어갈수록 상실감과 심리사회적 요인으로 인해 노인의 자살 위험이 증가한다고 결론짓는다.

2012년 통계에 따르면 70세 이상 자살률은 영국, 미국, 캐나다, 오스트레일리아 등이 인구 10만 명당 20명 미만인 데 비해 한국은 116.2명이었다. OECD 25개국의 65세 이상 노인 자살률은 2000년 22.5명에서 2013년 20.9명으로 오히려 줄어드는 추세다. 그러나 대한민국은 34.2명에서 80.3명으로 급증했다. 그 결과 우리나라는 OECD 국가 중 자살률이 가장 높은 나라에 속하게 되었을 뿐 아니라 2017년 노인 자살률 70명(80대의 경우 남성 138.4명, 여성 38.6명)으로 OECD 국가 중에서 1위를 차지했다.

프랑스 사회학자 뒤르켐E. Durkheim은 말한다.

"자살은 개인적 선택이기도 하지만 그 원인은 사회에서 나오기 때문에 모든 자살은 사회적인 것이다."

고령 노인의 높은 자살률은 무엇을 말하는가? 이는 우리나라 노인들이 충분히 노후 준비가 되지 못한 상태에서 연장된 수명을 향유하지 못한 채 질병과 빈곤, 고독으로 스스로 삶을 마감하는 경우가 다른 선진국에 비해 훨씬 빈번하다는 것을 말하는 지표다.

우리나라 사람들 대부분은 60대 초반 사회 일선에서 은퇴한 후 20여 년 이상 생존하리라 예상해야 한다. 합리적 노후대책과 생활에 불편하지 않을 정도의 건강은 안정된 삶의 질 유지를 위한 필수 요소다. 그러나 노인들 대다수는 최저생계비 이하를 버는 열악한 경제 환경에서 노후를 보낸다. 기대수명과 건강수명의 편차가 불러오는 유병 기간에는 암과 뇌질환, 순환기 계통 질환에 시달리는 일도 잦다. 이처럼 열악한 상황에서 특단의 조치가 주어지지 않는다면 생애 주기 그 어느 때보다 높게 나타나는 고령 노인의 자살률을 낮추기란 힘든 일이다.

죽음을 어떻게 이해할 것인가

죽음에 관한 지표는 오늘날 우리 사회의 적나라한 죽음의 현실을 드러내는 통계다. 지난 세기에 비해 사람들 수명이 거의 2배로 늘어난 오늘날, 우리는 그 어느 때보다 긴 생애라는 특권을 부여받았다. WHO 통계에 따르면 2017년 대한민국 국민의 평균수명은 약 81.8세(OECD 통계는 83.01세)로 밝혀졌으니 우리 국민도 수명에 있어서는 가히 세계 상위권 국가라 할 만하다. WHO와 영국 임페리얼칼리지런던Imperial College London은 OECD 35개 회원국의 기대수명을 분석하고[11] 2030년경 대한민국이 세계에서 가장 수명이 긴 나라가 되리라 예측했다.

조선의 역대 왕들은 평균수명이 47세였다. 오늘날 대한민국 국민들은 과거 왕들의 2배를 사는 셈이다. 양질의 영양분을 섭취하고, 질병 예방이 가능한 위생적 환경에서 살면서, 감염질환을 막아주는 항생제 등 고도로 향상된 의료와 과학기술의 혜택을 누리기 때문이다.

그러나 수명과 삶의 질은 정비례하지 않는다. 수명이 늘어나면서 인생에서 노화된 몸으로 사는 기간이 더욱 길어진다는 사실, 그리고 이렇게 오랫동안 노년의 삶을 뒷받침할 경제적 여건이나 건강 자원이 넉넉하지 않다는 사실이 문제다. 복지국가 이념을 내세울 만한 사회 안전망 역시 촘촘하지 않아 여기저기 노인의 삶을 위협하는 안전 사각지대가 도사린다.

유엔은 65세 이상인 고령인구 비율이 7%를 넘으면 고령화사회, 14%를 넘으면 고령사회, 20% 이상이면 초고령 사회로 분류한다. 대한민국은 여타 고령사회와는 달리 고령화사회에서 고령사회로 매우 빠르게 진입했다. 노인이 많아지는 사회는 일선에서 은퇴한 사람들이 오래 사는 사회를 의미한다. 65세가 넘은 노인으로 여생을 살아가는 동안 경제적 여건과 건강은 노인들 삶의 질을 결정하는 주요한 요소가 된다. 그러나 노후 준비가 충분히 된 노인은 이들 중 약 10%에 지나지 않는다. 자녀 교육과 주택 마련 등으로 10명 중 6명이 노후 준비를 하지 못한 것으로 밝혀졌다. 결국, 우리 사회에서 약 50%의 노인들은 경제적·사회적·관계적 상실감을 느끼며 불안의 늪에서 노후를 보낼 가능성이 매우 높다. 수명연장은 긍정적 측면에서는 생명의 연장이지만, 부정적 측면에서는 죽음의 유예나 연기를 의미한다. 경제적 어려움 속에서 노쇠된 몸으로 고통받으며 살아야 할 노년의 삶을 죽음 자체보다 더 두려워하게 된 것이다.

이런 현실에 맞추어 인간의 죽음 이해는 달라져야 한다. 수명이 비교적 짧았던 시대와는 전혀 다른 새로운 죽음 이해를 가지고 노년의 삶과 죽음을 준비할 수 있어야만 한다.

죽음을 어떻게 이해할 것인가

# 4. 죽음이 다가오는 징후에는 어떤 것이 있나?

무엇이나 다 정한 때가 있다. 하늘 아래서 벌어지는
무슨 일이나 다 때가 있다. 날 때가 있으면 죽을 때가 있고
심을 때가 있으면 뽑을 때가 있다. 죽일 때가 있으면 살릴 때가 있고
허물 때가 있으면 세울 때가 있다. 울 때가 있으면 웃을 때가 있고
애곡할 때가 있으면 춤출 때가 있다.

―〈전도서〉 3장

사람은 시간을 의식하는 존재다. 의미로 충만해 계속 머물고
싶은 시간이 있는가 하면, 무의미하게 느껴져서 빨리 지나가기
만을 바라는 시간도 있다. 그러다 언젠가는 달력을 들여다보며
살날이 얼마나 남았을지 가늠하는 시간도 찾아올 것이다.

과거에는 죽는다는 사실을 알고 나서 죽음을 기다리는 시간
이 비교적 짧았다. 현대인은 과거에 비하면 비교적 긴 죽어감의
시간을 가진다. 활기 넘치는 몸으로 지칠 줄 모르고 밤낮없이 뛰
어놀던 시간도 있었건만 죽음이 가까워질수록 생명력이 소진된
다. 그렇게 차츰 모든 활력을 잃고 그동안 생을 받쳐주던 몸은 일
순간 무너져 내린다. 그러다가 자신의 의지와 상관없이 숨을 들
이쉴 힘조차 없어서 힘겹게 마지막 숨을 거둔다.

이러한 죽음의 시간이 아름답기를 기대한다면 그리 정직하거나 현명한 일은 아닐 것이다. 그래서 나는 어떤 죽음도 '아름다운 죽음'이라고 일컫지 않는다.


## 기다림

죽어가는 이를 떠나보낼 때 가져야 할 정중한 삶의 자세는 어떤 것일까? 그 사실을 논하기 전에 먼저 죽어갈 때 우리 몸에서 무슨 일이 벌어지는지 살펴보자. 그가, 그대가, 내가, 우리가 죽는다는 것은 무엇을 의미하고 그 과정에서 어떤 일이 벌어지는가?

실제로 죽음은 회복할 수 없는 질병이나 예상치 못했던 사고, 노환 등 다양한 형태로 우리에게 다가온다. 의학적 관점에서 보는 인간의 죽음은 정신적·영적 사건이라기보다 생물학적 사건이다. 신체 변화에 따라 죽음이 찾아온 순간 뇌 작용이 정지되면서 정신적 기능 또한 상실된다. 인간의 죽음이란 결국 생명을 존속시키던 신체적 기능과 뇌 활동이 정지되면서 의식을 상실하고 한 개인이 생존을 끝마친 상태를 의미한다.

사람이 살아 있으려면 음식과 다양한 영양분을 섭취하고 온몸에 원활히 공급해야 한다. 뇌가 활동하려면 산소 공급이 필수적이고, 산소를 공급하려면 심폐 기능이 제대로 작동해야 한다. 신진대사 과정에서 생기는 노폐물을 잘 걸러 제거해야 하고, 혈액순환이 잘되어 영양 공급 통로가 제대로 작동해야 하며, 끊임없이 노폐물을 걸러 대소변으로 배출하는 기능에도 이상이 없어야 한다. 이 모든 기능이 정상적이어야만 몸속 모든 세포가 최적의 상태에서 적절한 활동을 할 수 있다. 여기에서 벗어나면 몸은 활력을 잃고 마침내 죽음의 방향으로 이동한다.

죽음이란 생명을 유지 존속하는 기능에 이상이 생기다가 결국 총체적으로 기능이 정지되고 마는 사건이다. 특히 생명 유지에 필수적인 심장박동과 폐의 호흡 기능, 모든 신체 기능을 통제하고 제어하는 뇌 작용은 인간 생존의 필수 조건이다. 이 세 가지 기능 중 어느 하나라도 제대로 되지 않으면 인간은 즉시 자연적 죽음에 이른다. 보통은 자연스럽게 심장사, 뇌사, 호흡사가 동시 다발적으로 일어난다.

하지만 오늘날에는 생명유지장치를 통해 죽음의 순간을 늦출 수 있다. 인공심장박동기로 심장이 계속 뛰도록 하거나 인공폐를 작동시켜 인위적으로 호흡을 지속시키고 산소와 혈액을 공급할 수도 있다. 다만 뇌는 인공적으로 작동시킬 수 없다.

미국 저널리스트 케이티 버틀러Katy Butler는 뇌출혈을 겪은 아버지의 생명을 연장하고자 인공심장박동기 부착에 동의했다. 그런데 뇌와 몸이 날이 갈수록 심각하게 기능을 상실하는데도 인공심장박동기가 지속적으로 작동함으로써 아버지의 죽음은 한없이 미뤄졌다. 기계의 도움이 아니었다면 벌써 돌아가셨을 몸이었다. 아버지는 삶을 조금도 누리지 못한 채 한없이 무능한 상태로 누워만 있었다. 그런 아버지를 몇 개월 동안 돌보며 그녀의 어머니도 하루하루 지쳐갔다.

그녀는 죽음을 기다리는 아버지를 바라보며 이렇게 썼다.

침대에서 일으켜 얼굴을 씻기고,
이를 닦아주고,
대변을 받아낸 후 샤워를 시키고,
옷을 갈아입히며 성인용 기저귀를 채운다.
어린아이처럼 냅킨을 채우고
반쯤은 흘러내리는 음식을 연방 닦아내며
아침 식사를 떠먹이고,
보청기를 귀에 넣어주고,
하루에도 몇 번이나 젖은 기저귀를 갈아준다.
아버지는 뇌출혈로 언어 능력을 상실한 채
하루 종일 무엇인가 응시하거나
쓰러진 고목처럼 졸곤 한다.
그의 얼굴엔 깊은 주름이 파이고
크고 작은 검버섯이 얼굴에도, 손등에도 여기저기 생겼다.
탄력 잃은 피부는 불끈 솟아오른 핏줄과 어우러져
앙상한 고목의 가지처럼 보인다.
                    (…)
그러잖아도 사랑의 하나님에 회의를 품는 그에게
그의 고통은 하나님을 향해 더 깊은 의심의 골을 만들었다.
그의 견딜 수 없는 고통은 밤낮을 가리지 않고 찾아왔다.
자신이 내는 신음 소리가 아니라

죽음을 어떻게 이해할 것인가

고통이 뼈마디를 드러낼 때마다 솟구치는 낯선 신음 소리
였다.

긴 고통의 시간은 신의 잔혹한 징벌처럼 느껴졌다.

－케이티 버틀러,《죽음을 원할 자유Knocking on Heaven's Door》

케이티의 책을 읽으면서 내 마음에 여러 가지 질문이 떠올랐
다. 저런 상태에서 살아 있음이란 무엇일까? 그것은 어떠한 가
치나 소망, 관계, 주체, 자유, 자율 모두를 상실한 몸의 생존만을
의미할까? 이런 삶도 인간의 존엄성이라는 표현으로 지지할 수
있을까? 신의 징벌처럼 느껴지는 고통의 연속선상에서 신이 주
신 인간의 존엄성은 도대체 무엇을 의미할까? 과연 하나님은 인
간의 죽음이라는 정황에서 매 순간 자신이 계획한 섭리대로 행
하실까? 왜 우리는 죽음을 원수처럼 여기고, 자꾸 밀어냄으로써
더 크고 두려운 죽음을 불러들일까?

케이티와 그녀의 어머니는 죽음을 직면한 아버지에게 인공
심장박동기를 달아 죽음을 유예했다. 하지만 그 결정은 아버지
와 어머니, 그리고 케이티에게도 더욱 고통스러운 죽어감의 시
간의 연장일 뿐이라는 사실을 뒤늦게 깨닫게 되었다. 죽음을 고
통 없이 연장하거나 유예할 수 있다면 그리 나쁜 결정이 아니었
을 테지만, 인간으로서의 존엄성을 조금도 남겨놓지 않은 죽어
감의 과정은 그 결정으로 인해 더욱 고통스러운 것이 되었다.

그렇다면 우리는 죽음이 다가오는 징후가 뚜렷할수록 죽음
을 회피하지 않고 받아들일 용기를 가져야 하지 않을까.

## 죽음의 징후

죽음이 가까울수록 환자에게는 여러 징후가 나타난다. 이런 징후들이 보이면 경험이 없는 사람들은 매우 당황하거나 심리적 어려움을 겪는다. 사고 등으로 죽음이 급습하지 않았다면 죽어감의 과정은 서서히 점진적으로 일어난다. 노환일 경우 어느 정도 위기 상태가 진행되었다가 회복되는 과정이 반복되기도 한다. 죽어가는 과정은 개인마다 다소 다르지만 죽음이 가까운 상태에서는 일반적으로 다음과 같은 현상이 나타난다.

첫째, 반응이 줄어든다.
어지러움을 느끼고 잠을 많이 자며 미약한 반응을 보인다. 그러나 이때도 환자의 청력은 상대적으로 잘 작동한다. 이런 상태에 이르면 작별 인사를 준비해야 한다. 죽어가는 과정에 들어가는 것이므로 가능한 한 부드럽게, 그리고 환자가 스스로에게 집중하도록 돕는 것이 좋다. 주변에서 큰 소리로 울부짖거나 슬퍼서 소란을 피우면 오히려 죽어가는 이를 혼란과 번잡스러움에 빠지게 만든다.
미국과 캐나다에서 사용하는 의료적 판단기준을 담은 책에서는 사망 직전의 현상을 다음과 같이 설명한다.

지속적으로 의식이 저하되고, 호흡이 불규칙해지며 혼돈과 졸림이 니타난다. 인후에 분비물이 생기고 호흡이 거칠어지는 사전천명死前喘鳴 현상이 생긴다, 호흡이 멈춘 후 몇 분간 심장이 뛰거나 짧은 발작이 일어나기도 한다.

-《MSD 매뉴얼MSD Manual》

둘째, 시간, 장소, 친구, 가족 구성원을 잘 알아보지 못한다.

죽음이 가까워진 환자는 죽은 이에 대한 환상을 보거나 말을 건네기도 한다. 악몽과 환상은 다르다. 악몽이라면 의사가 적절한 조치를 하는 편이 낫다. 하지만 다른 세계에 대한 환상을 보는 것은 죽어가는 환자들이 보이는 일반적 특징이기도 하고, 간혹 환자에게 위안이 되는 현상이기도 하다. 그들은 먼저 세상을 떠난 이를 만나거나 어디론가 떠나는 꿈을 꾸기도 한다.

죽어가는 이들을 많이 보아온 의사들은 환자가 느끼고 경험하는 것이 간혹 시간과 장소를 초월한 신비로운 경험인 경우도 적지 않다고 증언한다.

세상을 떠나는 환자가 임종 시에 보는 비전에 대해 회의론자들은 복용 중인 약물의 영향을 받아 환자가 헛것을 보는 것으로 폄하하곤 한다. 그러나 이 현상을 오래 연구한 영국의 신경과 의사인 피터 펜윅 박사에 의하면 그 비전은 전혀 혼돈스럽지 않으며 대부분 의식이 활짝 깨어 있을 때 발생하고, 때로는 장기간 무의식 상태로 있던 환자가 죽기 전에 잠시 맑은 의식을 회복할 때 보는 경우도 있다고 한다.

-김건열 외,《의사들 죽음을 말하다》

셋째, 움츠리고 주변을 멀리한다.

환자는 본능적으로 누군가와 함께 있으면 자신의 평화가 깨어진다는 것을 감지한다. 죽어가는 이는 번잡스러운 것들을 피하고 싶어 한다. 이때 자신의 의지와 상관없는 신앙고백을 강요받거나 주변 사람들이 과도하게 슬퍼하는 모습을 보게 되면 죽어가는 이는 불편을 느낀다. 죽음이 가까워지면 죽음을 늦추려는 시도조차 죽어가는 이에게는 죽음 혹은 고통의 연장이며, 매우 힘겹고 번거로운 일이 된다. 환자가 원하는 평화를 깨뜨리지 않도록 세심히 주의할 필요가 있다.

> 전날 샬롯은 내게 전화를 걸어서 "선생님의 상태가 별로 좋지 않다"고 알렸다.
> 그것은 샬롯이 그의 마지막 나날이 시작되었음을 알리는 방식이었다.
> 선생님은 약속을 전부 취소했고 아주 오랫동안 잠을 잤다.
> ─미치 앨봄,《모리와 함께한 화요일》

넷째, 식욕이 떨어지고 음식과 물을 적게 섭취한다.

이 경우 마른 입술을 축이는 정도는 필요하지만 억지로 먹여서는 안 된다. 음식물이 환자의 목에 걸리거나 만에 하나 폐에 물이 들어가면 상태가 급격히 악화될 수 있다.

이 상태는 죽음을 받아들이기 위해 생물학적으로 몸을 닫는 과정이다. 이때 할 수 있는 일은 함께 있어주고 지켜보면서 마음을 나누는 것이다.

다섯째, 방광 기능과 배변 기능이 점차 상실된다.

소변을 지리거나 의지와 상관없이 변을 볼 수도 있다. 몸의 기능이 상실되어감을 보여주는 증거다. 이때쯤이면 배변 조절 능력 상실로 수치를 느끼거나 마지못해 그 상황을 받아들여야 한다. 이는 죽어가는 과정에서 일어나는 자연스러운 현상이므로 주변에서 당황하거나 곤란해하면 안 되고 즉시 처리해서 쾌적함을 유지하도록 도와야 한다.

시몬 드 보부아르는 죽음이 가까워진 어머니가 스스로 용변을 조절하지 못하는 모습을 이렇게 묘사했다.

> 엄마가 눈살을 찌푸리고 무슨 대단한 결정이라도 내리는 태도로, 마치 결투 신청이라도 하는 듯 말했다.
> "전에 보면 죽어가는 환자들은 대부분 이불에 용변을 보더라."
> 엄마의 말은 나를 섬뜩하게 했다. 그건 얼마나 치욕적인 일인가.
> 엄마는 이날까지 상처입기 쉬운 자존심으로 꽉 차서 살아온 사람이었다. 그래서 어떤 창피한 일도 겪은 적이 없었다.
> 이 깔끔하고 고상한 취향의 여인이 그토록 단호하게
> 우리 인간의 동물성을 받아들인다는 것은 어떤 의미에서 커다란 용기였다.
> ─시몬 드 보부아르, 《아주 편안한 죽음》

여섯째, 소변 색이 검어지고 소변 양이 줄어든다.

신체 기능이 떨어지면 몸에서 소변을 배출하기도 어려워진다. 중환자실 환자들은 대부분 스스로 대소변을 배출할 능력을 상실한다. 경우에 따라서는 주기적 관장과 배뇨를 도울 요도관이 필요할 수도 있다.

일곱째, 시력이 저하된다.

대개 임종 전 4~2주에는 시력이 급격히 떨어져 주변을 제대로 알아보지 못한다. 간단한 대화를 나눌 때는 가까이에서 환자가 확인하도록 돕는다. 시력이 떨어질수록 죽어가는 이는 머리를 밝은 쪽으로 향하고 싶어 한다.

여덟째, 숨을 쉴 때 헐떡거리거나 꾸르륵 소리가 난다.

몸의 신진대사 기능이 떨어지고 뇌에 산소 공급이 원활히 되지 않으며, 환자는 몸에 생기는 이상 때문에 두려워하거나, 혼란과 불편함을 느끼고 급격히 동요한다. 이때 주변에서는 당황하지 말고 가벼운 터치로 누군가 함께 있다는 사실을 일깨워준다. 필요하면 산소 공급을 해준다.

경험 부족으로 죽어가는 사람이 보내는 마지막 신호를 알아차리지 못하는 사람들도 있다. 죽어가는 것은 자연스러운 일이다. 죽어가는 이도, 임종을 지켜보는 이도 죽음에 저항할 수는 없다. 얼마 남지 않은 시간이 최대한 편안하도록 지켜주어야 한다.

간혹 마지막 순간에 환자에게 회개나 신앙고백을 요구하는 사람도 있는데 실로 무의미한 일이다. 가장 진실해야 할 시간에 강요에 따른 억지 신앙고백을 한다면 죽어가는 이에게 하등 도움이 되지 않는다. 주변의 집요한 요구와 가치가 담긴 행위는 삼가야 한다.

아홉째, 몸의 말단 부위 피부가 푸른색을 띠는 청색증이 나타난다.

죽음이 매우 가까워지면 혈액순환 저하로 피부는 차가워지고 부분 부분 푸른색을 띤다. 발이나 손 같은 혈관 말단부터 피부가 푸르스름하게 변하는 현상을 일명 청색증이라고도 한다. 환자는 차가워지는 것을 잘 느끼지 못하므로 따뜻한 담요로 몸을 덮어 급격한 체온 저하를 막으면 좋다.

청색증이 나타나면 몇 시간 안에 환자의 죽음이 있으리란 징후로 보아야 하므로 임종을 지킬 사람들에게 즉시 연락한다.

열 번째, 신체가 차가워지면서 말초신경의 통증을 느끼고 심장에서 먼 곳부터 몸이 식어간다. 환자가 고통을 참기 어려워한다면 진통제를 주사한다.

죽어가는 이에게 작별을 고하며 그의 소중함을 일깨우고 가슴속에 기억하겠다고 약속하거나 가족이 화목하게 살겠다고 다짐한다. 죽어가는 시간에 함께하는 것은 환자에게 무엇보다 큰 위안이 된다.

열한 번째, 마지막 숨은 들이쉰다기보다 다소 불완전하게 내쉬는 숨일 때가 많다.

레프 톨스토이Lev N. Tolstoi는 한 인간의 죽어감의 과정을 다룬 소설에서 주인공 이반 일리치의 마지막 순간을 다음과 같이 묘사한다.

> 누군가 건너편에서 "끝났어!"라고 말했다.
> 그 소리를 알아듣고 그는 같은 말을 되뇌었다.
> 그는 "죽음이 끝난 거야. 이제 죽음은 없어"라고 중얼거렸다.
> 그는 숨을 내쉬는 듯하더니 중간에서 숨을 멈추고,
> 팔을 늘어뜨리고 죽었다.
> ─레프 톨스토이, 《이반 일리치의 죽음Смерть Ивана Ильича》

열두 번째, 숨이 멈추면 신체를 방어하던 모든 면역 기능이 정지한다.

사자死者의 몸은 온기를 잃고 신체의 취약한 부분에서는 미생물의 공격이 본격화되어 부패가 시작된다. 신체 각 기능을 유지하며 긴장했던 근육이 풀어져 중력에 저항하지 못하고 늘어진다.

사망이 선고된 후에도 사람의 세포는 당분간 살아 있으므로 미세한 변화가 지속된다. 예컨대 수염이 자라는 등 일시적으로 신체 변화가 지속된다. 하지만 이것은 말단세포들이 완전히 정지하지 않았기 때문에 일어나는 일시적 현상이다. 어쩌면 모든 세포가 완전히 정지되고 생명력이 상실된 세포사의 경우야말로 한 인간의 죽음의 과정이 온전히 마무리된 것이라고 할 수 있다.

《사람은 어떻게 죽음을 맞이하는가》를 쓴 미국 외과의사 셔윈 누랜드는 말했다.

"누군가 죽어가는 순간에는 그 사람의 삶의 질이 잘 드러나지 않는다. 다만 우리가 어떻게 살았고 어떻게 기억되느냐에 따라 그의 삶의 가치가 드러난다."

소수의 사람들만이 스스로 자신의 죽음을 통제한다. 어떤 이들에게는 죽음이 신속하고 빠르게 다가오지만, 어떤 이들에게 죽음은 천천히 다가오는 매우 느리고 고통스러운 과정일 수도 있다. 이렇듯 사람마다 양태가 다르지만 죽음은 누구에게나 다가온다. 우리도 언젠가는 앞서 살펴본 것처럼 가엾게 죽어가는 사람이 될 것이다.

인간의 마지막 모습은 생물학적 과정이기도 하지만 그것이 전부는 아니다. 죽음을 맞이하고 대하는 태도를 통해 생물학적 현상을 뛰어넘는 무언가를 경험할 수 있기 때문이다.

그를 아는 사람들의 기억에는 그의 삶이 남는다. 그래서 누랜드는 한 인간의 죽음이 지닌 진정한 의미는 그렇게 남겨진 삶에 담긴다고 했다.

죽음이란 자연스럽고 점진적인 생명 제거 과정이다. 어느 누구도 막을 수 없는 이 과정에서 오로지 소수의 사람만이 존엄성을 지키며 죽어간다. 존엄한 죽음은 대부분 평소 생산적이고 존엄한 가치를 지키며 살았던 이가 스스로 죽음을 대하는 자세

에서 나타난다. 애써 만드는 것이 아니라 그의 삶이 그러한 죽음
으로 열매 맺는다. 사랑하는 사람이 죽어갈 때 의사나 환자만이
아니라 가족도 마치 적이나 원수라도 되는 것처럼 죽음을 대하
기보다 그것이 자연스러운 과정이 되도록 처신할 필요가 있다.
그제야 비로소 죽어가는 이는 자신의 죽음을 가장 편안하게 받
아들일 수 있을 테니.


## 죽음의 양태

　노화의 긴 과정을 거친 후 늙고 지친 모습으로 죽어가는 사람
의 모습은 작가 김훈이 보았던 목련을 연상하게 한다.

　목련은 등불을 켜듯이 피어난다. 꽃잎을 아직 오므리고 있
을 때가 목련의 절정이다. 목련은 자의식에 가득 차 있다. 그
꽃은 존재의 중량감을 과시하면서 한사코 하늘을 향해 봉우리
를 치켜 올린다. 꽃이 질 때, 목련은 세상의 꽃 중에서 가장 남
루하고 가장 참혹하다. 누렇게 말라비틀어진 꽃잎은 누더기
가 되어 나뭇가지에서 너덜거리다가 바람에 날려 땅바닥에 떨
어진다. 목련꽃은 냉큼 죽지 않고 한꺼번에 통째로 툭 떨어지
지도 않는다.
　나뭇가지에 매달린 채, 꽃잎 조각들은 저마다의 생로병사
를 끝까지 치러낸다. 목련꽃의 죽음은 느리고도 무겁다. 천천

히 진행되는 말기암 환자처럼, 그 꽃은 죽음이 요구하는 모든 고통을 다 바치고 나서야 비로소 떨어진다. 펄썩, 소리를 내면서 무겁게 떨어진다.

　-김훈,《자전거 여행》


　김훈이 본 목련의 낙화는 인간의 죽음에서 일어나는 현상을 닮았다. 아니, 죽음과 같다. 그가 말하듯 남루하고, 누더기가 되고, 모든 고통을 다 바치고서 나뭇가지에 매달릴 힘이 하나도 없을 때 목련은 비로소 펄썩 소리를 내면서 허공에서 땅으로 떨어진다. 누가 죽음을 아름답다고 할 수 있겠는가?

　그러나 최재천 교수는 목련의 죽음을 추하게 여기는 것을 못마땅해한다. 그는 복효근의 시를 들어 떠나는 이가 작별까지 아름답기를 바라는 것, 동백 같은 순교를 바라는 것이야말로 지저분한 욕심이라고 말한다.

　아름다운 죽음은 과연 욕심일까? 복효근은 삶이 아름답기를 바라는 건 당연하지만 죽음까지 아름답기 바란다면 과도한 요구라고 했다.


　　목련꽃 지는 모습 지저분하다고 말하지 말라
　　순백의 눈도 녹으면 질척거리는 것을
　　지는 모습까지 아름답기를 바라는가,
　　-복효근,〈목련 후기〉

나는 김훈이 바라보았던 목련의 낙화 같은 모습이 대부분의 현대인이 맞는 죽음의 모습이라고 생각한다. 김훈은 목련의 낙화를, 색이 누렇게 바랠 때까지 끈질기게 가지에 붙어 있다가 순백의 아름다움을 모두 잃은 채 털썩 떨어지는 모습에서 흉하다고 보았다.

이런 김훈의 생각에 반해 정재찬은 오히려 목련 같은 죽음이 오래지 않아 너와 내가 가질 죽음에 가깝지 않을까 생각한다. 그는 병상에서 오랫동안 죽음을 맞이하는 이를 지켜보았던 사람들에게 이런 작별을 권한다.

만일 오랜 병상의 세월을 보내는 노인이 있다면 존중하라. 그 모습을 결코 추하다 하지 마라. 그는 사랑하는 사람들을 힘겹게 만들고 있는 것이 아니라, 그들에게 사랑과 결별을 준비하는 시간을 주기 위해 힘겹게 버티고 있는 것이다. 헤어짐은 헤어짐다워야 한다.

오랜 사랑의 무게는 시간의 절약을 미덕으로 삼지 않는다. 안녕이라는 인사는 기능적이지만, 인사에 인사를 거듭하고 나서도, 적어도 동네 어구까지 나가서 떠나는 이의 꼭뒤가 보이지 않을 때까지 손 흔드는 것이야말로 인간에 대한 참된 예의다. 그것이 작별이다.

　－정재찬,《시를 잊은 그대에게》

사랑하는 이를 떠나보낼 때 나도 이렇게 작별 인사를 하고 싶다. 내가 세상을 떠날 때도 이런 작별의 예식이 있으면 좋겠다.

# 5. 우리는 왜 죽음을 두려워하는가?

공수래공수거 시인생
생종하처래 사향하처거
空手來空手去 是人生
生從何處來 死向何處去

―〈부운浮雲〉

고려 후기의 고승 나옹선사懶翁禪師의 누님은 〈부운〉이라는 시를 읊어 빈손으로 왔다가 빈손으로 떠나는 삶의 무상함을 드러냈다. 죽음이라는 이별을 통해 인간은 익숙하게 맺었던 모든 관계의 망에서 벗어나 절대 고독의 길로 떠난다. 나이가 많건 적건 지위가 높건 낮건 누구에게나 예외 없이 평등하게 다가오는 죽음 앞에서 인간은 헐벗은 자신을 바라보지 않을 수 없다. 늘 삶의 의미를 추구하며 살아왔건만 이제 공허함만이 남는다.

시인은 묻는다. 우리는 도대체 어디서 나와 존재하고 있으며, 삶을 떠나면 어디로 가느냐고. "생종하처래 사향하처거." 출처와 거처를 알 수 없는 생을 살아가면서 맺어온 무수한 관계에서 이제 떠나야 할 때가 다가왔다. 자연스러운 신체적 생명력의

죽음을 어떻게 이해할 것인가

소멸 과정과 직면한 모든 인간은 존재가 부존재不存在를 향해서 가는 죽어감의 과정을 피할 수 없다.

철학자 이경신은 죽음의 공포에 대해 이렇게 말한다.

> 그것이 죽는 순간의 고통에 대한 것이건, 자기 존재의 소멸에 대한 것이건, 대개는 죽음을 떠올리면 감당하기 힘든 공포의 무게로 짓눌려지는 듯하다. 내가 죽음을 두려워하는 까닭은 죽어가는 동안의 괴로움, 죽는 순간의 고통이 연상되기 때문이다. 내 육신이나 영혼이 사라진다는 생각은 오히려 무서움보다는 어떤 현기증을 불러일으킨다. 이 세상에서 나란 존재가 영원히 증발한다는 상상을 해보는 순간 머릿속이 하얘지면서 어지러움으로 속이 울렁거리는 것이다.
>
> –이경신,《죽음연습》

존재의 소멸과 모든 관계의 상실은 마치 화학반응의 하나인 증발과도 같다. 이 순간 사랑하는 사람들, 이 세상 모든 아름다운 것들에 영원한 작별을 고해야 한다는 사실이 결코 즐거운 일일 수는 없다. 결국 죽음은 삶으로의 회귀가 불가능한 영원한 떠남이며, 죽어감은 결코 유쾌할 수 없는 영원한 작별의 과정이다. 그래서 우리는 죽음 앞에서 두려움을 느낀다.

## 두려움은 비이성적인 것

불쾌한 것을 피하고 진정으로 즐거운 것을 찾으라고 권했던 에피쿠로스Epicurus와 그의 제자 격인 루크레티우스Lucretius는 죽음에 대한 두려움은 비이성적 감정이라고 생각했다. 그들은 우리가 태어나기 이전의 비존재를 두려워하지 않았듯이 앞으로의 우리의 비존재도 두려워할 필요가 없다고 주장했다. 죽음에 대한 두려움은 다소 공포감에 휩싸인 사유의 결과 지레 겁을 먹고 보이는 비이성적인 행동으로 보았기 때문이다.

죽음이라는 공포가 존재한다고 할 경우
죽음이라는 사건이 일어났을 때
그 사람이 그 죽음을 경험할 가능성이 있어야
최소한 그 공포가 존재한다고 판단할 수 있다.

그런데 일단 사람이 죽으면
죽은 후에는 경험의 주체가 존재하지 않는다.

그러니 죽었다는 상태는
그 사람에게 나쁜 것일 수 없다.

그러므로 정작 그 사건이 일어났을 때
그 사람은 존재하지 않는데

죽음을 어떻게 이해할 것인가

그 사람이 미리 두려워한다면 비이성적이다.

따라서 죽음을 두려워하는 것은
이성적 태도가 아니다.

—에피쿠로스, 〈주요 신조The Principal Doctrines〉

죽음이 오기 전에는 죽음을 경험하지 않았으니 두려워할 일이 없고, 죽음이 온 후에는 죽음을 느낄 주체가 없으니 두려워할 일이 아니라는 말이다. 즉 우리가 가지는 죽음에 대한 두려움은 아직 오지 않은 것을 지레 두려워하는 비이성적 감정이 가져오는 허상과 같다는 말이다.

자연법칙에서 볼 때 생명은 원자들의 특정한 조합이며 죽음은 그 해체다. 에피쿠로스 철학은 이런 관점을 근거로 사람이 죽은 후에는 경험의 주체가 더는 존재하지 않는다는 가설적 명제를 세운다. 그러면서 죽음을 일종의 자연스러운 생명 해체 과정으로 보는 견해를 지지한다. 죽은 사람은 더는 두려워하는 존재로 존재하지 않는다. 그러니 오히려 죽음이 영원한 평화와 안식을 가져다줄 수도 있다는 말이다.

"철학을 제대로 하는 사람이라면 무엇보다 죽는 것이 무엇인지 그리고 죽음이 무엇인지 탐구해야 하지 않는가?"

소크라테스는 《파이돈Phaedo》에서 이런 의문을 제기했다.

그는 전통적이고 보수적인 가르침에 익숙한 아테네 젊은이들이 새로운 차원의 인식을 하게 만들려 애썼다. 그의 가르침은 기존의 사회 안정과 질서를 유지하려는 사람들의 주장과 상당 부분 상반되거나 충돌했고, 아테네 지배층은 진리를 향한 소크라테스의 개방적 사유를 위험하게 여겼다. 대중의 지지를 얻으려는 수사학의 동원이 아닌, 영혼을 돌보는 정치의 중요성을 주장했던 소크라테스는 마침내 아테네에 소요를 일으키는 자라는 죄목으로 체포되어 재판에 넘겨졌다.

그는 결국 아테네 '불경건 처벌법'으로 사형을 선고받았다. 501명의 아테네 배심원 중에서 220명의 반대와 281명의 찬성으로 그의 운명이 판가름난 것이다. 인류 역사에서 가장 현명한 스승 가운데 한 사람이 인류 역사에 길이 남을 우둔한 281명의 찬성으로 사형수가 된 셈이다.

누가 보아도 억울한 판결이 선고된 순간, 담담히 자신을 변증할 수도 있었지만 소크라테스는 구차하게 살아남으려 하지 않았다. 철학자로서 살아온 그는 내심 죽음과 죽음 이후에 대해 좋고 나쁨을 명료하게 주장할 근거가 없다고 결론 내렸던 듯하다.

소크라테스는 죽음을 두려워할 필요가 없다는 평소 주장대로 죽어갔고 그 과정을 통해 자신의 생각을 입증했다. 살아남으려고 자신이 옳다고 믿는 것을 뒤집는 일은 영혼이 망가진 상태에서나 가능하다. 그런 삶은 무의미하므로 살 가치가 없었다.

이렇듯 죽음에 초연하려 했던 그리스 철학은 에피쿠로스를 통해 이어졌을 뿐 아니라 그와는 다른 주장을 펼쳤던 스토이시즘의 전통으로도 유지되었다.

소크라테스 이후 여타 그리스 철학자들은 영혼불멸에 대한 믿음으로 죽음에 대한 두려움을 극복하려는 모습을 보였다. 영혼불멸설은 훗날 로마제국의 국교가 된 기독교에서 더욱 공고해졌다. 영혼의 구원이 삶의 궁극적 목적으로 간주되었는데 죽음 너머까지 연장될 내세를 현세보다 낫다고 여김으로써 죽음에 대한 두려움을 극복하라는 가르침이었다.

서양 기독교 역사에서 겹겹이 이어져 내려오는 수도원의 유산에는 내세에 대한 희망으로 현세를 버리겠다는 수도사들이 보여준 의지의 흔적이 생생하게 남아 있다.

## 실존적 두려움

고대 그리스 철학자들은 죽음을 두려워할 필요가 없다고 주장함으로써 죽음에 대한 인간의 보편적 공포감을 간과하거나 소외시키는 경향을 드러낸다. 에피쿠로스처럼 시간의 흐름 속에서 죽음에 대한 감정적 개입을 차단하거나 루크레티우스처럼 비존재를 두려워하지 않겠다는 논리는, 사실 실존하는 인간이 죽음을 바라보며 느끼는 구체적 감정이나 이성적 사유의 결과를 너무나 가볍게 여기는 것이기도 했다.

오늘날 인간이 겪는 죽음의 공포는 그리스 철학자들이 생각한 죽음 자체에 대한 공포와는 다른 면이 있다. 현대인은 죽어가는 과정이 적지 않게 길어진다는 사실을 더욱 분명하고 현실적으로 느낀다. 오늘날의 인간은 죽음에 더해 죽어가는 과정, 즉 죽어감의 과정도 생각하고 예측한다.

서호주대학교 철학과 교수 어윈R. Ewin은 그의 책《죽음을 두려워하는 이유Reasons and the Fear of Death》에서 이렇게 말한다.

"죽음에 대한 두려움은 이성적 사유에 앞선다. 우리는 죽음이라는 현실에서 두려움을 느끼는 것이지 굳이 죽음의 현실을 이성적으로 추론하고 지레 겁을 먹는 것이 아니다."

죽음이라는 현실이 있기에 죽음을 생각하고 공포를 느끼는 것일 뿐 애써 죽음의 공포를 불러들이려는 게 아니라는 말이다.

생각해보면 죽음에 대한 인간의 감정적 반응은 어쩌면 매우 인간답고 자연스러운 일이다. 죽음의 공포와 위협에 직면한 사람들은 오래전부터 그러한 현실을 바르게 받아들일 방법을 찾았다. 그들이 강구해온 '잘 죽는 법Ars Bene Moriendi'이 '죽음학'의 시초인 셈이다. 이들은 죽음이 두려움과 공포를 자아내는 건 사실이지만 죽음에 대한 인간의 태도가 오로지 두려움이나 공포만은 아니라고 주장한다. 죽음에는 부정적 이미지만이 아니라 긍정적 의미도 있다는 의미다.

하버드케네디스쿨의 캄F. A. Kamm 교수는 다음과 같이 죽음의 이중적 의미를 설명한다.

죽음은 분명 우리가 향유하는 것을 제거함으로써 우리 존재에 상처를 낸다. 죽음은 우리가 엄연히 살아 존재하고 있음에도 우리가 즐기는 것을 제거하려 듦으로써 우리를 모욕한다. 그리고 모든 것을 종식시킴으로써 우리를 테러한다. 그러나 동시에 죽음은 우리에게 영구적 생각, 본연의 가치, 그리고 감사에 대한 관심을 되찾게 한다. 죽음 앞에서 진실을 되찾고 자신의 성공과 실패를 돌아보며 참된 내적 평화를 찾는 등 개인적 차원의 숙고는 죽음에 대한 두려움을 감소시킨다.

─ 캄,《도덕성과 사멸성Morality, Mortality》

살아 있는 사람에게 위협이자 공포가 되는 죽음의 현실은 우리를 진실 앞으로 소환하고, 윤리적 가치판단을 통해 삶의 의미를 바로잡게 만든다. 죽음 앞에서 살아온 삶을 평가하고 매듭짓는 것은 어쩌면 인간이 진실과 더불어 수행해야 할 마지막 과제일지도 모른다. 따라서 죽음을 생각하며 두려워한다는 사실 자체를 평가절하한다면 정당하지 못할 것이다.

아리스토텔레스 역시 공포를 넘어선 죽음의 의미를 언급했다. 그는 《니코마코스 윤리학Ethika Nikomacheia》에서 "죽음이란 모든 것 중에서 가장 무서운 것"이지만 "무엇인가를 두려워한다는 건 오히려 바르고 고귀한 것"이라고 했다. 죽음은 우리를 진실 앞에 서게 하고, 모든 비본질적 허위와 거짓과 오만을 벗어던지게 만든다.

종교는 인간의 욕망이 빚어내는 과도한 이상과 타협을 경계해왔다. 고등 종교일수록 인간에게 욕망을 내려놓으라고 가르친다. 과도한 욕망은 지나친 이상화와 왜곡으로 인간이 자신을 신적 존재에 가까운 것으로 여기는 오만에 빠지게 하거나 인간을 과도하게 물화物化해 탐욕과 쾌락의 노예로 전락시키기 때문이다. 이런 현상을 보며 기독교 전통에서는 인간이란 신의 은총과 용서가 필요한 '죄인'이라고 규정한다.

죄스러운 인간이라는 명제는 일평생 기독교인의 삶을 억죄는 사슬과도 같다. 기독교는 인간이 살아 있는 동안 죄와 악이 그를 얽매고 있으므로 참된 신앙을 통한 성결과 완전의 길을 걸어야 한다고 보았다. 사후에 천국과 지옥이라는 현격하게 질적으로 분리된 세계에서 삶에 대한 보상이나 형벌을 받는다고 가르침으로써 선한 이들에겐 위로와 격려를, 악한 이들에겐 저주로 위협을 가한다. 인간은 신 앞에서 살거나 죽는 존재이기에 성례를 통해 죄사함을 받아 천국에 이르는 데서 영원한 생명을 보장받을 수 있다고 가르친다.

참된 기독교도들에게 죽음이란 최후의 위협이 아니다. 진정으로 공포스러운 장소는 사후 신 앞에서 심판을 받는 자리다. 따라서 기독교인들은 죽음의 순간이 다가오면 모든 죄를 청산하고 영원한 복락을 희구하면서 신의 무한한 자비에 자신을 내맡기려는 태도를 가진다.

이러한 인간론을 가르쳤던 아우구스티누스는 사랑하는 어머니 모니카와 함께 이교도들의 땅을 벗어나 고향 땅으로 돌아가고 있었다. 도중에 어머니가 숨을 거두려 하자 아우구스티누스는 어머니가 하나님에게서 먼 이교도의 땅에서 죽음을 맞는다는 생각 때문에 더욱 슬퍼했다. 신에게서 먼 곳일수록 영혼의 구원이 없는 두려운 장소라고 여겼던 것이다. 그러나 어머니 모니카는 신의 시선 앞에서는 고향 땅이나 이방 땅이나 모두 등기

리라고 일러줌으로써 이방 땅에서 맞는 자신의 죽음에도 신이
함께한다는 확신을 아들에게 심어주었다.

그녀는 숨을 거두며 아들에게 이런 부탁을 남겼다.

> 하나님께는 먼 곳이란 아무 곳도 없단다.
> 내 몸은 어디에 묻어도 좋다.
> 그 일로 인하여 조금도 염려하지 말거라.
> 단 한 가지 너에게 부탁한다.
> 네가 어디에 있든지
> 주님의 제단에서 나를 기억해다오.
> ─아우구스티누스,《고백록》

죽음의 공포와 두려움보다 더 큰 신앙으로 죽음을 맞는 모니
카 같은 신앙인들도 적지 않다. 하지만 종교가 있다고 해서 누구
나 그녀처럼 죽음의 자리에 함께하는 신에 대한 신앙으로 위로
받는 것은 아닌 듯하다. 죽음에 두려움을 느끼는 인간의 심성에
관한 헤르만 파이펠의 연구Herman Feifel(1974년)는 종교적 신념을
가진 사람이나 그렇지 않은 사람 모두 죽음에 대한 두려움에 있
어서 특별한 차이가 없다는 사실을 보여준다. 그의 분석에 따르
면 종교인(70%)이나 비종교인(71%)을 막론하고 죽음에 대한 두
려움에 빠지기보다는 죽음을 피할 수 없는 인간 한계 밖의 일이라
받아들인다고 한다.

다만 사람들이 죽음에 두려움을 가지는 이유는 죽음 이후를

알 수 없다는 불안감, 그리고 그동안 삶에서 향유하던 좋은 것들을 죽음이 모두 빼앗아가리란 박탈감 때문이라고 했다. 종교인과 비종교인 모두 죽음에 양극적 느낌을 가졌지만, 종교인들은 죽음에 대해 비교적 '깨끗하고 공정한 것'이라는 이미지를 갖는 반면 비종교인들은 상대적으로 다소 '잔인하고 어두운 것'이라는 이미지를 갖는다는 점이 달랐다.

이들은 삶과 죽음에 대한 개인의 선택권을 어떻게 인식할까? 파이펠의 연구는 종교인과 비종교인 모두 자살을 생각하는 경우는 거의 없지만 종교인들은 비종교인보다 죽음에 대해 더 자주 생각하는 경향이 있음을 보여준다. 결국 그는 종교적 행동양식에 고착된 종교인의 집단과 그렇지 않은 비종교인의 집단은 죽음에 대한 이해와 태도가 크게 다르리란 예상을 깨면서 양자 간에 큰 차이가 없다고 결론 내린다. 현대인이 가진 종교적 신념은 과거의 종교적 세계관에 곁들여진 죽음의 공포와 별로 상관이 없다는 것이다.

이와 유사한 레스터의 연구D. Lester(1967년)도 종교적 신앙체계가 필연적으로 죽음에 대한 공포에 영향을 미친다는 예측이 크게 빗나갔음을 보여주었다. 종교는 죽음의 진실 앞에서 그다지 큰 영향을 미치지 못했다.

죽음의 공포와 위협은 대부분의 사람이 죽음을 위협, 무서운 것, 무화無化하는 힘, 시간의 찬탈자, 생명의 파괴자로 이미지화하는 세계에서 살아왔기 때문에 일어나기도 한다. 죽음과 노화의 과정은 무엇보다도 인간의 유한함을 잊고 살아온 순간들과는 다른 의미가 있는 시간으로 우리를 이끌어간다.

죽음과 인간의 자유에 대한 깊은 이해를 제시한 장 아메리는 늙어서 죽음을 바라보며 살아가는 이를 이렇게 묘사했다.

나이를 먹는다는 것, 이는 곧 우리 존재의 부정인 동시에 '존재하지 않음'으로 향해 나간다는 뜻이다. 명백한 진리인 탓에 그 어떤 이성적 위로도 발가벗겨지고 마는 황량한 삶의 지대가 '늙음'이다. (…) 나이를 먹어가며 우리는 결국 죽어감과 더불어 살아가야만 한다. 그야말로 괴이하고 감당하기 힘든 부조리한 요구다. 어쩔 수 없이 감내해야만 하는 굴욕이랄까. 겸허하게 받아들일 수 있는 게 아니다. 우리는 그저 겸손을 강요받은 굴종으로 늙어 죽어가는 자신을 바라볼 뿐이다. 치유가 불가능한 병의 모든 증상은 우리가 세상에 태어나면서 감염된 죽음이라는 이름의 바이러스가 벌이는 알 수 없는 작용탓에 빚어진다. 젊었던 시절, 바이러스는 독성을 발휘하지 않았다. 그런 바이러스가 있다는 것은 알았지만, 나와는 전혀 상관없는 것처럼 보였다. 이제 나이를 먹어가며 죽음이라는 이름의 바이러스는 잠복해 있던 은신처에서 빠져나온다.

−장 아메리,《늙어감에 대하여》

아메리가 말하는 진실대로라면 젊어서 세상을 떠나는 사람이 아니고서는 우리 모두 자신의 마지막을 준비하고 있는지도 모른다. 언제부터인가 늙어가는 낯선 자기 자신을 바라보면서 우리는 이제 시간이 얼마 남지 않았음을 깨닫는다. 우리는 그 "완전하고도 돌이킬 수 없는 와해"를 어느 정도 예상하면서 내심 한탄하고, 슬퍼하기도 한다, 두려움 속에서…….

## 죽음에 대한 공포의 속성

인간 마음속의 죽음에 대한 불안은 그저 심리학적인 것만이 아니다. 죽음은 매우 구체적으로 사람의 몸에서 일어나는 신체적 느낌이나 고통을 동반하는 현상이기 때문이다. 사람마다 갖는 죽음에 대한 느낌은 사회 문화적 배경에 따라 다르겠지만 그 두려움의 보편적 속성에는 다음과 같은 것들이 있다.

첫째, 죽음은 징벌이라는 인식이다.

죽음은 자신이 범한 악한 행위나 죄에 대한 일종의 징벌이라는 이해가 있다. 고대 사회로부터 죽음은 일종의 '가장 커다란 징벌capital punishment'로 여겨졌다. 기독교 전통에서도 죽음을 '죄의 값'으로 해석함으로써 자연스러운 죽음을 일종의 징벌로 이해하는 경향이 있다. 이런 전통에 익숙한 사람들은 급작스럽게 죽는 사람뿐만 아니라 자연사하는 사람 역시 신에게 버림받아 징벌을 받는다고 여긴다. 죽음 이후에는 알 수 없는 세상에서 영원한 벌을 받는다고 생각하는 사람도 있다. 신화적 세계관에 깊이 사로잡힌 사람일수록 이러한 두려움을 더욱 크게 느낀다.

둘째, 죽음은 산 자들로부터의 격리, 소외, 고립, 버려짐이라는 이해가 대부분의 문화권에 깃들여 있다.

유대계 미국인 문화인류학자 어니스트 베커Ernest Becker는 《죽음의 부정The Denial of Death》이라는 책에서 홀로 죽음 앞에 남겨지는 두려움과 필연적 사멸을 인식할 때 사람은 수용보다는 거부와 저항 혹은 강한 공포의 감정을 가지게 된다고 했다.

고대 철학자 헤라클레이토스Heraclitus는 말했다.

"죽음은 길들여질 수 없다. 죽음은 알 수 없는 것이기 때문이다. 죽음은 타자다. 죽음은 그저 죽음이다. 사람이 죽으면 그가 전혀 기대하지도, 상상하지도 못했던 것이 기다리는 곳으로 간다."

이렇듯 기원전부터 죽음은 홀로 미지의 세계에 추방되거나 버려질 거라는 불안과 두려움을 불러왔다.


셋째, 죽음은 추하다는 인식이다.

죽음이 생명의 아름다움을 빼앗음으로써 생명력을 상실케 하고 부패한 사체로 전락시킨다고 이해하는 것이다. 이렇게 썩어가고 추해지는 것을 피하려면 죽은 자를 신속히 산 자의 세계에서 격리해야 한다. 일본의 이자나기 건국신화는 이런 생각을 보여주는 사례다.

이자나기는 일본 신화의 창조신인 동시에 일본 천황가의 황조신皇祖神이다. 사별한 아내 이자나미를 그리워한 그는 신의 도움을 받아 지하세계에 내려간다. 그러나 막상 그곳에서 목격한 아내는 그토록 그리워하던 아름다운 이자나미가 아니었다. 얼굴에 구더기가 들끓는 지하세계의 그녀 모습을 본 순간 이자나기는 환상에서 깨어났다. 그는 지상으로 도망쳐 나와 지하세계의 더러움을 털어버리려는 듯 온몸을 씻는다.

죽은 자의 세계는 더러운 것이니 멀리해야 한다는 관념을 담고 있는 이자나기 신화는 이렇게 산 자와 죽은 자의 세계를 갈라놓는다.

넷째, 죽음은 살아서 누리던 모든 것의 전적인 박탈이기에 상실감으로 인한 두려움을 불러온다.

죽음은 필경 생명이 가진 좋은 것 모두를, 아름다움을 향유할 모든 기회와 가능성을 박탈한다. 때문에 죽음을 앞둔 사람은 깊은 허무와 무의미함에 빠지고 두려움을 느낀다. 그리고 그 근원이 되는 죽음은 산 자에게는 가장 적대적 대상으로 간주된다. 산 자가 누리던 모든 기쁨의 종말을 의미하는 죽음이 다가오면 사람은 슬픔보다도 격렬한 분노를 표출하기도 한다.

영국 시인 오든W. H. Auden은 사랑하는 이의 종말 앞에서 느끼는 죽음에 대한 분노를 한 편의 시에 담았다.

> 모든 시계를 멈추고, 전화선을 끊어라,
> 개에게 기름진 뼈다귀를 던져주어 짖지 못하게 하라,
> 피아노들을 침묵하게 하고 천을 두른 북을 두드려
> 관이 들어오게 하라, 조문객들을 들여보내라.
> 비행기가 슬픈 소리를 내며 하늘을 돌게 하고,

'그는 죽었다'는 메시지를 하늘에 휘갈기게 하라.

거리의 비둘기들의 하얀 목에 검은 천을 두르고,

교통경찰관들에게 검은 면장갑을 끼게 하라.

그는 나의 북쪽이고, 나의 남쪽이며, 동쪽이고 서쪽이었다,

나의 일하는 평일이었고 일요일의 휴식이었다,

나의 정오, 나의 자정, 나의 대화, 나의 노래였다.

사랑이 영원한 줄 알았는데, 내가 틀렸다.

별들은 이제 필요 없으니 모두 다 꺼져버려.

달을 싸버리고 해를 철거해라,

바닷물을 쏟아버리고 숲을 쓸어 엎어라.

이제는 아무것도 소용이 없으니까.

  -오든, 〈슬픈 장례식Funeral Blues〉

다섯째, 죽음은 다시 돌아오지 못할 곳으로 추방당하는 데 대한 두려움이다.

죽은 자는 산 자의 영역을 떠나야 한다. 죽음은 산 자의 생명을 박탈함으로써 한 인간의 존재를 지워버릴 뿐 아니라 죽은 자를 산 자들의 세계에서 영원히 추방한다. 강제로 생명세계에서 쫓아내는 것이다. 어떤 형태의 죽음일지라도 결과는 같다. 이렇듯 영원한 추방을 당연시하면서 애써 죽음의 정당성을 합리화하기란 어려운 일이다. 하지만 아무리 두렵고 싫어도 인간은 죽음 앞에서 수동적으로 죽음을 수납할 밖에 도리가 없다. 그러기에 죽어가는 이는 무력감과 저항할 수 없는 두려움에 사로잡힌다.

여섯째, 죽음은 습격당하는 것이다.

그리스 비극 작가 에우리피데스는 "어느 누구도 그가 내일 아침에도 살아 있으리라 장담할 수 없다"고 했다.

죽음은 많은 경우 급습의 형태로 다가온다. 건강하게 살다가 노환으로 죽는 경우를 제외하면 대부분의 죽음은 급작스럽고 '때 이른' 죽음이다. 어떤 이는 잠을 자다가 세상을 떠나고, 어떤 이는 불의의 사고로 영원히 집에 돌아오지 못한다.

암으로 아내와 딸을 잃고 웰 다잉 강사가 된 최철주는《존엄한 죽음》에서 이렇게 말한다.

"나도 죽음이 두렵다. 이러다가 밤사이에 죽는 게 아닐까? 사람들이 이야기하는 고독사 걱정도 이런 것이리라."

고령의 독거노인들이 점점 많아지는 우리 사회에서 이따금 홀로 죽음을 맞는 사람들 이야기를 전해 듣는다. 준비되지 않은 죽음은 두렵지 않을 수 없다. 갑작스러운 습격이기 때문이다.

일곱째, 인간다운 품위와 존엄성을 상실한 채 오랜 시간 죽어가는 데 대한 두려움이다.

죽음을 앞둔 사람들의 가장 큰 염려 가운데 하나는 오랫동안 뜻대로 몸을 움직이지 못하며 노환을 겪다가 죽거나, 치매로 인격을 상실한 채 그림자처럼 살다가 죽는 것이다. 이들은 죽음 자체보다도 그 죽어감의 과정을 염려하고 두려워한다.

사실 천천히 생명 기능이 상실되면서 살아 있는 동안에도 서서히 죽음이 진행된다. 기대수명과 건강수명의 편차가 길게는

20년, 짧게는 14년에 이른다는 통계는 대부분의 사람들이 노화된 몸으로 다양한 질병과 씨름하며 삶의 마지막 고투를 벌여야 한다는 사실을 암시한다. 수명이 연장된 시대를 살아가는 현대인들은 이렇듯 길고 고통스러운 죽음을 염려하고 두려워한다.

여덟째, 말기 환자의 경우 매우 격심하고 특별한 고통이 동반되는 죽음을 두려워한다.

대한민국에서는 2017년에만 사망자 가운데 47%가 암, 호흡기질환, 혈관질환으로 죽었다. 그리고 대부분의 암환자가 마지막 단계에서 커다란 고통을 겪는다.

한스 큉이 로마에서 사제 서품을 받을 당시 축하하러 온 동생이 갑자기 쓰러졌다. 급히 병원에 입원한 그의 동생은 뇌종양 판정을 받았는데 이미 수술이 불가능한 상태였다. 그날 이후 동생 몸은 암세포의 맹렬한 공격을 받았다. 고통받는 동생을 바라보며 큉은 물었다.

"이 고통은 하나님이 주시는 걸까? 우리는 그저 수동적으로 고통을 수납할 수밖에 없는 걸까?"

도저히 예측하기도, 감당하기도 어려운 극심한 고통을 동반한 죽음 앞에서 사람들은 두려워하지 않을 수 없다.

## 두려움의 극복

지그문트 프로이트Sigmund Freud는 죽음에 대한 공포를 우리의 의식과 무의식에 잠재되어 있는 불안의 표출이라고 생각했다. 그는 그 불안의 양태를 '약탈당할 불안predatory death anxiety', '포식당할 불안predation death anxiety', '실존적 죽음에 대한 불안existential death anxiety'으로 분류했다. 그는 우리의 죽음에 대한 염려는 각자 자신의 죽음을 상상하며 '해로움'을 당할 것이라고 상상하는 심리에서 나온다고 보았다.

죽어감의 과정, 혹은 존재의 소멸은 필경 죽어가는 이에게 두려움과 근심을 자아낸다. 죽어서 소멸되고 사라진다는 생각은 대부분의 사람에게 이해 불가능한 무無의 심연에 빠지는 듯한 공포를 느끼게 한다. 혹은 죽음 이후의 것들에 대해 아무것도 확증할 수 없다는 사실 또한 공포스럽다. 죽음이 가까이 다가올 때 현실을 거부하는 내면의 의식이 그 사실을 부정함으로써 죽음을 두려워하는 심리가 형성된다는 프로이트의 해명은 충분히 납득할 만하다.

그런데 죽음을 앞둔 사람의 가슴속에서 보편적으로 유발되는 죽음의 공포와 두려움을 극복하는 사람들도 적지 않다. 미국의 발달심리학자 에릭 에릭슨Erik Erickson은 성숙한 태도로 인생에 대한 이해를 정립해온 사람과 그렇지 않은 사람은 노년기에 죽음을 바라보는 태도가 다르다고 했다. 성숙한 사람은 죽음을 이해하고 그 죽음을 수용할 준비가 비교적 잘되어 있다는 뜻이다.

독일의 실존철학자 마르틴 하이데거는 인간이란 과거, 현재, 미래라는 시간 속에 존재하기 때문에 오래지 않아 다가올 죽음을 생각하지 않을 수 없다고 했다. 미래라는 지평에서 두려움이 형성되는데 이를 극복할 길은 하나밖에 없다. 인간이란 존재는 죽을 수밖에 없다는 사실을 신속히 이해하고, 그 사실 앞에서 부단히 삶의 의미를 찾아야 하는 것이다. 그랬을 때 두려움은 오히려 인간을 자유로 이끄는 동인動因이 된다.

미국의 실존주의 상담가 롤로 메이Rollo May와《죽음의 수용소에서Man's Search for Meaning》를 쓴 오스트리아 출신 유대계 의사 빅터 프랭클Viktor Frankl도 삶이란 생명과 죽음의 현실 속에서 무수한 선택과 결단으로 이루어진다고 전제한 후 일종의 후회이론을 적용해 사람들의 죽음에 대한 태도를 살폈다. 인간은 삶에 대한 자기평가에 따라 저마다 죽음에 대해 다른 태도를 갖는다는 것이 이들의 결론이었다. 후회 없이 잘 살았다는 생각으로 죽음을 맞는 이와 그렇지 못한 이는 죽음을 대하는 태도가 완연히 달랐다. 그러니 죽음에 대한 공포와 두려움도 결국 스스로의 삶의 태도와 밀접한 함수관계가 있는 셈이다.

프랑스 철학자 자크 데리다Jacques Derrida는 죽기 직전 자신의 장례식에 참석할 가까운 이들에게 편지 한 통을 남겼다. 췌장암을 앓으며 죽음을 앞두고 자기 자신과 싸운다고 말하던 그였지만 그의 인사는 사뭇 달랐다. 그는 슬퍼하거나 괴로워하는 모습보다는 마치 여전히 살아가는 것 같은 느낌의 인사를 편지에 담았다. 장례식 날 그의 무덤가에서 데리다의 아들이 그 편지를 읽었다. 데리다는 편지 마지막을 이렇게 마무리한다.

> 내가 어디에 있든지
> 나는 그대들을 향하여 미소를 짓고
> 그대들을 축복하고
> 그대들을 사랑할 것입니다.

데리다의 편지는 "죽음은 생명이 끝나는 것이지 관계가 끝나는 것은 아니네"라고 했던 모리 교수의 말을 기억하게 한다. 하지만 나로선 데리다나 모리 교수 역시 죽음의 공포를 느끼지 않았을 거란 생각은 하지 않는다. 데리다가 남긴 편지 역시 그 두려움과 공포까지 수용한 다음에 나왔으리라.

프랑스의 예수회 사제 테야르 드 샤르뎅Teilhard de Chardin 신부는 그 누구보다 깊은 영성의 세계에서 죽음의 공포 너머 신의 은총을 갈구했다. 그는 깊은 고뇌의 시간을 바라보며 다음과 같은 기도문을 남겼다.

> 늙음의 흔적이 내 몸에 나타나고
> 그것들이 내 마음을 상하게 할 때
> 내 존재를 소멸하게 하거나
> 이 삶을 멈추게 할 질병이 급습하거나 내게 다가왔을 때
> 내가 홀연히 병들었거나 늙어간다는 것을
> 그리고 모든 것보다 그 마지막 순간이 다가온 것을

깨닫는 고통스러운 순간에
그리고 나를 지으신 그 알 수 없는 위대한 힘 안에서
내가 나의 몸을 스스로 가누지 못하여
전적인 수동성에 머무를 때
이 모든 어둠의 순간 속에서
오 하나님!
내 존재의 결들을 고통스럽게 갈라
내 본질의 정수까지 헤아려 이끌어 가시는 이가
하나님 당신이심을 알게 하소서.
─테야르 드 샤르뎅, 〈노년을 위한 기도문Hearts on Fire, Praying
with Jesuits〉

　노화와 소멸의 지평 너머 신의 사랑에 대한 신뢰가 차오를 때
비로소 우리는 이 죽음의 불안과 미지의 공포에서 놓여날 수 있
다고 샤르뎅이 우리에게 말해 주는 건 아닐까?

# 6. 죽음은 우리 몸을 어떻게 멈추는가?

우리는 결국 늙기 때문에 죽는다.

– 장 아메리

인간의 죽음은 그 원인에 따라 자연사, 타살, 사고사, 자살 등 크게 네 가지로 구분할 수 있다. 더 세밀하게 살펴보면 사고사, 숙명적 죽음, 순교, 독극물에 의한 죽음, 아사, 질식사, 요절, 익사, 횡사, 객사, 희생사, 형벌사 등으로 나눌 수 있을 것이다.

자연사에 속하는 죽음은 대부분 질병과 노화로 인한 죽음이다. 타살은 누군가에게 생명을 빼앗기는 것을 말한다. 사고사에는 의도하지 않은 살해나 자살 행위도 포함된다. 사람의 죽음을 초래한 행위일지라도 고의적 폭력의 결과가 아닐 때는 살인과 구분된다. 위험한 일을 하다가 부주의로 죽는 경우 사고사로 분류된다. 자살은 개인이 스스로 다양한 방법으로 죽음에 이르도록 자신에게 위해를 가하는 행위다.

간혹 종교적으로는 신체적 죽음, 영적 죽음, 영원한 죽음을 말하는 경우도 있다. 하지만 이러한 죽음은 그 의미를 객관적으로 입증하기 어려운 종교적 이해의 산물이기 때문에 보편성을 가지고 논의하기 어렵다.

인간의 죽음을 설명할 수 있는 가장 일반적 지평은 아마도 '늙어가도록 만들어진 인간'이라는 관점에서 찾을 수 있지 않을까. 아메리, 몽테뉴, 헤세는 모두 인간의 죽음을 초래하는 가장 보편적 요소를 '노화되어 죽음에 이르는 인간'이라는 점에서 보았다. 이들은 한결같이 슬픈 마음으로 자기 자신이 늙어서 죽어가는 인간이라는 사실에 대해 생각했다.

## 노화와 질병

오늘날 죽음은 인간의 수명이 길어지면서 대부분 노화나 그것이 초래하는 질병으로 인해 일어난다. 자연사 범주에서 벗어난 사건의 결과인 타살이나 사고사 혹은 자살과 달리 자연적 죽음은 사람의 몸이 노화되어 일어나는 생물학적 현상이라는 성격을 띤다. 인간의 몸은 생물학적 한계를 극복할 수 없으므로 나이가 들어감에 따라 점점 노화되고 쇠약해진다. 하나의 유기체가 젊을 적에는 건강한 생명력을 유지하다가 흐르는 시간 속에서 더는 최적의 기능을 유지하지 못할 정도로 쇠약해지는 까닭은 바로 노화와 그것에 뒤따르는 질병 때문이다.

미국 생화학자 덴햄 하먼Denham Harman은 인간의 노화를 이렇게 규정했다.

> 노화는 시간과 더불어 일어나는 변화가 서서히 축적된 것
> 이다. 이 변화는 노화가 진행될수록 질병이나 죽음에 관련되
> 거나 혹은 더욱 민감한 반응을 하게 만든다. 그리고 이 변화의
> 축적이야말로 노화 과정이 일어나는 세포와 조직에서 부단히
> 일어나는 해로운 산화 작용의 총체이거나 그러한 작용을 불러
> 오는 주된 요인이다.
>
> ─덴햄 하먼, 〈노화 과정Aging Process〉

사람의 세포에 내재되어 있는 생명선 텔로미어telomere의 길이
가 노화를 결정한다는 것이 '유전학적 프로그램설'이다. 젊은 세
포일수록 텔로미어가 길지만 세포분열을 많이 한 노화된 세포
일수록 텔로미어의 길이가 짧다.

비유전학적인 이론으로는 우리 몸에 축적된 활성산소가 인
체에 영향을 미침으로써 각종 질병과 노화의 원인이 된다는 주
장도 있다. 일종의 '유해산소 원인설'이다.

그 밖에도 단백질 합성 능력의 붕괴, 고분자 교차 결합, 자가
항원을 향한 면역체계의 공격, 불안정한 원자가 세포에 영향을
끼쳐 노화를 촉진한다는 '유리기설遊離基說' 등이 우리 몸의 노화
현상을 해명하는 주요 이론이다.

이 중에서도 유리기설은 유전자와 환경 영향이 노화의 유일
한 원인이라고 지목한다. 우리 몸 안의 불안정한 원자가 세포에

영향을 끼침으로써 노화 관련 질병을 야기하는 근본 원인이 된다는 이론이다.

어느 설을 따르건 노화현상은 시간이 지남에 따라 신체가 노쇠하여 최적의 기능을 유지하지 못하게 되는 과정을 말한다고 볼 수 있다. 노화의 원인과 결과를 따지는 여러 가지 이론이 제시되어 있지만 노화 과정이 육체를 가진 인간, 죽음을 피할 수 없는 인간의 운명이라는 것만은 공통된다. 또한 이는 인간다움에 대해 이해하기 위한 중요한 요소이기도 하다.

노화에 관한 과학적 이해를 위해서는 더 깊이 있고 전문적인 해명이 필요하다. 비록 정신적 자유를 소중히 하는 사람일지라도 그의 몸이 필연적으로 자연의 과정에 매여 있다는 사실만큼은 결코 부정할 수 없다. 시간의 흐름 속에서 몸의 각 부분들이 낡고 노쇠해지며 이상이 생기다가 마침내 몸 전체가 정지하는 사건, 죽음이 일어나기 때문이다.

우리는 자연적 시간의 경과에 따라 성장하고 늙고 죽어간다. 노화가 시작되는 시점에 관해서는 여러 주장이 있다. 2015년 듀크대학교 노화연구소 다니엘 벨스키Daniel W. Belsky 교수 연구팀이 954명을 대상으로 12년간 추적 연구하여 내린 결론을 참고한다면[12] 26세경 본격적 노화가 시작되고, 38세경 급격한 노화가 일어나다가 40세가 넘으면 진행 속도가 다소 늦추어진다.

노화는 대개 20세 중반에 시작되어 평생 지속되는 과정이며, 인간의 죽음을 불러오는 가장 근원적 요인이다. 하지만 일반적으로 노화로 인한 죽음을 죽음의 직접적 원인으로 명명하지는 않는다. 의사들은 죽음 판정과 관련된 사망 원인을 노화로 특정하는 것이 아니라 사망 순간의 특정한 구체적인 요인, 예컨대 '심정지' 등의 명칭으로 규정한다.

노화를 겪어야 하는 인간은 이렇듯 시간의 한계 안에 있다. 사람의 수명을 지칭하는 평균수명이나 건강수명이라는 개념 역시 인간에게 주어진 시간 총량의 한계, 즉 제한된 시간을 의미한다. 한국인에게 주어진 시간은 평균 83년 정도며, 총 시간 가운데 건강하게 살 수 있는 시간은 약 65년이다. 누군가는 오래 살고 누군가는 일찍 죽는다. 그 모든 경우를 합산해 평균치를 낸 것이 평균수명이다.

노화와 질병에 따라 인간의 생존 기간, 즉 수명의 길고 짧음이 결정된다. 노화는 온몸에서 진행되면서 신체에 심원한 영향을 끼치고 신체 각 부분에 노화현상을 불러온다. 그렇게 장기나 기관이 노화되어 이상이 생기고 이내 질병으로 이어진다. 노화는 말 그대로 나이가 들수록 심해지는 것이므로 질병은 나이와 정비례한다.

셔윈 누랜드는《사람은 어떻게 죽음을 맞이하는가》에서 노화되어가는 사람을 공격해서 죽음에 이르게 하는 주범으로 동맥경화증, 고혈압, 당뇨, 비만, 알츠하이머병, 암, 감염에 의한 면역 기능 약화라는 일곱 악마를 꼽았다. 그는 '추격대'를 구성해서 노인 사냥에 나선 이 악당들에게 붙잡히는 사람은 결국 죽지 않을 수 없다고 했다. 이들에게 사로잡혀 사망한 사람들 몸에는 '영양부족과 산소부족'이라는 공통된 현상이 나타난다. 노화의 진행 결과 신체 기능이 저하되어 영양부족 상태에 이르거나 온몸에 산소 공급이 원활치 못해 질병에 걸리고, 마침내 죽음을 맞는 것이다.


## 노화된 심장

심장은 인간 생존의 중심축이다. 크기는 주먹만 하며 가슴 좌측에 있다. 심장은 쉬지 않고 뛰면서 우리 몸 전체에 혈액을 공급한다. 건강한 사람의 심장박동은 평소 1분에 약 60~80회로 그보다 낮거나 높다면 몸의 이상을 알려주는 신호일 수 있다. 뇌의 크기도 50대가 지나면 매 10년마다 약 2%씩 줄어든다. 나이가 들수록 신장이나 간이 작아진다. 키가 줄고 주름살이 느는 것도 몸의 세포 재생 능력이 저하되기 때문이다. 몸의 세포들 중 신경세포, 뇌세포, 심장세포는 교환이 불가능해서 한번 파괴되면 회복이 되지 않는다. 심장박동 능력 역시 노화와 기능 저하를 피할 수 없다.

건강한 젊은 사람의 몸에서는 세포가 부지런히 생산되고 교체됨으로써 몸의 각 기관에서 세포가 정상 상태를 유지할 수 있지만 시간이 지날수록 그런 능력이 떨어진다. 심장을 구성하는 세포나 신경세포를 비롯해 모든 기관이 늙어가기 때문이다. 그 결과 이전에 비해 각종 신체 기능의 강도도 떨어진다. 이런 현상은 뇌에서도 일어나고, 심지어 질병으로부터 몸을 방어해야 할 면역체계에서도 일어난다. 이렇게 해서 면역체계가 약해지면 숨어 있던 바이러스나 다양한 균이 활성화되기 쉬운 신체가 된다. 이때 잠복해 있던 균들이 등장해 생명을 위협한다. 심각한 감정적 충격을 받는 것조차 위험한 일이 된다.

현명한 사람이라면 나이가 들수록 늙어가는 신체 조건에 맞게끔 활동을 조절해야 한다. 늙은 몸에 젊을 때와 똑같은 강도를 요구하면 과부하가 되기 쉽다. 노화 과정을 무시하고 몸에 맞지 않는 과도한 운동을 하면 뇌, 허파, 팔다리에 필요한 혈액이 제대로 공급되지 못해서 치명적 이상이 올 수도 있다. 심장과 혈관의 노화는 고혈압을 일으키므로 60~80세의 사람들은 약 65%가 고혈압을 호소한다.

노화현상은 뇌와 중추신경계에서도 일어난다. 75세가 넘으면 45~65세일 때보다 심장마비 확률이 거의 10배가 높아진다. 혈액순환을 통해 온몸의 노폐물을 걸러내는 신장에 혈액이 원활하게 공급되지 않으면 신장 기능에도 손상이 일어난다.

노화된 몸은 이렇듯 곳곳에서 취약성을 드러낸다.

어머니 태중에서부터 시작된 심장박동은 일평생 멈추지 않는다. 하지만 심장박동이 언제나 동일한 힘과 속도로 유지되는 것은 아니어서 나이가 들수록 심장이 더디게 뛴다. 심장은 혈액을 약 9미터 높이까지 밀어 올릴 정도로 분사하는 힘이 강하다. 심장박동과 더불어 힘차게 뿜어져 나오는 혈액은 머리 꼭대기부터 발끝까지 퍼진다. 놀랍게도 온몸에 골고루 펼쳐져 있는 혈관의 길이는 무려 10만 킬로미터에 이른다고 한다. 지구를 두 바

퀴 반이나 돌 수 있는 길이다.

심장박동 한 번에 약 70밀리리터의 피가 심실 밖에 분사된다. 하루에 약 10만 번 박동하는 심장은 하루 동안 거의 700만 밀리리터의 피를 온몸에 펼쳐진 혈관에 공급하는 셈이다. 그러다가 나이가 들면 혈액 총량이 줄어들어 60세가 지나면 20대에 비해 약 20%가 감소된다. 40세가 지나면 신장으로 가는 혈액 총량도 매해 약 1% 정도 줄어든다.

심장 기능의 약화로 혈액량이 감소되면 심장 근육에 이상이 생기고 신장을 비롯한 온몸의 기관이 유사한 영향을 받는다. 약화된 신장은 체내의 독소를 걸러내지 못해 온몸의 장기에 악영향을 준다. 결국 심장에 생긴 이상은 몸에 공급하는 모든 생명력의 원천에 문제가 발생할 것을 예고한다.

만일 심장 주변 관상동맥이 급작스럽게 폐색되면 그 동맥이 공급하던 혈액 공급이 중단되고, 이와 동시에 온몸에 공급되던 산소와 영양 공급이 중단된다. 산소 공급의 중단으로 심장세포들은 극도로 허혈虛血 상태가 되고, 이것이 길어지면 결국 죽음에 이른다.

이쯤에서 회복된다고 해도 심장 근육 일부가 받은 충격은 일종의 상흔으로 남아 심장의 정상 작동을 막고 그만큼 심장 기능을 상실시킨다. 겉으로는 건강해 보여도 심장에 허혈로 인한 상흔을 가진 사람들이 많다. 이런 상흔은 시간이 경과함에 따라 결정적 심장마비를 불러오는 촉매제 역할을 할 수도 있다. 허혈성 심장질환을 앓는 사람들 중 절반 이상은 심장마비의 급습으로 한순간에 급작스러운 죽음을 맞는다.

> 모든 자연적 요인을 감안할 때 미국인 20~25%가 급사한
> 다는 통계가 있다. 그 급사의 80~90%가 심장질환으로 인한
> 것이라고 한다. 나머지는 폐질환이나 중추신경 이상, 대동맥
> 이나 좌심실로 이어진 기관 등의 이상으로 인한 죽음이다. 갑
> 자기 순간적으로 다가오는 죽음은 대개가 허혈성 심장질환에
> 의한 결과로 볼 수 있다.
> ─셔윈 누랜드,《사람은 어떻게 죽음을 맞이하는가》

미국의 경우 심장마비를 겪는 인구가 1년에 약 150만 명 정
도이며, 그중 50~60%가 증세가 나타난 지 한 시간 이내에 사망
한다. 그리고 그 모든 환자 가운데 약 70%가 가정에서 심장마비
의 급습을 겪는다. 흡연과 음주, 그동안 섭취해온 기름기와 불순
물은 나이가 들수록 혈관 벽이 두꺼워지게 만들고 혈액의 원활
한 흐름을 방해해 혈액순환을 더디게 한다. 한편으로는 혈액의
흐름이 방해를 받고, 한편으로는 심장의 펌프 능력이 점점 약해
지면 어느 순간 심장이 과부하를 견디지 못해서 발작을 일으킨
다. 이것이 바로 심장마비다.

심장마비의 약 20~25%는 전혀 예상치 못했던 순간에 일어난
다. 심장의 작동 정지는 온몸의 산소 공급 정지로 이어지고, 10분
이상 이 상태가 계속되면 뇌에 치명적 영향을 끼쳐 돌이킬 수 없
는 장애를 부른다. 심각할 경우 사망으로 이어지기도 한다. 뇌출

혈 환자의 약 20%는 병원에 이송되어도 사망하고, 약 30%는 신체 기능 일부에 이상이 생겨 죽는 순간까지 오랜 돌봄을 받을 수밖에 없는 처지가 된다.

누랜드의 설명에 따르면 노화로 인해 심장 기능이 저하되면 혈액 공급량이 줄어들고, 이에 따라 각 기관이 일종의 영양실조 상태에 빠진다. 약해진 심장과 좁아진 혈관을 통해 혈액 공급이 감소됨으로써 몸에 새로운 문제를 일으키는 것이다.

신장 기능 저하 과정도 이런 범주에서 벗어나지 않는다. 신장은 몸의 독소를 걸러주는데 40세 이후부터는 신장에 공급되는 혈액 공급 총량이 매년 약 1%씩 감소하다가 50세에는 약 10%, 60세에는 약 20% 감소된다. 80세에 이르면 40세 때의 신장에 비해 총중량이 약 20% 적어지고, 남은 조직도 점차 힘을 잃는다. 이로써 소변으로 불순물을 걸러내는 여과장치의 기능이 50%까지도 약화될 수 있다.

기능이 약해진 노인의 신장은 염분을 제대로 걸러내지 못하고, 그 결과 몸에서 수분과 염분이 균형을 잃어 심각한 심장 사고나 탈수현상을 초래한다. 특히 간질환이나 암 등의 질병을 앓을 때 신장 기능 이상으로 신체 내 불순물을 제대로 제거하지 못하면 뇌 조직에 악영향을 받거나 요독증으로 치명적 위험에 빠질 수도 있다.

요독증은 혈액 내 칼륨 과잉을 불러오고, 그 결과 심장박동 이상으로 한순간 심장이 정지할지 모르는 위기에 처하게 만든다. 이처럼 심장과 혈관 기능의 약화는 신장 기능의 약화로 이어지고, 뇌 기능이나 심장 기능을 손상시킴으로써 치명적 죽음에 이르는 근원적 요인이 된다.


노화된 뇌

사람마다 조금씩 다르긴 해도 뇌의 길이는 약 15센티미터, 무게는 약 1300~1400그램이다. 갓 태어난 아기의 뇌는 약 350~400그램이지만 성장하면서 뇌도 커진다. 뇌는 약 860억 개의 뇌세포로 구성되고 몇십 억 개의 신경섬유와 몇조 개의 시냅스synapse로 연결되어 있다.

사람의 뇌는 크게 뇌간, 소뇌, 대뇌로 나뉘며, 뇌간은 뇌의 가장 안쪽에 있다. 무게가 약 200g인 뇌간은 인간의 생명 유지에 필수 불가결한 기관으로서 중대한 기능을 수행한다. 뇌간의 가장 아래쪽에 있는 연수 부분은 호흡과 심장의 운동을 조절하는 생명 중추를 담당한다. 그 밖에도 혈관의 수축작용과 이완작용, 하품·기침·재채기·구토 등의 반사작용 역시 뇌간을 통해 이루어진다고 알려져 있다. 이처럼 뇌간은 생명 유지 기능이라는 중요한 역할을 한다.

대뇌나 소뇌는 어느 정도 손상되어도 곧장 죽음으로 이어지지 않는다. 반면 뇌간의 손상은 죽음을 초래한다. 예컨대 뇌간에 출혈이 있거나 아주 작은 상처만 나도 죽음에 이를 수 있다. 하지만 식물인간의 경우가 그러하듯이 대뇌와 소뇌의 기능이 마비

되더라도 뇌간의 기능이 살아 있으면 호흡과 심장박동의 정상적 유지가 가능하다.

약 50세가 지나면 매 10년마다 뇌 전체 무게의 약 2%가 줄어든다. 이렇게 사람의 뇌도 여지없이 퇴화하면서 노화와 더불어 조금씩 기능을 상실한다. 일설에는 약 24세부터 인간의 뇌 기능이 약화된다고 한다. 다만 뇌 기능 중에서 이성적으로 생각하고 판단하면서 지적 수용 능력을 담당하는 부분만큼은 유일하게 덜 노화되는 것으로 알려졌다. 그 부분에만 뇌세포가 여러 겹 겹쳐 있는 덕분이다. 이것이 평소 뇌 활동이 활발했던 사람은 나이가 들어도 정신 활동을 계속할 수 있는 이유다. 그러나 다른 부분에서는 거의 예외 없이 노화 수순을 밟는다.

노인들의 갑작스런 졸도나 의식불명은 앞서 설명한 대로 신경세포가 재생산되거나 교체되지 못해 일어나는 세포의 수적 감소에 기인한다. 뇌피질 내에서 일어난 이러한 현상은 대단히 표본적인 것이다. 전두부에서 운동 능력을 담당하고 있는 부분은 신경세포 20~50%를 잃어버리고, 뒤편 시신경 쪽은 약 50%, 양옆의 감각신경 역시 50%를 잃어버리게 된다. 다행히도 대뇌피질 중 가장 중요하다고 할 수 있는 고위 지각 조절 영역은 여러 겹으로 포개어져 기능이 겹쳐져 있는 까닭에 그 부분은 세포의 사멸화 정도가 상대적으로 낮다.

―셔윈 누랜드,《사람은 어떻게 죽음을 맞이하는가》

노화의 진행 과정을 이모저모 살펴볼수록 인간은 유한하기 짝이 없는 존재로서 노화를 피할 수 없다는 진면목을 드러낸다. 사람의 사유 능력과 생존 능력을 좌우하는 기능을 맡고 있는 뇌 역시 노화를 피하지는 못하는 것이다. 노화로 뇌 기능이 약해지거나 질병으로 뇌 기능에 이상이 생길 경우, 혹은 외부 충격으로 뇌 손상이 일어날 경우 사람의 생명은 직접적이고도 치명적인 위해를 입는다.

뇌에서 사유 능력을 뒷받침하는 부분은 노화의 영향을 받는 정도가 상대적으로 낮다고 하니 다행스럽다. 늙어서도 정신적 장애를 거의 겪지 않고 활발하게 정신 활동을 할 가능성이 있는 셈이다. 이런 사실은 다른 동물과는 달리 의미와 가치를 따질 줄 아는 인간에게 참으로 행운이라 할 수 있다. 알츠하이머병처럼 뇌세포를 위협하는 질병에 걸리지만 않는다면 인간은 노인이 된다 할지라도 끊임없이 정신 활동을 할 수 있는 조건을 부여받은 셈이다.

## 뇌졸중

뇌에서 사유 능력을 담당하는 부분은 노화가 늦다지만 뇌의 다른 부분에서는 노화와 함께 기능이 약해지고 운동 능력과 사고 능력이 둔화되는 것을 막을 수 없다. 이처럼 사람의 뇌조차 정신이나 영혼의 능력과 상관없이 생물학적 요건에 지대한 영향을 받는다. 사람은 태어나면서 이미 이런 방향을 향해 가도록 결정되어 있다.

혈관질환 중에서도 가장 치명적인 뇌졸중은 뇌에 혈액을 공급하는 뇌혈관 이상으로 뇌에 갑작스러운 국소적 기능 부전이 발생하고 이로 인해 부수적 장애가 일어나는 병이다. 뇌졸중은 뇌출혈과 뇌경색으로 분류된다. 뇌출혈은 뇌에 혈액을 공급하는 혈관이 터짐으로써 발생하고, 뇌경색은 혈관이 막혀 뇌에 혈액 공급이 제대로 되지 못해 발생한다. 혈관 폐색으로 심근경색이 발생하는 것과 같은 이치다.

모든 뇌졸중 중에서 약 30%는 아직도 원인을 밝히기가 어렵다. 이런 원인 불명의 뇌졸중은 젊은 층에서도 많이 발생한다. 이유야 무엇이든 뇌졸중의 결과는 매우 위중하고 치명적이어서 의식장애, 반신불수, 언어장애 등을 불러오고, 심하면 죽음에 이르게 한다.

나이가 많을수록 뇌졸중 빈도도 높아진다. 50대 이후는 매 10년마다 뇌졸중 발생 위험이 2배씩 높아지고, 남성이 여성보다 발생 빈도가 높다. 동양인은 서양인에 비해 관상동맥질환이 적은 데 비해 뇌졸중 발생률이 높고, 특히 뇌출혈이 자주 발생한다. 뇌졸중을 불러오는 요인으로는 고혈압·당뇨·심장질환(심방세동, 관상동맥질환 등)·고지혈증·흡연·비만·경동맥 협착 등이 있다. 과거에 뇌졸중을 한 번이라도 겪은 사람은 발병 가능성이 매우 높다. 이런 다양한 요인들의 배후를 찾다 보면 뇌졸중의 근본 원인 역시 노화라는 사실에 도달한다.

혈관의 노화는 약 16세부터 시작되고, 일단 노화되면 되돌릴 수 없다. 젊은이들의 혈관 수술은 대부분 큰 문제가 되지 않지만 노인들은 혈관 수술을 받기 어려운 경우가 있다. 고령 노인의 경우 혈관의 신축성이 수술을 견딜 정도가 못 되기 때문이다. 혈관이 건강하면 큰 문제가 없지만 만에 하나 뇌졸중으로 장애를 입을 경우 손상된 부위는 곧바로 신체의 다른 기능에 영향을 미친다. 뇌는 사람의 사유 능력, 기억 능력, 운동 능력과 연관된 기능을 수행하므로 뇌의 어느 부위에서 어느 정도 손상이 일어나느냐에 따라 후유증의 정도가 매우 달라진다.

뇌졸중은 손상 부위에 따라 네 가지 정도의 증상을 보인다. 중뇌동맥이 손상되면 반신마비, 후뇌동맥(후두엽)이 손상되면 시각장애, 전뇌동맥이 손상되면 성격장애·인지장애·반신마비, 추골동맥이 손상되면 심한 현기증과 함께 사물이 겹쳐 보이는 복시현상이 나타날 수도 있다.

뇌졸중이 발생했을 때 한 시간 이내에 조치하지 않으면 십중팔구 매우 비관적 결과가 찾아온다. 뇌혈관이 막힌 시간이 1분 경과할 때마다 몸의 혈관이 약 12킬로미터 파괴되므로 뇌졸중이 발생했다면 때를 놓치지 말고 분초를 다투어 적절한 처치를 받도록 해야만 한다.

## 지워지는 기억

평생 공포소설을 써온 소설가이자 영화 〈쇼생크 탈출The Shawshank Redemption〉로 널리 알려진 스티븐 킹Stephen E. King은 죽음이라는 주제를 많이 다룬 작가로 유명하다. 몇 년 전 기자가 물었다.

"당신은 소설에서 죽음을 많이 다루었는데 죽음이 뭐라고 생각하십니까?"

스티븐 킹은 이렇게 대답했다.

"나이가 들고 죽음이 가까워지니 죽음에 대하여 더 많이 생각합니다. 나는 우리의 생애에서 가지는 최후의 위대한 인간다운 행위라 할 수 있는바 죽어가는 실제적인 움직임에 관심이 깊습니다. 어느 누구도 죽었다가 다시 돌아와 죽음에 대해서 이야기해줄 수 없는 까닭에 어느 누구도 적절하게 묘사할 수 없는 유일한 사건이 죽음입니다. 나는 죽음이란 굉장한 신비라고 느낍니다."13

기자가 다시 "당신을 두렵게 하는 게 무엇입니까"라고 물었을 때 그는 "내 나이가 되면 알츠하이머병, 치매, 그리고 지적 능력의 퇴화가 정말로 두렵습니다"라고 대답했다. 공포소설의 제왕 스티븐 킹이 죽음보다 더 두려워한 것, 그것이 바로 노화와 치매였다.14

오늘날 고령 노인들은 질병의 급습을 예방하거나 쉽게 치료할 수 있는, 혜택받은 시대에 살고 있다. 하지만 케이티 버틀러는 수명이 길어진 이 시대에 죽음은 더욱 교활한 형태로 현대인에게 다가온다며 다음과 같이 말했다.

　의학 발전이 이어진 덕분에 노인들은 이전 시대였다면 목숨을 앗겼을 건강 문제를 반복적으로 이겨내고 있다. 그 결과 미국에서는 '초고령층'이 인구 집단 중에서 가장 빠른 속도로 커지고 있다. 하지만 죽음은 교활하다. 급습이 곤란해지자 시력 감퇴, 관절 경직, 느린 심장박동, 혈관폐색, 폐와 장의 기능 저하, 근육 약화, 신장 기능 저하, 뇌수축 등 소모전을 전개하고 있다. 여든다섯 살 이상 미국인의 절반은 옷을 입거나 식사를 하는 등 기본적인 활동에서도 다른 사람의 도움을 받아야 한다. 이들 중 3분의 1이 다양한 형태의 치매 증세를 보이며, 수명의 증가와 함께 치매 환자의 수도 매년 늘고 있다.
　－케이티 버틀러,《죽음을 원할 자유》

　치매란 인간 정신 능력의 저하를 불러와 일상생활을 영위하기 어려운 상태로 만드는 질병의 광범위한 징후를 나타내는 병명이다. 정신 능력의 저하는 기억력이나 사유 능력의 약화와 상실을 의미한다. 따라서 치매가 깊어지면 독립적이고 정상적인 일상이 불가능하다.
　미국 전체 인구 3억 2700만 명 중 약 500만 명이 치매 환자다. 1000명 중 15명꼴로 치매를 앓는 셈이다. 2017년에는 치매 환자를 위한 의료비로 2590억 달러가 지출되었다. 치매를 겪는

75~84세 고령 노인층의 빈도는 약 3분의 1에 이르며 노인 사망 중 30% 이상이 치매 관련 질병과 연관성이 있는 것으로 알려져 있다. 그런데 앞으로 약 30년 후, 즉 2050년경이 되면 이런 현상은 거의 3배나 증가할 것으로 예측된다.

2018년 기준 우리나라의 치매 환자는 전국 약 75만 488명으로 65세 이상 노인 인구 738만 9480명의 약 10.2%에 달하는 것으로 나타났다.[15] 65세 이상 노인의 치매 유병률은 2020년 10.3%, 2030년 10.6%, 2040년 12.7%, 2050년 16.1%로 갈수록 급증할 것으로 추정된다. 치매 유병률의 증가는 인구의 고령화와 더불어 새롭게 대두되는 사회문제다. 85세 이상의 고령 노인일수록 치매의 유병률이 높아진다. 2018년 2월 현재 《중앙치매센터 연차보고서》에 따르면 85세 이상 인구 중 약 40%가 치매 증세를 보이는 것으로 보고된다.

치매 환자의 증가는 곧장 사회적 비용의 증가로 이어진다. 2017년 치매 환자를 위한 치료 및 돌봄 비용은 1인 기준 1년에 약 2074만 원이 소요된 것으로 밝혀졌다. 국가적으로는 2017년 약 15조 원의 비용이 들었는데 2050년경이면 무려 78조 원이 소요될 것으로 예측된다.

치매는 최초 진단 후 생존 기간이 약 12년, 발병 후 생존 기간이 약 9년이며 장기간 진행되는 질병이어서 자신은 물론 가족까지 매우 힘들게 한다. 마거릿 대처, 로널드 레이건, 교황 요한 바오로 2세, 프랭클린 루스벨트, 윈스턴 처칠, 권투선수 모하메드 알리, 영화 〈벤허〉의 주인공 찰턴 헤스턴, 드라마 〈형사 콜롬보〉

의 주인공 피터 포크 등 수많은 유명인이 말년에 치매를 앓다가 죽었다. 이처럼 치매는 지위 고하를 가리지 않고 찾아온다.

지금까지 알려진 치매의 원인 중에서 알츠하이머병은 가장 큰 병인이다. 그 밖에도 뇌졸중으로 인한 뇌손상, 혈관성 뇌경색, 파킨슨병 등이 치매의 주된 원인이다. 결국 치매를 불러오는 요인으로는 알츠하이머병과 혈관성질환이 주종을 이루는 셈이다. 가성치매pseudodementia나 건망증memory impairment도 치매와 유사하지만 가성치매는 우울증의 한 양태로 일종의 과장된 증상이라는 특징이, 건망증은 기억력의 약화라는 특징이 있다.

치매에 걸리면 기억 능력이 약화될 뿐 아니라 아예 부분적으로 혹은 전폭적으로 기억이 손상된다. 건망증의 경우 특정한 사

**치매의 요인**

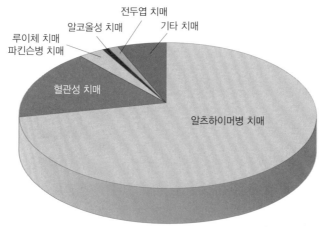

* 출처 : 보건복지부

죽음을 어떻게 이해할 것인가

실, 예컨대 이름이나 생일, 기억해두었던 장소나 시간을 잊어버리지만 사실을 확인하고 나면 기억이 소환된다. 그러나 치매는 기억 자체가 뇌에서 사라져버려 사실 확인을 할 수 없는 경우다.

고령 노인이 될수록 암보다 치매 발병률이 현저히 높아진다. 이런 까닭에 미국인 22%, 영국인 31%가 죽음이나 암보다 치매를 더 두려워하는 것으로 보고되었다.

알츠하이머협회Alzheimer's Association는 치매를 불러오는 가장 위험한 질환인 알츠하이머병에 관한 다양한 자료를 가지고 있다. 알츠하이머협회가 예시하는 치매 초기 증상 열 가지는 다음과 같다.

1. 일상생활에 지장을 받을 정도의 기억상실
2. 미래를 계획하거나 문제 해결을 하는 데서 어려움을 겪음
3. 평소에 하던 일을 하지 못함
4. 시간과 장소에 혼란을 보임
5. 시각적 이미지와 특별한 관계를 이해하지 못함
6. 말하고 글을 쓸 때 단어 선택에 어려움을 보임
7. 물건을 제대로 집지 못하거나 발을 헛딛음
8. 판단력이 저하되거나 상실됨
9. 노동이나 사회 활동을 꺼림
10. 삶의 태도나 책임감에 변화가 나타남

치매를 불러오는 직접적 요인은 뇌세포 기능의 약화나 파괴

다. 알츠하이머병 진단을 받은 이들은 대략 4~8년을 생존하지만 그중에는 20년 이상 더 사는 경우도 있다. 치매에 관한 의학적 연구 결과를 살펴보면 알츠하이머병은 대략 초기, 중기, 말기의 세 단계를 거쳐 사람의 뇌를 무기력하게 만든다는 사실을 알 수 있다.

치매 초기 단계에서 보이는 전형적 증상은 단어나 장소에 대한 환자의 기억이 소환되지 않는 것이다. 이들은 소개받은 사람이나 방금 확인한 사실을 기억하지 못하며, 소중한 것을 쉽게 잊어버리거나 잘못 두기도 하고, 무엇인가 구상하고 조직하는 데 어려움을 보인다. 말할 때 단어가 생각나지 않는 경우도 있다.

중간 단계에서는 알츠하이머병을 앓는 동안 가장 긴 기간 나타나는 징후를 보인다. 이 단계에서는 단어를 혼동하고, 쉽게 좌절하거나 분노하고, 전혀 예상치 못한 행동을 보인다. 뇌의 신경세포에 손상이 오면 생각을 표현하거나 일상 과제를 수행하는 데 많은 어려움을 겪기 때문에 세밀한 돌봄이 필요하다.

이 단계에서 나타나는 전형적 특성은 과거를 점차 망각하는 것이다. 사회생활에서는 의기소침해지고, 살던 곳이나 전화번호도 기억하지 못한다. 시간과 공간에 관한 인지능력을 상실하며, 계절의 변화에 따라 스스로 옷을 바꾸어 입거나 면도를 하는 데도 어려움을 느낀다. 밤낮의 수면 패턴이 바뀌기도 한다. 정처없이 방황하거나 길을 잃는 경우도 있다. 의심의 눈초리가 깊어지고 혼란이나 강박관념에 따른 반복 행위 등의 행동장애가 일어나는 단계다.

죽음을 어떻게 이해할 것인가

말기 단계에서는 환자가 주변 환경에 적응하는 능력을 거의 상실하여 대화를 나누거나 스스로의 행동을 조절하지 못하게 된다. 단어를 말하고 문장을 이어갈 수는 있으나 기억과 인지능력이 계속 저하되어 의사소통에 현격한 어려움을 느낀다. 환자의 인격에 일어나는 심각한 장애로 인해 더욱 세심한 돌봄이 요구되며 환자가 주변 환경이나 최근의 일조차 기억하지 못하기 때문에 모든 활동에 보살핌이 필요한 단계다. 이 단계에서는 걷거나 앉기, 심지어 음식을 삼키는 일에서도 변화가 있다. 몸의 저항력도 감퇴해서 감염 위험이 점점 높아지고 폐렴에 걸리기 쉽다. 이 마지막 단계의 끝은 환자의 죽음이다.

이 모든 과정은 노화가 불러온바 뇌세포 파괴의 결과다.


## 암의 습격


노화로 인해 겪는 여러 곤경 중에서도 가장 많은 고통을 동반하는 질병이 바로 암이다. 미국국립보건원NIH(National Institutes of Health) 암연구소는 암질환에 관한 각종 자료를 정리해놓은 홈페이지(https://www.cancer.gov)를 운영한다. 이 연구소에서는 암의 개념을 "일종의 연관된 질병들의 총체a collection of related diseases"라고 정의했다. 암이라고 불리는 질병은 사실 많은 것이 연관된 질병 덩어리라는 의미다.

모든 양태의 암에는 신체 특정 부분에서 세포들이 멈추지 않고 분열하여 주변 다른 조직으로 퍼져가는 특성이 있다. 사람 몸을 구성하는 3~4조 개의 세포는 끊임없이 자라고 분열하며 새로운 세포를 만들어내지만 일정 기간이 지나면 낡고 소멸함으로써 새로운 세포와 교체된다. 정상 세포는 규칙적으로 생성과 소멸 과정을 거친다. 하지만 암세포는 성장, 소멸, 교체 과정에서 벗어나 낡고 상해도 죽어야 할 때 죽지 않고 비정상적으로 살아 있다. 이런 비정상적 세포군이 멈추지 않고 자라면 종양이 된다.

암은 비정상적 세포 덩어리이므로 몸의 어떤 부분에서도 발생한다. 일반적으로 단단한 종양 모양이지만 백혈병 같은 혈액암은 단단한 종양 형태가 아니다.

종양이 악성을 띠게 되면 신속히 주변 조직에 번지거나 파고든다. 이런 종양이 몸 안에서 자랄 경우, 암세포가 분리되어 나와 혈액이나 림프 기관을 통해 몸 안 다른 곳으로 자리를 옮기고 전이를 일으키면서 새로운 종양이 발생한다.

전이성 악성종양과는 달리 양성종양은 전이가 되지 않고, 일단 제거하면 다시 발생하지 않는다. 다만 뇌에서 발생하는 양성종양은 심하면 생명을 위협할 수도 있다. 전이는 되지 않지만 제거하기 어려운 자리에서 증식해 뇌의 다른 기능을 침범하기 때문이다.

암세포와 정상 세포의 결정적 차이는, 정상 세포가 특정한 기능을 수행하는 세포로서 정체성을 가지는 데 비해 암세포는 멈추지 않고 자라기 때문에 어떤 특정한 기능도 수행하지 않는다는 데 있다. 성장하고 소멸하도록 설계되어 있는 정상 세포와는 달리 암세포는 멈추지 않고 분열하기에 일반 세포의 기능과 성격과는 다른 양상을 보인다. 암세포는 급속한 성장을 위해 많은 산소와 영양을 필요로 하므로 주변 세포를 혈관으로 변형시켜 더 많은 산소와 영양을 공급받으려는 경향이 있다.

흔히 암세포는, 감염이나 다른 악조건에서 신체를 방어하는 장기나 세포군 혹은 특화된 세포군의 연결망이라 할 수 있는 면역체계에도 침범한다. 면역체계가 정상적으로 작동한다면 망가진 세포나 비정상적 세포를 걸러내고 제거할 수 있지만 암세포는 이러한 면역세포의 감시망에 걸리지 않도록 스스로를 감추기도 한다. 심지어 면역체계가 암세포를 발견해서 죽이지 못하도록 아예 면역체계의 감시망에서 벗어나 있는 종양도 있는데 이들은 아무런 지장 없이 활동한다.

암의 발생 원인은 지금까지 알려진 것도 있지만 상당 부분 원인을 알 수 없다. 크게 보면 암은 일종의 유전병적 요인을 가진다. 암이 유전자에 변형을 주어 세포가 자라고 성장하는 기능을 비정상으로 만들기 때문이다. 이런 속성은 부모에게서 유전되기도 하고, 환경 요인에 의한 유전자 변이 때문에 후천적으로 발생하기도 한다. 환경 요인으로는 담배 연기 같은 화학적 요소, 방사능, 자외선 등이 있다.

일반적으로 유전자 변형은 원종양 형성 유전자proto-oncogene, 종양 억제 유전자tumor suppressor gene, DNA 수정 유전자DNA repair gene에 영향을 미치는 것으로 알려져 있다. 이런 영향을 받아 변환된 유전자를 암발생 원인자cancer driver라고 부른다. 이 암발생 원인자로 인해 조직에 변형이 일어나 세포의 성장과 분열 기능에 이상이 생기고 비정상적 세포가 발생하면 그것이 암질환의 원인이 된다.

암 중에는 전이가 쉬운 전이암이 있는데, 이 경우 전이된 부분의 암은 처음 발생한 암세포와 동일한 유형을 보인다. 예를 들어 유방암이 폐에 전이되면 폐암이 아닌 전이성 유방암이라는 병명으로 불린다. 간암은 폐나 뇌에도 전이된다. 전이성 암의 치료는 대체로 암의 성장을 통제하고 그것이 야기하는 문제를 제거하는 차원에서 이루어진다. 암으로 인한 사망은 대부분 이런 전이암이 초래한 결과다.

그렇다고 해서 모든 세포의 변형이 암으로 이어지는 것은 아니다. 조직 안에서 세포가 과형성hyperplasia될 경우 세포의 변형이 일어날 수도 있으나 이 경우는 만성 과민증인 경우도 많다. 반면 형성장애로 인한 세포의 이상 변형은 주의 깊게 살펴보아야 한다. 이 경우 변형의 정도가 많을수록 암 발생 가능성도 높아진다.

정상 세포가 암으로 발전하는 경우 세포가 과도하게 형성되는 과형성, 혹은 현미경으로나 확인할 수 있는 형성장애 과정을 거친다. 사람의 몸에 발생하는 암은 100가지가 넘는 것으로 알려져 있다. 결국 암은 우리 몸 어느 곳에서나 발생하는 셈이다. 암의 명칭은 대부분 암이 발생하는 장소나 세포 타입에 따라 붙인다.[16]

암은 여러 군##으로 분류된다. 일단 상피세포에 생기는 상피성 암종carcinoma이 있다. 상피성 암은 세포의 성격과 위치에 따라 세분화된다. 각종 체액을 분비하는 조직에서 발생하는 유방암·

전립선암·결장암, 피층 하부 기저에서 발생하는 암이나 피부 바로 아래에 자리 잡은 편평세포의 변형으로 발생하는 위암·장암·폐암·신장암·방광암, 그리고 이행세포로 특화되는 상피에서 발생하는 방광암·자궁암·신장암이 여기에 속한다.

또한 주로 부드러운 조직이나 뼈 안에서 발생하는 육종sarcoma이 있다. 평활근육종·혈관육종·악성 섬유조직구종·지방육종·피부섬유육종 등이 여기에 속한다.

혈액에서 발생하는 암은 다량의 비정상 백혈구가 골수와 혈액에 증식하여 정상 세포를 축출함으로써 온몸의 산소 공급을 막고 출혈과 감염을 예방해줄 면역 기능을 약화시킨다. 백혈병은 암이 악화되는 정도에 따라 급성과 만성으로 나뉘고, 혈액세포의 타입에 따라서는 림프아구lymphoblastic 혹은 골수성myeloid 백혈병으로 나뉜다.

암은 오늘날 사람의 생명을 단축시켜 사망에 이르게 하는 제1의 습격자로서 악명이 높다. 통계청 자료를 살펴보면 대한민국 암 사망률은 1983년부터 단 한 번도 낮아지지 않고 끊임없이 증가하는 추세다. 1984년에는 약 3만 명 정도였던 암 사망자가 2016년에는 약 8만 명에 이른다는 통계가 이를 증명한다. 암 발병자 수는 이보다 더 비관적 지표를 보여준다. 1999년 약 10만 명이던 암 발병자 수는 2012년 약 20만 명을 상회하며 고공 행진하다가 현재 다소 주춤한 상태다.

암 발생률은 인구 10만 명당 암 발생 환자 수를 가리키는 지표인데 1984년 72.4명에서 2016년 153명으로 약 30년 만에 2배 이상 증가했다. 위암 사망률은 1984년 기준으로 2016년에는 약 30% 감소했으나 폐암 사망률은 무려 600% 증가한 것으로 나타났다. 대장암 사망률은 1984년 1.8명에서 2016년 18.6명으로 무려 10배가량 증가했다. 암 사망률의 변화는 사회 변동, 환경 변화, 식생활 구조 변화와 맞물려 일어나는 것이라고 판단된다.

결국 암세포는 세포의 생사를 결정하는 신호를 무시하고, 면역체계를 무력하게 만들며, 산소와 영양을 공급받는 통로를 장악한다. 따라서 암을 치료하는 방식은 암세포가 어떻게 살아서 증식하는지 그 생존 방식을 추적하고, 그러한 암세포의 생존을 가능하게 만드는 기재들을 제거하는 수단을 찾는 데 달렸다. 이를 위해 암 발생을 유도하는 단백질 변화를 막는 방법, 수술요법, 방사능치료, 화학요법 등이 적용되고 있다. 최근에는 특정 암의 치료를 위해 면역체계의 회복 능력을 강화하는 면역요법도 응용되고 있다.


## 암으로 인한 통증

암이 몸 안에 퍼져나가면 환자는 고통을 겪는다. 종양이 뼈나 신경조직, 여타 기관을 침범하거나 압박하기 때문이다. 그 밖에 암 치료 과정에서도 통증이 유발된다. 예컨대 화학요법은 손과 발의 저림을 일으키고 약물 투입 지점에서 타는 듯한 고통을 느끼게 한다. 방사능요법 역시 피부를 심하게 자극한다.

암으로 인한 통증에는 급성통증과 만성통증이 있다. 급성통증은 손상당한 신체 부위에서 일어나며 대부분 일시적이어서 진통제를 투약하면 어느 정도 가라앉힐 수 있다. 하지만 만성통증은 주로 신경계 이상에서 기인한다. 신경조직에서 일어나는 통증은 종양이 신경을 건드릴 때 혹은 종양이 내뿜는 화학적 요소 때문에 발생한다고 알려져 있다. 견딜 만한 가벼운 통증, 도저히 참을 수 없는 심각한 통증 모두 여기에 포함된다. 처치 중에 일어나는 통증은 대부분 일시적인 반면 만성통증은 지속적으로 환자를 괴롭힌다.

암환자가 겪는 통증은 크게 보아 신경통증·골통증·연조직통증·환상통증·전이성통증·연관성통증 등으로 분류할 수 있다. 신경통증은 신경조직이나 척수가 눌리거나 화학요법이나 방사능요법 등으로 신경조직에 손상을 입었을 경우 일어난다. 이런 통증은 경련하는, 타는 듯한, 찌르는 듯한, 쏘는 듯한, 피부 속을 헤집는 듯한 것이며 말로 표현할 수 없을 정도로 고통스럽다.

신경조직의 이상에서 오는 통증은 다른 통증에 비해 치료가 매우 어렵다. 특히 암이 뼈의 특정 부위에 침범해 뼈조직이 손상됨으로써 일어나는 몸통증somatic pain은 찌릿찌릿하고 욱신거리는 고통을 유발한다.

그 밖에도 장기 부분과 관련된 연조직통증, 수술 후에 유발되는 환상통증, 연관통증 등이 있다.

급성통증과 만성통증에 더해 돌발통증breakthrough pain이라는 것도 있다. 이 통증은 셋 중 가장 다루기 어려우며, 진통제로도 잘 제어되지 않는다. 다발성으로 발생하므로 예측이 불가능하며 일반적 통증치료 방법으로는 도저히 통제할 수가 없다. 돌발통증이 급습하면 환자는 한 시간 이상 도저히 견딜 수 없는 고통에 시달리기도 한다. 약물로 어느 정도 통제 가능한 만성통증에 비해 진통제의 효과가 거의 없으며 고통의 격심함과 강도는 그보다 훨씬 강하다. 돌발통증은 암 자체에서 그리고 암 치료 과정에서 나타나며, 암 관련 치료 후 발생할 수도 있다는 점에서 만성통증과 유사성이 있다. 암이 상당히 진척되고 나면 상당수의 환자가 돌발통증을 비롯한 각종 통증에 시달리게 된다.

대한민국 암환자 수는 2000년 기준 10만 1772명(암 발병률 214명)에서 2016년 21만 4701명(암 발병률 421.4명)으로 2배 이상 증가했다. 암질환의 빈도는 폐암, 유방암, 자궁암, 간암, 대장암 순서로 높았다. OECD 국가 중 우리나라가 유방암과 대장암 발생률이 가장 높은 것으로 나타났다.[17]

2017년 사망 원인 통계[18]에 따르면 암 사망자는 총 7만 8863명(사망률 153.9명)으로 나타났다. 암 사망률은 같은 해 뇌혈관질환 사망자 2만 2745명(사망률 44.4명)의 346%에 이르는 수치다. 2017년에는 총 사망자의 27.6%가 암으로 사망했다. 암 사망률은 치매 관련 사망률 약 17.9명에 비하여 9배나 높은 형편이다.

암질환은 다음 표에서 볼 수 있듯이 모든 연령층에서 사망 원인 1위를 차지한다. 특히 40대에서 발병률 42.5명으로 사망 원인 1위를 고수하는 암질환은 70대에서는 사망률이 무려 17.5배 높아져 발생률 744.9명으로 증가하고, 이어 80대에서는 그보다

## 연령대별 5대 사망 원인과 사망률(2017년)

| | 0세 | 1~9세 | 10~19세 | 20~29세 | 30~39세 | 40~49세 | 50~59세 | 60~69세 | 70~79세 | 80세 이상 |
|---|---|---|---|---|---|---|---|---|---|---|
| 1위 | 출생 전후기에 지원한 특정 병태 139.8 | 악성 신생물 1.9 | 고의적 자해(자살) 4.7 | 고의적 자해(자살) 16.4 | 고의적 자해(자살) 24.5 | 악성 신생물 42.5 | 악성 신생물 42.5 | 악성 신생물 126.7 | 악성 신생물 744.9 | 악성 신생물 1445.7 |
| 2위 | 선천 기형 변형 및 염색체 이상 45.4 | 운수 사고 1.4 | 운수 사고 2.7 | 운수 사고 5.1 | 악성 신생물 13.8 | 고의적 자해(자살) 27.9 | 고의적 자해(자살) 30.8 | 심장 질환 61.3 | 심장 질환 227.4 | 심장 질환 1063.4 |
| 3위 | 영아돌연사 증후군 20.0 | 선천 기형 변형 및 염색체 이상 1.1 | 악성 신생물 2.3 | 악성 신생물 4.0 | 운수 사고 4.5 | 간질환 12.2 | 심장 질환 28.1 | 뇌혈관 질환 45.1 | 뇌혈관 질환 186.1 | 폐렴 856.7 |
| 4위 | 심장 질환 7.3 | 가해 (타살) 0.9 | 심장 질환 0.6 | 심장 질환 1.5 | 심장 질환 4.0 | 심장 질환 11.1 | 간질환 12.2 | 고의적 자해 (자살) 30.2 | 폐렴 132.2 | 뇌혈관 질환 749.9 |
| 5위 | 가해 (타살) 4.6 | 심장 질환 0.6 | 익사 사고 0.4 | 뇌혈관 질환 0.7 | 간질환 3.0 | 뇌혈관 질환 8.8 | 뇌혈관 질환 20.1 | 간질환 26.1 | 당뇨병 85.6 | 고혈압성 질환 285.0 |

* 출처:통계청

약 1.8배 더 급증해 암발생률이 무려 1445.7명에 이른다. 이러한 통계는 결국 암 사망자 대부분이 60세 이상 노인에 집중된다는 사실을 드러내는 지표다. 그러므로 대한민국이라는 고령화사회에서 살아가는 우리 한국인이 겪는 가장 빈번한 사망 요인은 바로 암이라고 말할 수밖에 없다.

암 발생 후에도 5년 이상 생존을 유지하는 암 생존율은 암의 종류에 따라 상이하다. 우리나라의 경우 지난 5년간(2012~2016

년)의 통계에 따르면 암 생존율은 여성 78.2%, 남성 62.2%로 평균 70.3%에 이른다. 이는 2001~2005년 54.0%에 비해 상당히 높아진 수치다. 국가의료보험제도의 안착과 더불어 암의 조기 발견이 가능해진 것이 그 이유로 생각된다. 특히 갑상선암은 생존율이 거의 100%이며, 전립선암 93.3%, 유방암 92% 순으로 높은 생존율을 보인다. 그런데 간암 32.8%, 폐암 25.1%, 췌장암 10.1%로 이 세 가지 암은 비교적 저조한 생존율을 보인다.

이처럼 인간은 몸의 노화와 함께 암을 비롯한 각종 질병에 노출되다가 마침내 죽음을 맞는다. 16세기의 인문학자 몽테뉴는 인간의 늙고 죽어감에 대하여 이렇게 썼다.


신은 생명을
조금씩 빼앗아감으로써
인간에게 은총을 베푼다.
이것이 노화의 유일한 미덕이다.
노화를 겪으며
조금씩 죽어온 덕분에
마지막 순간에
죽음이 완전하지도
고통스럽지도 않은 것이다.
그 상태에서
죽음은 그저 존재의 절반,
혹은 4분의 1만

죽는 것이기 때문이다.

-몽테뉴,《수상록Essais》


　노화를 겪어온 사람은 이미 얼마만큼 죽어온 사람이라는 것, 그리고 그의 죽음은 노화로 이미 죽어온 4분의 3에 이어 남아 있던 4분의 1이 죽는 것이라는 몽테뉴의 통찰은 의미심장하다.

　"왜 죽는가?"에 대한 질문에는 여러 가지 방식으로 답할 수 있겠지만 우리 중 상당수 사람들은 노화로 인한 각종 암의 발생, 뇌혈관질환의 습격, 쇠락한 심장이 견뎌내지 못하는 노화된 혈관 때문에 죽는다고 말할 수밖에 없다.

# 7. 근사체험을 어떻게 이해해야 할까?

내 몸은 나 없이 살 수 없다.
그러나 나의 의식은 몸 없이도 살 수 있다.

**–핌 반 롬멜**Pim van Lommel

자신의 죽음을 바라보아야 할 시간이 다가오면 대부분의 사람들은 자연스레 죽음 이후에 관심을 갖는다. 아주 오랜 옛날부터 인간의 모든 문제에 답을 주려 했던 종교적 가르침에는 사후에 대한 관심이 담겨 있었다. 다양한 종교에서는 삶뿐만 아니라 죽음에 대해서도 제각기 특정한 가르침을 준다. 종교가 있는 사람이라면 자신이 믿는 종교적 전통에 따라 죽음 이후에 관해 특정한 문화적 이해를 갖게 된다. 죽음에 임박해 사후세계에 관심을 갖게 되면서 평소 무종교였던 사람이 종교에 귀의하는 경우도 있다.

그런가 하면 본디 종교적 내세관을 가지고 있었으나 결국에는 종교적 가르침을 신뢰하지 않게 되는 경우도 적지 않다. 현대의 탈종교화 현상을 연구해온 종교사회학자 주커먼P. Zuckerman에 따르면 종교를 갖지 않는 미국인의 비율이 지난 25년 동안 약 5%에서 30%로 늘어났다.[19] 이런 변화를 통해 과거에는 인간이 갖는 죽음 이후에 대한 관심을 종교가 상당 부분 해소했으나 근래에는 종교적 가르침의 영향이 감소했음을 알 수 있다.

탈종교화되어 무종교로 살아가는 현대인은 종교적 해석보다는 '죽으면 모든 것이 끝'이라는 자연주의적 죽음 이해를 갖는 경향을 보인다.


## 고전적 이해

죽음 이후에 대해 가장 명료한 체계를 가르치는 종교는 아마도 기독교일 것이다. 대부분의 기독교인들은 영혼불멸을 믿는다. 그들은 죄를 짓고도 용서받지 못한 사람은 사후 지옥에서 영원한 형벌을 받는다고 생각한다. 반면 예수 그리스도를 믿음으로써 구원받은 사람은 죄 씻김을 받아 사후에 정죄받지 않고 영원한 복락을 누리는 천국에 가리라 믿는다. 요즘은 장례식을 '천국 입성식'이라고 부르는 사람들까지 생겨났는데 바로 이러한 믿음의 소산이다.

사후세계에 관한 종교적 상상을 그림으로 묘사한 13세기 이탈리아 시인 단테 알리기에리Dante Alighieri(1265~1321)는 장편 서사시《신곡La Divina Commedia》에서 사후세계를 지옥, 연옥, 천국으로 나누고 지옥문에는 "이곳에 들어오는 이여, 모든 희망을 버리라"는 문장이 쓰여 있다고 했다. 그가 그리는 연옥은 비록 죄를 지었다 할지라도 진정한 참회의 과정을 거치면 천국에 이를 기회가 있는 곳이다. 단테는 천국을 신비한 빛으로 가득하여 넘치는 기쁨을 누리는 희열의 세계로 그렸다.

비록 중세 신학의 관점에서 바라보았다고는 하지만 우리는 단테를 통해 기독교 세계가 제시해온 사후세계가 지옥—연옥—천국이라는 삼층 구조를 통해 매우 구체적으로 묘사되는 것을 볼 수 있다. 연옥을 받아들이지 않는다는 점만 다를 뿐 개신교 신앙도 다를 바가 없다.

기독교 전통과는 달리 힌두교와 불교 전통에서는 윤회설을 주장하는데 그 요지는 업과 인과응보의 논리라고 볼 수 있다. 사람의 행위는 반드시 인과응보의 순환적 과정으로 이어진다는 윤리적 믿음이 윤회설의 기초를 이룬다. 여기서 말하는 생명은 기독교에서처럼 일회적인 것 또는 궁극적 구원을 이루어내는 것이 아니다. 인간은 자신의 행위에 따른 업보를 바탕으로 무수한 생을 거치면서 끝없이 구원으로 향한다.

불교적 관점에서는 더 나은 생, 참된 깨달음의 세계까지 도달함으로써 윤회의 순환고리조차 벗어던지는 해탈의 길을 구원이라고 여긴다. 불교나 힌두교에서 주장하는 윤회설은, 해탈을 향한 상향 지향적 승화 과정에 있는 존재가 인간이라는 이해를 담고 있는 셈이다. 해탈에 이르는 길이 궁극적 구원이라는 이해의 이면에는 현재의 삶이 언젠가는 벗어나야 할 번거롭고도 고통스러운 것이라는 이해가 전제되어 있다.

사후세계에 대한 티베트적 이해를 담은《티베트 사자死者의 서書》는 불교적 색채가 짙은 책으로, 죽은 자가 가야 하는 사후의 길에 대해 매우 구체적 이해를 제시한다. 윤회의 고리에서 벗어나 해탈을 구하는 이들은 언젠가는 죽은 자가 된다. 죽음을 맞는 순간부터 그는 윤회의 고리에 의해 환생하는 길 혹은 해탈에 이르는 길로 나아가는 존재로 간주된다.《사자의 서》는 그 죽은 자를 환생이 아닌 해탈에 이르는 길로 인도하는 제문祭文 같은 성격을 지닌다.

티베트 불교의 사후 세계관에 따르면 죽은 자의 몸은 부패해도 의식은 사후에도 이어진다. 죽은 지 사흘째가 되면 아미타불 지혜의 빛이 밝게 나타나는데 그 빛을 두려움 없이 따라감으로써 아귀들의 연노랑 빛깔 유혹을 이겨내야 한다. 그러므로 죽음으로 모든 것이 끝난 것이 아니다. 죽은 자는 사후에도 해탈의 길을 찾아가는 구도자인 것이다.

죽은 자가 머무는 중음계中陰界를 벗어나 다시 몸을 받아 환생할 때까지는 49일이 걸린다. 이 기간에 승려들이《티베트 사자의 서》를 독경함으로써 죽은 자가 환생의 사슬에서 벗어나 해탈의 경지에 이르도록 인도할 수 있다고 믿었다.

이렇듯 오래전부터 동서를 불문하고 인간은 죽어야 하는 자신의 존재를 이해하는 동시에, 죽음 이후의 세계에 깊은 관심을 가지고 있었다. 사후세계에 대한 이해에는 대부분 죽음 이후의 세계는 현생과 맞물려 있고, 현생에 대한 평가와 보상, 책임을 요구받는다는 권선징악적 가르침이 담겨 있다. 그들은 착하고 바르게 살면서 사후 영원한 형벌을 겪는 지옥이 아니라 밝고 평화로운 천국에 이르기를 바랐다. 혹은 온갖 번뇌와 고통이 가득한 생명세계로의 환생을 넘어 생 자체에서 벗어나 해탈하기를 소망했던 것이다.

죽음 이후를 알 수 없는 인간에게 사후세계에 대한 이러한 가르침은 분명하고 단호한 부정보다는 신께 귀의하고자 하는 긍정적 태도를 유발했다. 프랑스 철학자 블레즈 파스칼Blaise Pascal(1623~1662) 역시 《팡세Pensées》에서 신의 섭리를 믿는 사람이 가장 행복할 수 있다고 주장했다. 그러나 파스칼도 인정했듯이 사후에 대한 주장은 어느 누구도 그 진실성을 과학적으로, 혹은 객관적으로 입증할 수 없다. 인간의 죽음 이후에 관한 종교적 해명의 전통은 일부 특정한 사람들의 종교 체험에 근거하여 형성되고 이어졌을 뿐이다.


## 근사체험 이론

20세기 후반이 되자 인간은 예전에 비해 과학적 사고와 실증적 체험을 중시하는 쪽으로 변모했다. 종교적 신비체험이나 신화적 세계관에 매여 있던 많은 사람들이 세속화된 세계를 접하면서 전통적인 종교적 해석에서 벗어나 다소 비종교적 혹은 무종교적 태도를 갖게 되었다. 이때부터 과거의 종교적 해석과는 달리 인간의 죽음 이후에 관해 다소 개인적이고 실증적인 체험을 연구하는 사람들이 생겨났다. 이들은 '거의 죽음을 겪었던' 이들, 다시 말해 죽음과 거의 동일한 상태에 처했다가 다시 살아 돌아온 사람들의 경험을 연구 조사하여 그들의 개별 체험에 어떤 공통점이 있는지 찾아냈고 죽음 후에도 사람의 의식이 실재한다고 주장하기 시작했다.

이러한 주장은 오늘날 '근사체험Near Death Experience'이라는 연구 분야로 자리 잡았다. 죽음으로 모든 것이 끝난다는 자연주의적 입장과 달리 근사체험 이론은 현재의 생명이 사후에도 어떤 양태로든 존재한다고 추정하는 이론이다.

육체적으로 죽었다가 되살아난 이들의 체험을 분석해서 책을 펴낸 미국 정신과 의사 레이먼드 무디Raymond Moody는 근사체험 연구가로서 선구적 위치를 점한다. 1975년에 나온 그의 책《삶 이후의 삶Life after Life》은 전 세계에서 무려 1300만 부나 팔렸으니 오늘날 우리가 아무리 비종교적 세계에 산다 해도 죽음 이후에 대한 세간의 관심이 여전히 적지 않다는 사실을 충분히 입증한 셈이다. 퀴블러 로스가 1965년에《죽음과 죽어감》을 펴내자 사람들은 죽음이라는 중차대한 주제가 왜 여태껏 학문적 연구의 주제로 자리 잡지 못했는지 의아해했다. 로스에 이어 무디의 연구는 죽어감의 과정에 들어선 이들은 어쩔 수 없이 죽음 이후에 대하여 관심을 갖는다는 사실을 깨닫게 해준다.

이들의 방법은 종교의 교리나 권위를 통한 일방적 해석이 아니라 비교적 임상적이고 과학적인 연구를 통해 사후세계에 대한 경험적 데이터를 분석했다는 특징이 있다. 무디가 정리한 근사체험은 근사체험 연구의 선구자 격인 심리학자 케네스 링Kenneth Ring, 정신의학자 브루스 그레이슨Bruce Greyson, 정신의학자 피터 펜윅Peter Fenwick 등이 도달한 결론과 상당 부분 일치한다. 그 후 나온 어린이들의 근사체험에 대한 연구 분석에서도 유사한 결론이 나왔다.[20] 이들이 주장하는 근사체험의 구체적 내용은 다음과 같다.[21]

1. 죽었다는 느낌
2. 평화와 고통이 없는 상태
3. 신체에서 벗어나는 경험
4. 어두운 터널 같은 곳을 지나는 경험
5. 빛의 사람을 만나는 경험
6. 자신의 생애를 되돌아보는 경험
7. 천국을 향하여 급속히 떠가는 경험
8. 너무나 즐거워서 몸으로 복귀하고 싶지 않은 느낌
9. 인생과 우주에 대한 지식의 충만함을 느낌

이상과 같은 체험 내용을 살펴보면 인간은 그저 단순히 죽는 것이 아니라는 생각이 든다. 즉 인간은 죽음을 의식하면서 죽어가지만 이를 통해 더 넓은 현실을 깨닫는 단계로 나아간다고 여겨진다. 이처럼 근사체험은 죽음이 의식의 무화無化가 아니라 영혼이나 마음 혹은 의식이 색다른 차원으로 이주하는 것이라는 견해를 반영한다. 이는 전통적인 종교적 가르침을 그대로 대변하지는 않지만 죽음 이후에 대한 여타 종교적 가르침이 지닌 속성과 일치하는 부분이 있다.

## 무디의 근사체험 이해

무디는 임상적으로 죽음을 선고받고도 다시 소생한 사람들과 심각한 부상이나 질병으로 죽음에 이르렀던 사람들 약150명을 인터뷰하여 그들이 증언한 내용에서 공통분모를 찾고자 했다. 그 결과를 면밀히 요약하면 다음과 같다.

죽는 사람은 죽어가는 순간 자신에게 죽음이 선언되는 것을 듣는다. 죽음의 순간 그는 자신의 육체에서 벗어난다. 자신은 죽었으나 그 죽은 자신이 완전히 소멸하는 것이 아니라 그의 의식은 여전히 자신의 육체 밖에서 제3자적 관점을 견지하며 자기 자신의 죽음의 현장을 목격한다. 그는 자기의 죽은 신체를 바라본다. 의사들이 소생술을 시도하는 모습을 바라보면서 죽어가는 자신을 보고 슬퍼하기도 한다. 이런 특이한 정황에 익숙해지면서 그는 이전에 지니고 있었던 몸과는 전혀 다른 몸을 가지고 있다는 것을 알게 된다. 그리고 다른 이들이 다가와 그에게 인사를 건네거나 도움을 주려고 한다는 것을 안다. 이들은 이전에 죽은 친지나 친구들이다. 이들로부터 예전에는 경험해보지 않았던 사랑스럽고 편안하며 따스한 느낌을 받는다. 일종의 빛의 존재가 그의 앞에 나타나고, 짧은 순간 그는 그의 생애가 파노라마처럼 그에게 펼쳐 보여지는 것을 본다. 그리고 그는 지상의 삶과 그 이후의 삶 사이를 가로막고 있는 무엇인가를 보게 된다. 동시에 그는 아직 죽음에 이를 때에 이르지 못하여 지상으로 돌아가야 한다는 것을 안다. 하지만 그는 진심으로 되돌아가고 싶지 않다. 아주 강렬한 기쁨, 사랑, 그리고 평화의 느낌에 압도되는 것을 느끼고 있기 때문이다. 그럼에도 불구하고 그는 자신의 육체와 다시 연합하여 되살아난다. 생으로 되돌아온 후에 그는 자신이 경험한 바에 대하여 다른 사람들에게 말해주고 싶어 하지만 그렇게 하는 데 어려움을 느낀다. 우선 이런 천상의 경험을 담아낼 적절한 단어가 없다는 것을 깨닫기 때문이다. 그리고 그런 자신에 대하여 다른 이들이 비웃는다는 것을 알게 되어 말하고 싶은 마음을 거둔다. 하지만 그 경험을 통해 여전히 그의 삶에, 특히 그의 죽음, 그리고 죽음이 자기 삶에 있어서 가지는 관계에 대하여 심원하게 영향을 받고 있다.

    – 레이먼드 무디,《삶 이후의 삶》

이 요약문은 하나의 정형화된 근사체험 이론이다.[22] 이 이야기가 의미하는 바는 무엇일까?

1980년 근사체험 연구소를 세우고 근사체험에 관해 연구해온 미국 사학자 칼 베커Karl Becker 교수는 인간의 죽음 이후에도 의식은 분리되어 존재한다고 주장한다. 육체가 죽은 후에도 인간의 의식은 살아 있다는 것이다. 덴마크 심장의학자 핌 반 롬멜 Pim van Lommel 역시 죽음을 경험한 사람 344명을 연구하면서 그들의 체험을 분석했다. 그는 《사후 의식Consciousness beyond Life: The Science of the Near-Death Experience》(2007)과 《무한한 의식Infinite Awareness: The Awakening of a Scientific Mind》(2015)을 출판하여 인간의 의식이 있는 장소를 뇌라고 이해해왔던 의학계의 정설과는 달리 비장소적 의식non-local awareness 이론을 제기했다.[23] 사후 몸에서 뇌 활동이 정지된다 할지라도 인간의 의식 활동은 뇌와 상관없이 지속된다는 주장이다. 이러한 주장이 보편화된다면 인간의 의식은 죽음 후에도 이어지며 영혼불멸설처럼 무한한 인식의 지평을 가진다는 사실이 받아들여진다는 뜻일 것이다.

롬멜 박사의 연구에 따르면 근사체험을 한 이들 중 약 82%(282명)는 아무런 기억도 가지고 있지 않았다. 하지만 약 18%(62명)는 자신의 근사체험에 관한 기억을 진술했다. 근사체험을 한 이들은 자신이 죽었다는 사실을 인식했으며, 죽음을 두려워하지 않게 되었다. 매우 긍정적 감정을 느꼈으며, 신체에서 이탈하고 터널을 지나는 것을 경험했으며, '빛'과 교감하고 빛의 색깔을 느꼈다. 그들은 공통적으로 이미 사망한 친지들을 만나고 자신의 전 생애를 돌아보았으며, 충만한 희열을 경험했다고 고백했다.

이 내용은 앞서 무디가 근사체험자들을 연구하며 내렸던 결론과 크게 다르지 않다. 삶으로 되돌아온 이들은 생을 바라보는 태도가 매우 긍정적으로 바뀌었고 더는 죽음을 두려워하지 않았다. 근사체험을 한 사람들은 대부분 동정심, 사랑과 수용의 태도, 직관적 감수성이 증진되었으며, 삶에 깊이 감사하는 태도를 갖게 된 것으로 나타났다.

반면에 근사체험이 모든 사람에게 강렬한 환희의 경험으로 이어지는 것은 아니었다. 근사체험 후 오히려 현생에서 소외와 억압을 느끼거나 사후세계를 그리워하며 고독에 빠지는 사람들도 있었다.

흥미로운 것은 근사체험의 내용에는 성$_{gender}$, 종교, 교육에 관한 의미 있는 진술이 전혀 나오지 않았다는 점이다.

## 근사체험에 관한 논쟁

비판적 반론을 제기하는 사람들은 근사체험이 심리적으로 죽음을 두려워하는 감정의 반향, 약학적으로는 마약에 취한 것 같은 상태, 생체기능학적 측면에서는 산소 결핍으로 뇌에서 일어나는 환각 현상이라고 지적한다. 혹은 의식의 변화나 지속 상태로 볼 때 총체적으로 '뇌에서 일어나는 현상'이라고 보기도 한다. 비록 죽었다는 선언이 내렸을지라도 이들의 뇌에서 무언가 활동이 일어났기 때문에 그러한 경험과 기억을 가진다고 본 것이다.

롬멜 박사는 인간 의식의 자리를 뇌에 두는 지금까지의 태도 때문에 근사체험을 제대로 이해하지 못한다며 제기된 반론들을 비판했다. 그는 인간 의식은 뇌와 상관없이, 심지어 몸과 상관없이 무한하게 지속된다고 주장하고 있다. 몸 없는 존재의 영속적 생존은 과연 몸을 가지고 살아온 우리에게 어떤 의미가 될까?

근사체험을 주장하는 이들은, 면밀히 살펴보면 뇌의 활동으로 보기 어려운 신비한 현상이 근사체험에 잇따른다는 점을 강조한다. 근사체험자들은 뇌 활동이 정지된 상태인데도 명료한 의식이 있었고, 자기 정체성과 감정을 가졌으며, 인식과 사고를 했다. 신체 밖으로 이탈하는 느낌을 가졌고, 타인의 의식과 연결된 느낌과 지나간 일에 대한 모든 기억을 가지고 있었다.

이 모든 것들을 경험할 때 이들은 시공간을 초월한 차원에서 의식을 가지고 있었을 뿐만 아니라 자신이 몸으로 되돌아오는 것도 의식할 수 있었다고 한다. 이러한 체험은 '뇌 기능 조차 정지된 상태'에서 일어난 현상이었다는 것이다. 멈춤 없는 의식은 뇌로 특정할 수 없는 공간에 자리를 잡고 있으므로 모든 의식, 혹은 죽음으로도 멈추지 않는 의식을 우리의 물리적 세계 안에서 전부 관찰할 수는 없다는 주장이다.

따라서 이들은 지금까지 우리가 이해했던 것과는 달리 뇌는 단지 접속자interface 혹은 송수신기처럼 비특정 위치non-local에 있는 의식에게서 정보를 수신하고 비특정 위치에 있는 의식에 신체의 감각적 정보를 보내는 기능을 한다고 추정했다. 롬멜 박사는 깨어 있는 의식은 비특정 위치에 있는, 더 높은 차원의, 신적인 혹은 보편적이고 우주적인 의식의 한 부분에 지나지 않는 것이라고 생각한다. 그리고 근사체험을 통해 바로 이런 의식과의 접

속이 일어난다고 결론짓는다. 따라서 우리 몸의 죽음이란 우리 전체의 죽음이 아니라 신체의 종말일 뿐이며 우리의 의식은 그 너머에도 존재한다는 것이다.

대부분의 과학계는 이를 터무니없는 비과학적 주장이라고 평가한다. 하지만 롬멜 박사는 이런 평가에 오히려 반박한다. 근사체험은 뇌의 활동 없이 의식이 독립적으로 작용한다는 사실을 보여주며, 따라서 의식은 시간과 공간을 넘어 존재한다는 것이다. 이는 인간의 의식에 관한 종래의 논의로 받아들이기 어려운 난해한 주장이다.

롬멜 박사는 "내 몸은 나 없이 살 수 없다. 그러나 나의 의식은 몸 없이도 살 수 있다"고 주장한다. 하지만 이 지점에서 과연 몸이 없는 나의 의식은 '나'인지를 되물을 수밖에 없다.

20세기의 근사체험 이론은 사후세계에 대한 다소 비종교적·과학적·경험적 해명이라는 성격을 갖는다. 근사체험 경험자들의 진술에서 육체를 가진 인간의 성, 행위와 도덕적 평가, 인지 능력에 대한 가치판단이나 관심은 찾아볼 수 없다. 하지만 이를 통해 우리는 죽음이 공포스럽고 무서운 것이 아니라 오히려 죽음 너머에는 매우 따스하고 밝고 긍정적인 세계가 기다린다는 정보를 제공받는다.

그럼에도 종래의 뇌과학에 근거해 이러한 주장을 이해하기는 매우 어렵다. 죽음을 뇌 활동의 전적인 정지라고 이해해온 과학적 관점으로는 죽음 이후에 의식이 존재한다는 주장은 쉽게 납득하기 어렵기 때문이다.

일면 우리는 이런 의문을 가지게 된다.

'과연 몸의 죽음을 넘어 영원한 환희의 생명세계가 존재할까? 그것이 기독교에서 영생이라고 부르고 불교에서 열반의 세계라고 본 것과 같은 것일까?' 또 다른 의문도 생긴다. 근사체험을 주장하는 이의 경험을 엄밀히 말해 '죽었던 자'의 경험이 아니라, '죽음 가까이 다가갔다가 삶으로 되돌아온 자'의 경험이라는 의미에서 본다면 이들이 주장하는 내용은 죽음 그 자체가 아니라 죽음 가까이 다녀온 사람의 뇌에 남아 있는 기억과 경험이 아닐까?

이 문제를 명료하게 평가하는 신학적 답변이나 정신의학적 답변은 아직 나오지 않았다. 하지만 신학적 관점에서 보면 죽음 이전의 육체를 가진 자기와 육체에서 벗어난 자기로 경험의 주체가 나뉘어 존재한다는 '이중적 자기의식 이론'은 매우 낯설 뿐만 아니라 합리적 사유를 따르는 입장에서는 납득하기가 어렵다. 뇌과학의 관점에서 보면 의식의 자리를 탈육체적 위치, 뇌에서 벗어난 비특정 위치로 상정한다는 것 또한 난해한 문제다.

죽음의 순간 우리 몸에서 일어나는 모든 현상을 다 해명할 수는 없지만 누랜드의 설명은 우리에게 매우 중요한 이해를 제시한다. 누랜드는《사람은 어떻게 죽음을 맞이하는가》에서 괴한에게 온몸을 난자당한 어린이가 죽음의 순간에 전혀 고통을 느끼지 않고 평온한 모습을 보였다는 이야기를 전한다.

살인마가 캐티로부터 떨어져나가자마자 조안은 앞으로 달려가 딸아이를 두 팔로 끌어안았다. 등판을 부드럽게 손바

닥으로 받친 채 조안은 찢겨진 딸의 얼굴을 내려다보며 요람 속의 갓난아이를 어르듯 '캐티, 캐티'라고 속삭였다. 아이의 얼굴과 머리는 피로 범벅이 되었고, 옷도 피에 흠뻑 젖어 있었으나 눈빛만큼은 유난히도 맑았다.

온몸을 난자당한 아이의 얼굴에서 어떤 연유로 평온하고 맑은 눈빛을 볼 수 있었을까? 누랜드의 설명에 따르면 살인마가 어린아이의 온몸을 난자하던 그 위기의 순간에 모든 고통을 해소하고도 남을 만큼 엔도르핀endorphine이 분비되었기 때문이라고 했다. 온몸에 자상刺傷을 입어 극심한 고통을 겪어야 할 순간 그 어린이가 평온을 유지할 수 있었던 이유다.

그런데 근사체험을 산소 결핍의 순간 일어나는 경험이나 엔도르핀의 효과라고 생각할 수는 있겠으나 그것으로 충분한 해명이 된다고 보기 어렵다. 한 가지 분명한 것은 근사체험은 '죽음 체험'이 아니라는 점이다. 죽음에서 다시 건너온 사람은 없다. 근사체험 이론의 한계는 그 경험이 죽음 가까이 다가갔다가 다시 돌아온 경험일 뿐이라는 데 있다. 따라서 그 경험만으로 죽음 이후를 확실하게 설명하려 한다면 충분한 근거의 부족이라는 비판을 받을 수밖에 없다.

한스 큉은 근사체험 이론으로 죽음 이후를 설명하려는 시도는 체험에 대한 현대인의 과도한 믿음의 결과라고 평했다.[24]

이 같은 견해를 종합해보면 사후에 관한 우리의 관심은 종교 안에서도, 밖에서도 쉽게 해소되지는 못할 듯하다. 죽음 이후에

관해서는 자신이 가진 신앙의 전통적 틀 안에서 바라보거나, 청
동거울을 보듯이 희미하고 어렴풋한 것만을 보고 들을 수 있을
뿐이다.

2부

죽음을 어떻게 준비할 것인가

# 8. 낯선 죽음의 시대, 무엇인가?

늙어서 죽는다는 것은
희귀하고 특이하고 심상치 않은 죽음이며,
다른 죽음보다도 오히려 자연스럽지 않은 것이다.

—몽테뉴, 《수상록》

영국 시인 엘리엇T.S. Eliot은 시집 《황무지》 도입부에 어느 아름다운 무녀舞女에 관해 의미심장한 짧은 이야기를 적어두었다. 그녀는 죽을 수밖에 없는 인간임을 안타까워하면서 그 죽음을 기적적으로 이겨내고 극복하려 했다. 그녀의 소망은 죽음을 서러워하고 슬퍼하는 차원 너머 마침내 죽음을 간절히 소원하기에 이르렀기에 허무와 슬픔을 남긴다.

한번은 쿠마에서
나도 그 무녀가
조롱 속에 매달려 있는 것을 보았지요.
아이들이, "무녀야, 너는 뭘 원하니?"라고 물었을 때
그녀는 대답했지요.

"죽고 싶어."

－엘리엇,《황무지》


이탈리아 쿠마 출신 무녀 시빌은 눈부시게 아름다웠다. 아폴로 신은 그녀의 현란한 춤 솜씨에 경탄했다. 시빌의 빼어난 미모와 멋진 춤에 반한 아폴로 신은 그녀 덕분에 기쁨을 맛보았으니 무엇이든 그녀가 원하는 소원을 들어주겠다고 약속했다. 시빌은 한 치 망설임도 없이 허리를 굽혀 땅에서 흙먼지 한 움큼을 집어 들더니 공중에 흩뿌리면서 말했다.

"이 먼지의 수만큼 많은 삶을 제게 주세요!"

아폴로 신은 약속대로 그녀의 소원을 들어주었다. 시빌은 먼지만큼이나 무한히 반복되는, 죽음이 없는 긴 세월을 살 수 있게 되었다. 하지만 시간의 신 크로노스는 시간 속에 태어난 것들을 모두 삼켰다. 그녀가 사랑하던 이도, 벗도, 이웃도 모두 죽었다. 시빌의 생명만은 멈추지 않고 계속 이어졌다. 어느 순간 시빌은 자신이 얼마나 어리석었는지 깨달았다. 영원한 생명에 버금가는 변치 않는 젊음과 미모를 함께 가지고 있어야 한다는 것을 미처 생각하지 못했던 것이다.

죽음을 넘어 영원한 삶을 구했던 그녀는 영원한 생명을 얻었지만 젊음과 아름다움까지 함께 누릴 수는 없었다. 몇백 년이 지나는 동안 젊음과 아름다움은 덧없이 사라지고, 머리털은 죄다 빠졌으며, 육신은 한없이 쪼그라들어 말라갔다. 그녀의 육체는 노화에 노화를 거듭했고, 그녀는 조그만 조롱에 매달려 지루하고 의미 없는 하루하루를 근근이 살아냈다. 그때 지나가던 동네 아이들이 새장을 들여다보며 물었다.

"무녀야, 너는 뭘 원하니?"

그녀는 자신의 유일한 소원을 말할 수 있을 뿐이었다.

"죽고 싶어."

《황무지》라는 긴 시의 첫머리에 엘리엇이 이 그리스신화 속 이야기를 넣은 까닭은 무엇일까? 시빌의 모습에서 시인은 황량한 현대인의 운명을 보았던 것일까? 죽음의 위협을 이겨보려 했던 한 여인의 소망은 지루하고 의미 없는 생명의 연장으로 이어졌다. 그녀는 소원대로 영원히 죽지 않는 생명을 얻었지만 시간의 흐름 속에서 늙디 늙어 초라하게 쪼그라든 몸으로 구차하게 연명했다. 그녀는 스스로를 향한 연민 속에서 자신의 젊은 날에 가졌던 소원과는 정반대인 또 하나의 소원, 즉 '죽음'을 간절히 바랐다.

이 시대 사람들은 이전 사람들이 겪던 죽음과는 매우 다른 낯선 죽음을 겪는다. 프랑스 중세사학자 필리프 아리에스Philippe Ariés 는 《죽음의 역사Essais Sur l'Histoire De La Mort En Occident Du Moyen Age A Nos Jours》에서 서양에서는 산 자들이 죽음을 두려워하고 거부하기보다는 죽음에 순응하는 '길들여진 죽음tamed death'의 문화를 1000년 동안 가지고 있었다고 했다. 그러다가 18세기를 지나면서 서서히 죽음을 금기시하고 죽음에 대한 공포를 야기하는 문화로 대치되었다고 보았다.

익숙하게 길들여진 죽음에서 두렵고 금기시되는 죽음으로

이해의 축이 바뀌게 된 이유는 무엇인가? 우리는 애써 죽음을 감추려 하고 거부하는 사회문화적 특성에서 그 요인을 발견할 수 있다. 처참한 전쟁으로 점철된 19세기에는 전쟁터에서 발생한 집단 죽음을 일반의 시선에서 감추어야 했기 때문이다. 의료과학 기술의 발전은 죽음을 끝까지 거부하고 싸워야 할 대상으로 간주함으로써 죽음에서 일반의 시선을 돌리게 만들기도 했다. 우리 사회에서도 과거 선조들이 겪었던 죽음은 일상적 삶과 그리 멀리 떨어져 있지 않았다. 하지만 현대를 사는 우리는 '익숙한 죽음의 문화'에서 벗어나 죽음이 다소 일상에서 추방되고 가려진 문화를 경험하고 있는 것이다.

현대인은 오랜 노화 과정을 거쳐 고령에 이르러서야 죽음을 맞는다. 이것이 현대인의 죽음에서 매우 현저하게 나타나는 특징이다. 한 세기 전 사람에 비해 수명이 거의 배나 길어진 현대인은 한없이 죽음을 유예하다가 각종 질병에 시달린 뒤에야 사망하기 때문이다. 나는 이런 죽음의 문화는 인류사적으로 볼 때 매우 '낯선 것'이라고 생각한다. 이제 우리는 익숙한 죽음도 아니고, 금기시된 죽음도 아닌 '오랜 죽어감'의 시간 속에서 죽음을 맞게 되었다. 그리고 이 낯선 죽음의 문화 속에서 우리는 그 어느 시대에도 생각지 못했던 새로운 죽음의 윤리를 숙고해야만 하는 처지가 되었다.

예전의 사람들에 비하면 고령사회에서 살아가는 사람은 죽음에 익숙하지 않다. 그들은 가능한 한 죽음을 피하거나, 훗날로 미루고 유예하는 것을 당연시한다. 의사의 관점에서 보면 죽음이란 환자의 죽음이 확인될 때까지 자신의 모든 전문지식을 동원해서 싸워야 할 대상이다. 의사의 역할은 수단과 방법을 가리지 않고 환자에게 다가오는 죽음을 유예하고 막아내는 데 있다. 실제로 현대의학은 어느 정도 그러한 역할을 수행해왔고 덕분에 현대인들의 수명이 그 어느 시대보다 늘어난 것도 사실이다.

하지만 여기에는 명암이 있다. 인간은 그 어느 때보다 긴 수명을 누리게 된 대신 과거보다 더 긴 '죽어감의 시간'을 맞아야 한다. 2017년 대한민국 전체 사망자 44.8%가 80세 이상의 고령 노인이었다. 암, 호흡기질환, 혈관질환으로 인해 회복할 수 없는 상태에서 오랫동안 견디다가 사망한 사람들이 있는가 하면, 치매에 걸려 자식이나 가족을 알아보지 못하고, 대소변도 가리지 못한 채 연명하다가 사망하는 사람들도 있다. 이렇듯 현대인들은 과거와는 매우 다른 정황에서 죽음을 맞게 되었다. 이런 점들을 생각해볼 때 우리는 수명 연장이 그저 반가운 일일 수만은 없다는 사실을 깨닫는다. 삶의 마지막 단계에서 인간은 과거의 경험으로 대처하기 어려운 매우 낯선 죽음의 과정과 직면해야 할 입장에 처한 것이다.

이처럼 새로운 정황은 우리가 의사의 역할에 대해, 인간의 자유와 존엄성에 대해, 그리고 죽음에 대해 조금은 세심하게, 그리고 매우 근본적으로 '새로운 이해'를 가질 것을 요구한다. 인류사회가 이전에 경험해온 것만으로는 적절한 대처 방안을 제시하기 어렵기 때문이다. 죽음을 있는 그대로 이해하고 받아들이던 과거의 규범은 낡고 진부해서 다분히 그 적절성을 상실했으므로 이제 고령사회의 현실에 적절한 새로운 윤리규범을 찾고, 사회제도의 변화를 모색해야만 한다. 이러한 과제는 일종의 '죽음윤리의 갱신' 혹은 수정을 의미하는 것이다.

16~18세기 서양사회의 자살을 연구한 프랑스 역사학자 조르주 미누아Georges Minois는《자살의 역사Histoire du Suicide》를 매듭지으며 이 시대의 새로운 과제는 '죽음윤리' 구상이라고 다음과 같이 넌지시 언급했다.

> 도덕적 지도자들은 여전히 극심한 불치의 고통조차도 의미를 지닐 수 있다고 주장하고 정치적 지도자들은 탈선을 우려한다. 이런 이유로 많은 이들이 참기 어려운 고통으로 인간다움을 잃어버리고 어쩔 수 없이 살아가야만 한다. 가치의 변화가 어렵사리 진행되고 있는 오늘날 생명윤리에만 모든 토론을 집중할 것이 아니라 죽음윤리thanato-éthique도 고려해야 하지 않을까?

시대의 변화와 죽음에 대한 이해의 변화가 미누아의 이 짧은 글에 축약되어 있다. 전쟁과 영양실조와 질병으로 인해 이른 나이에 죽어가는 사람들에게 극심한 고통 속에서도 의미를 찾으라고 요구하는 것이 과거의 윤리였다. 당시의 지배계층이 고안해낸 사회규범은 과거의 복종과 질서에서 이탈해 자살한 이들을 정신병자로 규정하거나 자살자의 사체를 모독하며 엄한 징벌을 가하는 것이었다. 자발적 죽음, 곧 자살은 일종의 질병처럼 사회 자원의 감소를 불러오는 정신질환으로 간주되었다. 스스로 죽음을 불러들일 정도였던 환자의 극심한 고통은 그들에겐 주된 관심사가 아니었다. 중요한 것은 사회 전체의 안녕과 질서였다.

이런 환경에서 형성된 도덕규범은 세부적 정황이야 어떻든 살아 있는 생명에게만 무조건적 가치를 부여했다. 죽음에 대해 충분히 고려하거나 죽어가는 환자의 고통을 진지하게 담아내지 못한 건 물론이다. 죽어가는 이가 겪는 극심한 고통의 문제에는 어느 누구도 관심을 가지지 않았고 아무리 고통스럽더라도 죽을 때까지 참고 견디는 것을 당연시했다.

종교에서는 그러한 고통 역시 신의 뜻에 따른 것이므로 의미가 있다고 가르쳤다. 그 결과 개인의 고통은 비정할 정도로 간과되었고 철저하게 외면당했다. 신의 뜻이라는 종교의 가르침에 어느 누구도 단서를 달거나 이의를 제기할 수 없었기 때문이다.

오늘날은 과거와 달리 종교의 권위가 상당히 붕괴했고, 종교적 해석에 이견을 제시해도 징벌이나 처형의 대상이 되지 않는다. 지배자 중심의 사회규범은 이미 붕괴한 지 오래며 그것이 사라진 자리를 개인의 권리와 가치에 대한 신념을 담은 민주주의 규범이 대체했다. 신화적 세계관으로 신의 뜻을 대변하고 인간의 삶과 죽음을 해석하던 과거의 종교가 상당 부분 독점적 권위와 의미를 잃게 된 것이다.

과거의 체제 속에서 형성된 생명윤리는 근본적으로 지배자의 시각을 담고 있으며, 무책임한 도덕적 권고라는 미누아의 우려에서 크게 벗어나지 못한다. 새로운 시대정신을 담아내려면 과거의 도덕규범과 사회규범은 갱신되어야 한다. 그리고 그러한 요구는 이미 오래전부터 정치윤리와 사회윤리 영역에서 발생한 크고 작은 변화를 통해 수용되어왔고 점진적으로 현실화되는 추세다.

지금까지 살펴본 것처럼 과거의 죽음 이해의 지평으로는 우리 시대에 일어나는 현대인의 죽음을 제대로 파악하거나 이해할 수가 없고, 결과적으로 이에 적절하게 대처할 수도 없다. 오래 살고, 오래 죽어가는 것이 과거에는 그리 흔하지 않았기 때문이다. 그러므로 이에 대해 몇 가지 측면에서 좀 더 구체적으로 살펴볼 필요가 있다.


## 이전과 다른 세상

근대 생명과학 기술의 혜택으로 수명 연장과 죽음의 유예를 이루어낸 우리 인간은 이제 죽음조차 어느 정도 상대화하는 문화를 경험하게 되었다. 수명이 짧았던 시대에는 죽음을 숙명으로 받아들였으나 오늘날에는 건강관리만 잘하면 다양한 방법으로 수명을 늘리는 것이 가능하다고 생각한다.

과거에는 유아의 죽음이나 병원균 감염으로 인한 이른 죽음이 흔했고 죽어가는 과정 자체가 무척 짧았다. 따라서 '죽음' 자체에 초점을 두고 죽음을 이해하려 했으며, 죽음의 의미와 죽음

이후에 깊은 관심을 가졌다. 죽음을 신의 섭리에 따른 운명적 징벌, 사후세계를 향한 새로운 여정의 출발점, 혹은 단지 하나의 자연적인 과정으로 해석하곤 했던 것이다. 이런 문화 속에서 사람들은 죽음을 거부하거나 죽음에 저항하는 것 자체가 불가능하다고 여겼다.

지난 세기에만 해도 65세 이상 생존하는 사람은 전체 인구의 13%도 채 되지 않았다. 환갑 때까지 사는 사람도 드물어 60세를 넘기면 잔치를 열어 축하하기도 했다. 그러나 오늘날에는 80% 이상의 사람들이 65세 이상까지 생존한다. 대한민국 행정안전부 자료에 따르면 2007년 이전만 해도 100세 이상 노인의 수가 2179명이었으나 2017년 7월 현재 1만 7468명으로 무려 8배나 증가한 것으로 나타났다. 우리보다 먼저 고령사회에 접어든 일본의 경우 100세 이상 노인의 수가 지난 2018년 9월 1일 기준 6만 9785명에 이른다. 이렇듯 수명이 길어진 시대를 맞아 '죽음' 자체보다 '죽어감'에 대한 면밀한 관찰과 이해가 반드시 필요하게 되었다.

이런 변화를 불러온 것은 현대의 의료과학 기술이다. 현대의학은 그 뛰어난 능력으로 삶과 죽음의 경계를 인위적으로 조정할 가능성의 문을 열었다. 일단 인간 수명이 과거보다 2배나 연장된 사실이 이를 입증한다. 삶의 마지막 단계에서도 현대의학은 어느 정도 환자의 생명을 유지하고 연장하는 능력을 행사한다.

심지어 환자가 음식을 삼키지 못해도, 코로 숨을 쉬지 못해도 인위적으로 수분, 영양, 산소를 공급하고, 혈액순환을 도와 환자가 상당 기간 신체적 생존을 유지하도록 한다.

과거의 관점에서 생명에 대한 관리는 신의 주권 영역이기에 인간이 넘나볼 수 없는 것으로 여겼지만, 오늘날의 의료는 다양한 인위적 개입으로 신의 생명 주권이라는 영역까지 드나드는 셈이다. 이처럼 "생명은 신의 것이므로 사람이 손을 대어서는 안 된다"는 신의 생명 주권론은 다소 부정되고 있다.

현대인들은 의료적 개입에 그다지 문제 제기를 하지 않는다. 우리의 도덕적 전통이 '인간 생명을 단축시키는 행위'는 신의 생명 주권을 침해하는 것이라는 단호한 판단으로 비판한 반면 '인간 생명을 연장하는 행위'는 의심하지 말고 관대하게 수용하라고 가르쳤기 때문이다.

그리하여 죽음에 저항하거나 죽음을 거부하는 행위, 혹은 죽음을 수용하는 행위의 도덕적 정당성에 관한 논의가 매우 낯설게 그리고 새롭게 제기되었다. 특정한 경우 환자는 치료 행위를 거부하거나, 연명치료 중단을 요구하거나, 고통을 가라앉히기 위해 치사량에 이르는 진통제를 처방받을 수도 있다. 그런데 이 모든 행위는 과거에 맹신했던 신의 생명 주권이라는 범주에서 벗어나 인위적으로 환자의 죽음을 앞당기는 인간의 의료적 개입이라는 성격을 띤다. 그리하여 생명을 연장하고 단축시키는 여러 행위에 대해 윤리적·법적 정당성 여부를 다투는 논의들이 일어나고 있다.

이러한 논의에서는 긴 죽어감의 시간 속에서 환자의 인간다운 존엄성을 지키려는 다양한 요구가 과연 도덕적으로 어떻게 수용될 수 있는지에 초점을 맞춘다. 죽음과의 싸움이라는 지대한 업적을 남긴 과학기술 앞에서 우리는 인간다움의 존엄한 가치와 자유를 위해 어느 선까지 의료과학 기술의 개입을 수용하고 거부할지 다투게 되었다. 결국 과거의 생명윤리가 제시하던 죽음 이해로 이러한 '죽음의 윤리' 문제들을 다룰 때 한계에 봉착하므로 과거의 생명윤리에 내포된 부적절성 문제를 지적하게 되었다.

이로써 더욱 다양하고 새로운 문제가 제기된다. 의료적 처치 능력의 적용이 생명 연장을 위한 것인가, 아니면 고통이나 죽어감의 연장을 불러오는 것인가 등이다. 혹은 의사의 소명을 〈히포크라테스 선서Hippocratic Oath〉의 내용대로 생명을 살리는 것으로 보아야 하는가, 아니면 과도한 의료 개입은 중단하고 환자가 요구하면 죽음을 도와야 하는가 등이다. 과연 죽음의 자리에서 인간의 존엄성을 지키고, 자유와 행복권을 보장한다는 것은 어떤 의미를 가지는가, 그 윤리적 판단은 어떤 내용이 되어야 하는가 등의 문제도 제기된다. 여기에 더해 무엇이 '자연스러운', '좋은 죽음'인지 사람들은 거듭 의문을 제기한다.

몽테뉴는 죽음이란 대부분 예측할 수 없는 순간 기습적으로 다가온다고 생각했다. 그는 여섯 자식 가운데 다섯 명이 이른 나이에 사망하는 고통을 겪었다. 그의 절친한 친구 법률가 에티엔 드 라 보에티Étienne de La Boétie도 젊은 날 페스트로 사망했다. 아버지와 사랑하는 동생을 같은 해에 잃기도 했다. 그가 살던 시대에는 질병과 전쟁 때문에 서른다섯 살 이후까지 산 사람보다 일찍 죽는 사람이 더 많았다. 당시는 사람이 늙어서 노화로 죽는다는 것 자체가 매우 드문 시대였다.

그래서였을까. 그는 서른일곱 살이란 나이에 스스로 대법관 직에서 물러나 은퇴한 삶을 보내려 했다. 그 후 본의 아니게 보르도 지방 시장으로 선출되어 잠시 일하기도 했지만 앙리 4세가 고위직을 맡아달라고 요청했을 때는 일언지하에 거절했다. 삶이 얼마 남지 않았다고 생각한 그는 남은 생애 동안 평정한 상태로 살기를 원했다.

몽테뉴는 사람들이 대부분 전쟁과 질병으로 사망하던 시대에 살았고 고령 노인의 죽음을 매우 진기하게 여겼다. 그러한 죽음이 오늘날에는 일상의 죽음이 되고 있다. 과거 조기 죽음의 문화에서 길어진 죽음의 시대로 '낯선 죽음의 문화'가 형성된 것이다.

우리 시대의 낯선 죽음의 문화를 형성하는 또 다른 요인이 있다. 과거와 현재의 죽음의 장소를 비교한다면 사뭇 다른 환경임을 알 수 있다. 과거에는 대부분 자신이 살던 익숙한 장소, 곧 집에서 가족이나 친지들에 둘러싸여 죽음을 맞았다. 오늘날엔 위기가 닥치면 즉시 병원에 이송되어 낯선 의료진에 둘러싸인다. 의료진이 갖가지 수단을 동원해 환자의 사투를 대행하며 의료적 후견medical paternalism이 행해지는 동안 환자는 수동적으로 생존을 연장하다가 죽음을 맞는다. 과거에는 자신이 살던 익숙한 곳에서 '자연적 죽음', 즉 익숙한 죽음을 맞았다면 현대인 대다수는 병원이나 요양원에서 '의료화된 죽음medicalized death'을 맞는다. 이는 이전에 볼 수 없었던 낯선 최후다.

이런 익숙지 않은 죽음의 문화에는 우리 스스로를 비인간화하는 힘이 있다. 아무리 사랑하는 가족이라도 독립적 일상생활이 어려워지면 병원이나 요양원으로 추방한다. 물론 여기에는 이유가 있다. 일단은 전문화된 의료적 돌봄이 필요하기 때문이다. 핵가족화로 인해 환자를 지속적으로 돌볼 사람이 없다는 점도 커다란 이유가 된다.

미국을 비롯한 다른 여러 나라처럼 우리나라에서도 이제 스스로 일상을 살아낼 수 없는 삶의 마지막 단계가 오면 의료화된 죽음의 체계에 맡겨진다. 그 낯선 곳에서 죽는 순간까지 남은 날을 보내야 하는 것이다.

의료 전문가들은 개인의 신체 기능에 등급을 매기는 형식적인 분류체계를 가지고 있다. 이 체계에 따르면 여덟 가지 일상 활동을 스스로 해내지 못할 경우 기본적인 신체 독립성이 결여된 것으로 판정한다. 거기에는 화장실 가기, 밥 먹기, 옷 입기, 목욕하기, 머리 손질 등 몸단장하기, 침대에서 일어나기, 의자에서 일어나기, 걷기 등이 포함된다. 또한 일상생활의 여덟 가지 독립 활동, 즉 쇼핑, 가사일, 빨래, 약 복용, 전화 사용, 외출, 재정 관리 등을 혼자 하지 못하면 독립적으로 안전하게 살 능력이 결여된 것으로 판정한다.
－아툴 가완디, 《어떻게 죽을 것인가 Being Mortal》

신체 기능이 상실되면 활성화된 삶의 자리에서 정체된 삶의 자리로 옮겨 간다. 이러한 옮겨짐은 사랑하는 사람들과의 작별이 시작됨을 의미한다. 모리 교수가 브레이크를 밟을 수 없게 되어 더는 운전을 못하게 되었듯이 혼자서 할 수 있는 일이 적어지면 고립되다가 마침내 낯선 자리로 옮겨진다. 죽어가는 이는 사랑하는 이에게 돌봄을 받는 것이 아니라 높은 의료비를 치르고 상업화된 의료진에 둘러싸여 그들의 도움으로 최대한 생명을 연장하다가 죽음을 맞는다.

의료적 생존과 의료화된 죽음은 인간의 자유와 존엄성을 지키는 것인가, 제한하고 박탈하는 것인가? 이 문제는 여기저기서 제기된다. 이는 죽어가는 이의 주체성과 자유를 완전히 박탈당한 채 전문 의료진에게 철저히 생존을 위탁한 채 죽음을 맞는 것이 정당한가에 관한 문제다. 앞서 소개했던 페터 놀 교수 또한 방광암에 걸려 죽어가는 동안 의료화된 죽어감의 과정을 거부했다.

더구나 치매에 걸려 모든 기억을 상실하리란 사실을 인지한 사람이라면 인격을 상실한 채 살아갈 미래를 생각하며 죽음보다 더 끔찍한 정신적 고통을 느낄 수도 있다. 환자가 원하면 의사가 죽음을 도울 권리가 허용되는 네덜란드에서는 의사조력자살을 원하는 치매 환자의 수가 갈수록 증가해 2009년 12명, 2013년 97명, 2014년 81명, 2015년 109명, 2016년 141명으로 늘어났다.[25]

치매에 걸리면 갈수록 악화되는 자기 존재의 증발을 예상하면서 정신과 인격이 지워진 채 살아간다. 이런 처지에서 그저 음식을 공급받는 존재로 생존하기를 희망하거나 동의하는 사람은 없을 것이다. 이들이 스스로 숨을 거둘 때까지 긴 죽음의 시간을 견뎌야 한다면 과연 신의 뜻이라 할 수 있는가? 네덜란드 사람들은 이것이 과연 인도주의적인 행위인지 의문을 제기했던 것이다.

낯선 죽음의 문화를 초래하는 또 하나의 특성은 죽음의 요인과 죽어감의 기간이 과거와는 상당 부분 달라졌다는 것이다. 지난 한 세기 인류사회는 인간 수명을 평균 약 65% 늘리는 업적을 이루어냈다. 질병의 원인에 대한 과학적 분석, 환경위생 변화, 감염 질병을 극복하게 한 항생제 개발, 사회복지 혜택, 심장 혈관 수술법 등이 이에 크게 기여했다. 이런 혜택을 받게 된 현대인이 누리는 사회복지의 질은 수명과 양적·질적인 면을 고려할 때 1910년대에 비해 무려 23.1배나 좋아졌다고 할 수 있다.[26]

대한민국 역시 전체 사망자 비율을 보면 선진국과 유사하게 50대 미만의 사망률이 현저히 낮은 반면 고령 노인의 죽음이 주류를 이룬다. 그런데 65세 이상 노인들의 죽음은 대부분 고통이나 장애를 동반하는 중증 질병, 즉 암·심장질환·순환계질환·치매가 원인이 되며, 네 가지 사망 요인이 차지하는 비율이 전체 사망 요인의 50%를 넘는다. 이런 질환은 대부분 높은 의료비와 매우 긴 처치 과정을 요하는 특성이 있다. 즉 이런 질병에 걸리면 긴 죽음을 겪어야만 한다. 수명이 연장되는 동시에 고령 노인이 죽어가는 시간도 연장된 것이다.

이렇게 길어진 죽음을 뒷받침하려면 개인이나 국가는 막대한 의료비를 지출해야 한다.[27] 2017년 한 해 동안 대한민국에서는 65세 이상 노인 의료비로 약 27조 6000여 억 원이 지출되었다. 이는 2010년의 14조 5000억 원에 비하면 7년 동안 90%가 증가한 액수다. 의료보험 비용 중 65세 이상 노인의 진료비 역시 2010년 총의료비 32.2%에서 2017년 39.9%로 증가했다.

선진국의 사례를 참고할 때 노인 인구 의료비는 향후 막대한 사회적 비용을 치르는 부담으로 다가올 것이 예상된다. 특히 유병 기간이 상대적으로 긴 치매 환자를 돌보기 위해 사회가 치러야 하는 막대한 비용은 꽤나 무거운 짐이 될 것이다. 이렇게 삶의 마지막 단계에 도달한 말기 환자의 연명치료를 위한 가족들의 노고와 사회가 지출하는 의료비의 타당성 여부에 대해 논란이 일고 있는 몇몇 나라도 있다.

죽어감의 시간이 길어진 시대의 죽음은 오래전 몽테뉴가 생각했던 좋은 죽음은 아니다. 그는 좋은 죽음이란 고통이 없는 갑작스러운 죽음이어야 한다고 생각했다. 그런 까닭에 늙어서 죽는 것이 오히려 부자연스럽다고 여겼다. 죽음의 유예와 연기는 결국 죽어가는 시간의 연장이며, 죽음에 대한 두려움과 다르지 않기 때문이다. 하지만 그의 시대와는 달리 우리는 늙어서 죽는 것이 보편화된 시대를 살아간다는 사실을 부정할 수 없다.

죽음이 유예된 시간은 사실 고통이 연장되는 시간이기도 하다. 길어진 죽음의 시간을 맞이하는 이들은 대부분 65세 이상 노인이다. 그들은 건강 악화, 경제적 곤경, 관계의 상실로 인해 가중되는 고통을 겪는다. 기대수명과 건강수명의 편차 사이에는 건강을 잃고, 다양한 장해를 겪으며, 극심한 괴로움으로 죽음의 과정을 견뎌야 하는 삶의 마지막 단계가 자리 잡는다. 이 단계에서 사람들의 가장 큰 염려는 자기 삶을 스스로 영위하는 자율성의 상실(93%), 삶을 즐기는 능력의 상실(88.7%), 인간다운 존엄성의 상실(73.2%) 등이다.

대한민국은 OECD 37개 국가 중 노인 빈곤율이 가장 높은 편이다. 빈곤은 노인들 삶에 더 깊은 고통을 안겨주는 요인이 된다. 2016년 기준 OECD 평균 노인 빈곤율이 12.5%, 덴마크 노인 빈곤율이 겨우 3.2%인 데 비해 우리나라 노인 빈곤율은 45.7%에 이른다. 우리나라 사람들의 수명도 덴마크처럼 연장되었지만 노인들 가운데 약 42%는 3대 중증질환에 시달리고, 약 50%는 빈곤에 시달리다가 죽음을 맞는 것이다. 그중에서도 특히 여성 고령 노인은 더 오래, 더 많이 고통을 겪어야 한다. 남성보다 비교적 오래 사는 여성들은 죽어감의 시간도 그만큼 길다.

낯선 죽음의 문화에는 의료화된 죽음이라는 특성이 있다. 흔히 사람들이 두려워하는 것은 죽음 그 자체나 죽음의 고통뿐 아니라 고도로 기계화된 병원 침대에 누워 감금되다시피 한 상태로 죽음을 기다리는 시간이다. 아무것도 스스로 마시고 먹고, 움직이지도 못하며, 대소변도 가리지 못하는, 더는 희망도 욕망도 가질 수 없는 상태에서 무력하게 죽음을 기다린다는 건 두려운 일이다.

인간의 죽음에 대한 종합 보고서를 펴낸 셔윈 누랜드는 오늘날 죽어가는 이가 겪는 마지막 죽음의 과정에서 환자는 죽음을 애써 부정하고 거부하려는 문화에 둘러싸여 있다고 지적한다. 그는 오늘날의 의료제도에서 의사는 치료의 용이성을 위해 환자를 격리하는 것을 당연시한다고 말한다. 이는 결과적으로 자연스러운 죽음의 과정을 '죽음을 거부하는 공격적이고 저항적'인 과정으로 만든다. 죽어가는 이는 죽음과의 사투를 위해 사랑하는 이들과 떨어져 여러 가지 생명유지장치를 몸에 주렁주렁 달고, 처음 보는 낯선 사람들 속에서 고립된 채 죽어간다.

이때 의료진은 마치 삶의 마지막 단계를 전적으로 관리하겠다는 듯이 주변을 차단하고 환자를 고립시킨다. 하지만 사실상 그들은 죽어가는 환자의 요구에는 아랑곳하지 않고 의료 전문가로서 전문기술을 사용하며 오로지 환자의 생명 '연장'에만 몰두한다. 결국 죽어가는 이의 존재는 의료진의 선한 의지에 전적으로 맡겨지는 것이나 마찬가지다. 그러다가 전문 기술이 한계에 도달하면 대부분 환자를 병실에 버려두고 자리를 뜬다. 마지막 순간 의료진조차 환자를 버려두고 떠나는 것이다.

오늘날 약 80%의 사람들이 삶의 마지막 단계에서 이렇게 사랑하는 이들과 차단된 채 의료진의 도움으로 연명하다가, 그 도움이 한계에 달하는 순간 고립되어 죽는다.

세브란스병원 김 모 할머니처럼 의식을 잃거나 식물인간 상태가 되어도 환자는 전문가들의 영역에서 빠져나올 수가 없다. 심지어 법이 가로막고, 병원에서도 놓아주지 않는다. 생명유지장치를 제거하면 죽는다는 의료적 예측 때문에 법은 맹목적으로 죽음의 순간까지 죽어가는 생명을 병원에 가두라고 요구한다.

필리프 아리에스도 이런 현실을 일러 "가려진 죽음 혹은 보이지 않는 죽음invisible death"이라고 규정했다. 죽음이 추하고 더럽고 기이하다는 생각 때문에 사람들은 죽어가는 이를 스스로와 격리한다. 전문가인 낯선 의료진 손에 죽어가는 이를 넘겼다가 결국에는 버려지게 만든다. 병원 치료로 회복되어 퇴원하기 위해서가 아니라 그곳이 환자가 죽음을 맞는 '숨은 장소'이기에 병원으로 환자를 이송한다. 다시 말해 죽음 처치를 위해 환자를 병원으로 이송하는 것이다.

2014년 건강보험정책연구원이 조사한 바에 따르면 환자 57.2%가 죽음을 원하는 장소를 자택으로 골랐지만 그들의 뜻은 대부분 무시되었다.

병원에서 임종을 맞을 경우 낯설긴 해도 의료진의 전문적 돌봄을 받을 수 있다는 장점이 있다. 하지만 임종을 지체하는 불필요한 검사와 처치로 불편한 죽음을 맞는 경우도 적지 않다. 그리고 이 마지막 단계에서는 대부분 중환자실에서 연명치료가 이루어진다. 이처럼 고가의 비용이 드는 의료적 처치는 과연 환자의 생명 연장을 위한 것인지, 고통 연장을 의미하는지 자문하지 않을 수 없다.

쿠메의 무녀 시빌처럼, 사람들은 구차한 생존보다 자유와 존엄성을 지키며 인간의 마지막 권리를 행사할 수 있기를 원한다. 한없이 길어진 죽어감의 시간 속에서 자신의 죽음이 이른바 '좋은 죽음', '고통 없는 편안한 죽음', '존엄한 죽음'이 되기를 원한다. 여기서 한 걸음 더 나아가 과거에는 아무도 감히 주장하지 못했던 것을 요구하는 이도 있다. 즉 막연하게 좋은 죽음이 아니라 존엄하게 죽을 권리를 보장해달라는 요구다. 여기서 우리는 '누가', '왜', '어떻게' 존엄한 죽음을 요구하는지 진지하고 세밀하게 살펴볼 필요가 있다.

어쩌면 '존엄하게 죽을 권리'는 생명만이 아니라 죽음까지 다루는 윤리학이 이 시대 사람들을 위해 해결해야 할 중차대한 과제일지도 모른다. 생명윤리는 '살아가는 것'만이 아니라 생의 마지막, 즉 '죽음과 죽어감'도 과제로 다룰 수 있어야 한다.

유네스코UNESCO는 이러한 문제 제기를 인식하고 2005년 〈유네스코 생명윤리와 인권에 관한 보편선언Universal Declaration on Bioethics and Human Rights〉에서 인간의 권리와 자율성에 대해 다음과 같이 선언했다.

> 인간 존엄, 인권 및 기본적 자유를
> 전적으로 존중하며
> 개인의 이익과 복지가
> 과학이나 사회의 독점적 이익에 앞서 우선권을 갖는다.
>    (…)
> 자신의 결정에 책임을 지고
> 다른 이들의 책임을 존중하는 한,
> 결정을 내리는 이의 자율성은 존중되어야 한다.

# 9. 고통이 없는 죽음은 가능한가?

"고통에서 해방되고자 하는 사람이 죽을 수 있도록
도와주는 것보다 그 고통에서 해방되고자 하는 권리를 금지하는 게
더 잔인한 행위 아닌가요?"

―라몬 삼페드로Ramón Sampedro, 《죽음은 내게 주어진 마지막 자유였다
Carta Desde el Infierno》

2015년 5월 25일《데일리 메일 뉴스Daily Mail News》에는 몇 장
의 사진과 함께 다음과 같은 기사가 실렸다.

영국 맨체스터에 살던 영국인 제프리 스펙터Jeffry Spector는 아
내와 세 자녀를 둔 가장이었다. 그의 척추에는 2008년부터 종
양이 자라고 있었고 그는 언제든 종양이 그의 전신을 마비시
킬지 모르는 위협 속에 살았다. 종양은 그의 척추신경을 감싸
며 자라고 있었기에 수술이 불가능했고, 회복 가능성도 없었
다. 의사는 '그 순간'이 오면 제프리의 목부터 하지 전체가 마
비될 거라고 했다. 제프리는 하루하루 자신의 몸을 제어하기
가 점점 어려워지는 걸 느꼈다. 마치 몸에 시한폭탄을 장착하
고 살아가는 듯한 고통이었다.

영국에서는 의사의 도움을 받아 죽음을 앞당기는 의사조력 자살이 허용되지 않는다. 따라서 누군가의 자살을 돕는 행위는 범죄 행위로 규정되고 법의 심판을 받는다. 이런 법적 제한 때문에 제프리는 자신이 요구하면 합법적 도움을 받을 수 있는 스위스 조력자살 비영리 단체인 디그니타스Dignitas에 회원으로 등록했다. 때가 되면 스위스에 가서 편안한 죽음을 받아들일 생각이었기 때문이다. 온몸이 마비된 채 아무것도 하지 못해 가족들이 곤경에 처하기 전에 스스로 결단을 내려야 한다고 판단했다. 그것이 아내와 세 딸을 위한 일이라 생각했기 때문이다.

아내와 딸은 분명한 반대 의사를 밝혔지만 제프리의 뜻을 꺾지는 못했다. 그들은 온몸이 마비되기 전 스위스에 가서 의사의 도움으로 죽음을 앞당기겠다는 제프리의 결정을 존중했다. 마침내 제프리는 그 결심을 실행에 옮겼다. 그와 함께 스위스까지 동행한 친구 몇 명과 아내 그리고 두 딸과 함께 그는 최후의 만찬을 나누고 마지막 사진을 찍었다. 그러고는 의사의 도움을 받아 삶을 마쳤다. 슬픔에 휩싸인 아내와 세 딸은 "가족으로서 우리는 제프리의 결정을 100% 지지한다"고 했다.

제프리는 죽음을 앞둔 마지막 순간에 말했다.

"늦기 전에 죽음을 선택하는 것이 가장 고통과 위험이 적은 길이라고 판단했습니다. 내 가족과 친구들은 내 결정에 동의하지 않았고, 만류하며 반대했습니다. 하지만 나는 이 방법이 나와 그들을 위한 최선의 선택이라고 생각했습니다. 그리고 그들은 나를 이해해주었죠."

죽음을 어떻게 준비할 것인가

제프리의 선택에 대해 어떻게 판단해야 할까? 스위스에서는 이타적 동기로 누군가의 자살을 돕는 행위가 불법이 아니다. 스위스를 비롯한 몇몇 나라에서는 견딜 수 없는 고통에 직면한 사람은 스스로 죽음을 앞당기기 위해 합법적 절차를 거쳐 의사조력자살을 선택할 수 있다. 현재 미국 7개 주와 워싱턴D.C. 그리고 전 세계 약 7개국에서 고통스러운 죽어감의 과정을 앞둔 이가 앞당겨 생명을 종식할 권리를 보장한다.

극심한 고통을 겪으며 죽어가는 이를 지켜보며 사람들은 어떻게 그를 도울 수 있는지 묻는다. 이들의 태도는 두 가지로 나뉜다. 그중 하나는 안타까워하며 그저 마음을 나누는 것이다. 함께 눈물을 흘리고 부둥켜안기도 하지만 그 이상 어쩔 수가 없다. 다른 하나는 고통받는 이의 요구를 들어주는 것이다. 이들은 고통에서 벗어나고자 죽음을 앞당기게 해달라는 요구를 이해하고 환자가 편안하게 죽을 수 있도록 돕는다. 그러나 후자의 경우 현재 소수의 사회에서만 가능할 뿐 일반적으로는 불법이라서 실행에 옮기기가 어렵다.

오늘날 낯선 죽음의 시대는 '견딜 수 없는 고통'에 시달리는 사람을 도울 수 있는 방법에 관해 더욱 명료한 태도를 가지라고 요구한다. 2018년 말 현재 전 세계에서 약 20개에 달하는 국가나 사회가 이른바 '존엄사 법안'을 제정했다. 삶의 마지막 단계에서 극심한 고난을 겪으며 죽어가는 이가 간절히 원할 경우 그의 요구에 따라 적극적으로 죽음을 앞당기는 방안을 법적으로 인정하는 것이다. 이처럼 과거에는 상상도 못했던 새롭고 낯선 죽음의 문화와 윤리의식이 형성되고 있다.


## 특별한 고통

오늘날 죽어감의 과정에서 고통의 문제는 과거에 경험한 적이 없는 새롭고 낯선 주제가 되고 있다. 고통의 레벨을 측정하는 수치를 1단계에서 10단계까지 분류한다면, 10단계는 현대의학으로는 처치나 완화가 어려운 고통을 의미한다.

말기 환자가 겪는 고통 중에는 의료적 처치로는 억제할 수 없는 고통, 타들어가는 고통이 있다. 이런 고통이 찾아오면 스스로가 혹은 가족들이 아무리 애를 써도 해결책이 없다. 환자가 아무리 비명을 지르고 온몸을 뒹굴며 쉴 틈 없이 괴로워해도 달리 방법이 없는 것이다. 일회성 고통이라면 그나마 견뎌보겠지만 고통이 끝없이 이어지면 차라리 죽기를 소망하게 된다.

이때 의사조력자살이 허용되지 않는 사회에서 할 수 있는 최선의 방법은 완화치료palliative care 정도다. 그러나 이러한 돌봄을 통해서도 극복할 수 없는 고통이 있다는 사실이 우리를 곤혹스럽게 한다. 삶의 마지막 단계에서 사람들은 죽음 그 자체보다 견딜 수 없는, 피할 수 없는 고통이 지속적으로 주어지는 것을 두려워한다.

고통의 전달과 그 조절에 관계하는 감각계를 연구한 바에 따르면 신체적 고통이란 감각신경세포 말단에서 일어나는 현상이다. 크게 통각수용기성 통증nociceptive pain은 조직 손상으로 인해 여러 경로에서 전달되는 지속적 자극을 통해 발생한다. 이런 종류의 고통은 흔히 피부, 연조직, 뼈 손상 같은 신체적 통증과 내장 구조 손상에 따르는 내장통으로 구별된다. 신체적 통각수용기성 통증은 통점을 확인하기 쉽고, 날카롭고, 에이는, 욱신거리는 통증이라고 설명할 수 있다. 반면 내장통은 장소를 가늠하기 어려운 내장 깊은 곳에서 일어나는 장애와 관련이 있으므로 경련을 불러오거나 쥐어뜯는 듯한 통증을 유발한다.[28]

암으로 인한 통증에는 신경계의 손상이나 중추신경계 등을 압박하여 일어나는 신경계 통증nerve pain, 암이 뼈로 전이되어 뼈 조직을 손상시킴으로써 일어나는 뼈 통증bone pain, 몸의 장기나 근육에서 일어나는 연조직 통증soft tissue pain, 신체 일부를 제거했을 때 뇌가 그 제거된 부분을 수용하지 못해서 일어나는 환상 통증phantom pain, 이상이 있는 부위와는 전혀 다른 곳에서 통증을 느끼는 연관통referred pain 등이 있다. 통증의 강도가 매우 극심해서 어떤 방법으로도 약화시킬 수 없는 난치성 통증intractable pain으로 괴로워하는 환자들도 있다.

극심한 통증에 시달리는 환자는 고통 때문에 자지도, 먹지도 못하며, 진통제가 처방될 수 없을 때는 침대나 의자에 묶여 감금되다시피 한다. 이런 상태가 지속되면 우울증이 찾아오고, 정신이 혼미해지며, 판단 능력 저하로 자살 충동을 느끼기도 한다. 그저 고통에서 벗어날 수만 있다면 죽어도 좋다고 생각하는 것이다. 환자의 자살 충동을 유발하는 가장 심각한 요인이 바로 이 제어할 수 없는 극심한 통증이다.

통증 환자는 대부분 혈압이 상승하고 맥박이 빨라진다. 미국 내과의사 포레스트 테넌트Forest Tennant의 연구에 따르면 이런 통증을 불러오는 요인으로는 재생 불가능한 중추신경계 수술 후유증, 수술이 불가능한 중추신경계 질병, 섬유근육통, 혈관성 편두통, 신경장애, 선천적 뼈질환congenital skeleton diseases 등이 있다.[29]

암으로 사랑하는 아내와 딸을 잃고《존엄한 죽음》이라는 책을 쓴 최철주는 '멋진 죽음은 없다'라는 글에서 고통 속에서 죽어가는 중환자들을 목격한 경험에 대해 이렇게 썼다.

> 내가 들어가본 서울의 5대 종합병원 중환자실은 전혀 그게 아니었다. 말기 환자들 가운데 고통과 비명, 분노와 앙탈, 끝없는 혼수상태에 빠져 있는 듯한, 그러나 아주 무생물에 가까운 환자들이 거기 누워 있었다. 마지막 순간에는 가슴을 쥐어짜는 듯 슬픈 모습으로 숨을 거둔다. 죽음의 표정은 가족들 가슴에 깊이 파고든다. 그것은 지울 수 없는 잔상으로 늘 눈앞에 어른거린다. 아픔이 오래도록 남아 유가족이 버텨내는 데 많은 시간이 필요하다.
>
> ―최철주, 〈삶과 죽음 이야기〉[30]

그는 중환자실 간호사에게 '멋진 죽음'이 가능한지 물었다가 비현실적이라는 핀잔을 들었다. 숨을 쉴 힘도 없어서 마지막 숨을 거두고 마는 이에게서 아름다운 죽음을 보겠다는 건 아마도 산 자들의 과도한 기대나 욕심일 것이다.

간호사는 이렇게 대답했다.

세상을 곧 떠나게 된 환자가 가볍게 미소를 흘리며 몇 마디 유언을 남길 틈이 어디 있어요? 온몸이 아프고 탈진이나 혼수 상태에 빠져 있는데 뭐 살짝 웃어요? 유언은 무슨 유언이에요. 말도 안 되는 환상이지요.

지난 2018년 7월에 세상을 떠난 나의 지인은 난소암 판정을 받은 후 두 차례 수술을 받았으나 결국 말기라는 진단을 받았다. 약 4개월 사이에 일어난 일이었다. 진단받은 후 그녀는 제대로 일상생활을 할 수 없을 만큼 고통을 겪었다. 마지막 소망은 자신이 살던 곳에서 남은 삶을 보내는 것이었으나 그마저 불가능했다. 고통을 경감할 방법이 없었기에 그녀는 다시 병원으로 옮겨졌지만 병원에서도 더는 할 수 있는 게 없다고 했다. 암이 장기와 횡격막을 넘어 온몸으로 번져갔기 때문이다. 가족들은 그녀가 세상을 떠날 때까지 고통만이라도 줄일 길을 찾았다.

수소문 끝에 한 호스피스 병동으로 옮겼고 그녀는 진통제와 완화제를 맞으며 근근이 고통을 이겨냈다. 시간이 갈수록 더 강한 진통제가 필요했다. 강력한 진통제를 맞은 후에는 이내 옴짝달싹할 수 없게 되었다. 고통을 견디며 의식을 유지할 것인가, 고통을 겪지 않도록 의식을 잃을 정도로 진통제를 처방할 것인가의 갈림길에서 가족들은 고통이 적은 편을 선택했다. 진통제는 그녀를 반수면 상태로 몰아넣었다. 가족들은 그녀를 바라보며 애처로움과 슬픔, 무력감에 시달렸다.

호스피스 병동으로 옮긴 지 20일째 되던 날 오후 나는 다급한 전화를 받았다. 급히 병실로 달려가니 그녀는 타인의 존재를 인식할 수도 없을 정도로 거의 정신을 잃은 상태였다. 아무 반응도 없이 어렵사리 숨을 쉬었고 숨 쉬는 속도도 점점 느려졌다. 의사가 들어와 손과 발을 살피더니 임종을 준비하라고 했다.

죽음이 가까이 다가왔음을 우리 모두는 알았다. 하지만 그녀를 위해서 아무것도 할 수가 없었다. 우리는 하나님 손에 그녀를 맡기는 심정으로 조용히 찬송을 하며 슬프고 안타까운 마음으로 작별을 준비했다. 그동안 그녀는 숨이 더 느려졌다. 그리고 어느 순간 숨이 멎었다. 죽음이 찾아오고 난 후에야 비로소 그녀의 고통은 끝이 났다.

죽음은 언제 어디서나 찾아온다. 순식간에 들이닥치기도 하고, 오랫동안 천천히 찾아오기도 한다. 고통 없이 찾아올 때도 있고, 극심한 고통과 함께 찾아오기도 한다. 그렇게나 활기 넘치던 나의 지인은 암 판정을 받은 지 7개월 만에 우리 곁을 떠났다.

언젠가 그녀는 남편에게 만일의 경우 회복할 수 없는 처지가 되면 연명치료를 반드시 거부해달라고 부탁해놓았다. 호스피스 병동에 입원할 즈음 그녀는 자신에게 다가오는 죽음을 피할 수 없다는 사실을 받아들이는 듯했다.

그녀는 남편에게 남겨두고 먼저 가서 미안하다고 했다. 곧 따라가겠다는 대답에 홀로 남겨질 외아들이 생각났는지 빨리

죽음을 어떻게 준비할 것인가

오지는 말아달라고 힘겹게 부탁했다.

죽음을 받아들이는 그녀의 모습에서 나는 담담함과 담대함을 보았고, 동시에 깊은 불안을 느꼈다. 죽음을 예고하는 오랜 고통의 시간이 찾아오면 과연 무엇을 어떻게 할 수 있을까?

퀴블러 로스는 죽음을 향한 고통의 시간에는 아무것도 판단하지 말라고 했는데 과연 그녀의 생각이 옳은지 의문이 들었다.


## 생의 마지막을 위한 선택

사랑하는 사람이 죽어갈 때 우리는 비로소 죽음에 관한 정보를 찾는다. 때론 아무 준비가 안 된 상태에서 사랑하는 이를 떠나보내기도 한다. 하물며 자신의 죽음이라면 어떻겠는가. 이때 가장 결정적 정보는 죽음을 앞둔 나에게 남은 '삶의 마지막 선택권'이 무엇인가 하는 것이다.

미국 워싱턴D.C.는 지역민에게 〈워싱턴 존엄사법Washington Death With Dignity Act〉을 소개하면서 '삶의 마지막 선택권end of life options'에 관해 안내한다.[31] 이 안내는 한 인간으로서 고통 없이 존엄하게 죽기를 원하는 사람에게 어떤 선택 가능성이 있는지 알려주려는 데 목적이 있다. 내용을 살펴보면 대부분 말기 환자가 선택할 수 있는 다음과 같은 항목들이 제시된다.

1) 치료 중단

말기 환자에게는 공격적 처치가 도움이 되지 않고 죽음의 과정만 연장하는 경우가 있다. 심지어 고통을 극심하게 만들고 환자의 삶의 질을 급격히 저하시키며, 생명을 단축하기도 한다.

대부분의 사람은 치료 중단을 통해 환자가 평화롭게 사망할 수 있다는 사실을 알지 못한다. 예컨대 신장 기능이 상실된 환자는 투석을 멈추고 평화롭게 죽어갈 수 있다. 그렇다고는 해도 치료 중단이 환자에게 극도의 불편함과 고통을 유발할 수 있으므로 치료를 멈추기 전에 고통 완화 돌봄을 병행하는 것도 고려해야 한다. 또한 말기 환자는 죽어가는 과정을 단축하고 고통을 줄이기 위해 자발적 단식을 선택하기도 한다.

2) 호스피스와 고통 완화 돌봄

호스피스와 고통 완화 돌봄을 혼동하는 사람들이 있다. 죽어가는 사람을 보살피는 '돌봄'이라는 차원에서 둘은 유사한 개념이다. 일단 고통 완화 돌봄의 근본 목적은 삶의 질과 평온함을 지켜주기 위해 불편함, 병의 징후, 심각한 질병으로 인한 스트레스 등을 치유하는 것이다. 우울·고통·숨가쁨·구토·수면장애·불안·투약 부작용 등을 치료하므로 나이나 질병의 단계와 상관없이 누구나 받을 수 있는 돌봄이며 굳이 말기 환자만을 대상으로 하지 않는다.

반면 호스피스는 오직 임종을 앞둔 환자만을 대상으로 삶의 질을 높이려는 고통 완화 돌봄이라는 데 특수성이 있다. 따라서

'죽음을 서두르거나 지체하는' 등의 목적을 갖지 않는다. 호스피스란 살날이 얼마 남지 않은 말기 환자를 위한 돌봄 과정이라는 측면에서 중요한 의미가 있으며, 완치나 회복을 목적으로 치료하는 것이 아니다.

이런 의미에서 볼 때 호스피스란 사실 어떤 장소를 의미한다기보다 돌봄이라는 성격을 띤다. 따라서 요양원에서의 혹은 가정에서의 호스피스 모두 가능하다. 대한민국에는 호스피스 병원이 상대적으로 적다. 따라서 가정 호스피스 제도를 적극 활성화하는 정책을 도입할 필요가 있다.

호스피스 돌봄을 받는 이들은 대부분 생존이 6개월 이내로 남은 말기 환자들이다. 이들은 완치를 위한 치료를 포기한 후 고통을 조절함으로써 환자가 평화로운 죽음을 맞게끔 돕는 호스피스 돌봄의 대상이 된다. 존엄사법이 통과된 사회에서는 환자의 선택에 따라 의사조력자살과 연계된 돌봄을 제공하기도 한다. 하지만 엄밀히 말해 호스피스 돌봄에는 의사조력자살 과정에 개입하지 않는다는 원칙이 있다. 환자가 원할 경우, 그리고 법적으로 허용된 사회에서만 환자를 조력자살 과정에 연계할 수 있다.

3) 자발적 단식

암 등의 질환으로 죽어갈 때 환자는 식욕을 잃고 식사를 못하는 경우가 많다. 죽음을 앞당기려고 단식을 하는 사람도 있다. 음식과 물을 섭취하지 않는 단식을 하면 환자는 며칠 내로 죽거나 간혹 1~3주가 지나서 죽기도 한다. 죽음의 과정이 길어지는 것을 막으려면 물이나 음료를 마시지 않는 것이 좋다. 환자가 목말라하면 젖은 솜으로 입을 축여주는 정도가 적당하다.

일반적으로 단식을 적절하게 수행하면 환자는 가장 인간적이고 평화로운 죽음을 맞는다고 알려져 있다. 워싱턴D.C.에서는 임종을 앞둔 환자와 가족들에게 이 방법을 권한다. 환자의 단식이 시행되면 호스피스나 고통 완화 돌봄과 병행하는 조처가 필요하다.

### 4) 통증 완화 진정제 투여

말기 환자의 고통이 극심할 경우 환자가 요구해서라기보다 의료진이 적절성을 판단해서 진통제를 투약한다. 죽기 며칠 전 혹은 몇 시간 전 환자가 몹시 괴로워할 경우 투약하는데 이로써 환자가 의식을 잃기도 한다. 이 경우 영양 공급이나 수분 공급은 일체 중단하는 것이 원칙이며 환자는 며칠 내로 사망한다. 이 조치는 의사조력자살이 합법화되지 않은 사회에서 환자의 죽음을 앞당기기 위해 할 수 있는 방법이다.

암환자 중에는 암이 뼈와 신경계로 전이되어 간헐적으로 혹은 발작적으로 극심한 고통을 겪는 경우가 있다. 이럴 때 십중팔구 고통 완화제(진통제)를 투약해 고통이 경감되도록 조치한다. 그러나 강력한 진통제도 효과가 없다면 거의 치사량에 이르는 고통 완화제를 투약해야 할 경우도 있다. 이로 인해 환자가 숨을 거둔다면 고통 완화를 위한 투약이 결국에는 환자의 생명을 빼

죽음을 어떻게 준비할 것인가

앗는 것이 된다. 고통 완화라는 동기가 환자의 죽음이라는 결과를 초래한 경우다.

이럴 때 일종의 '이중 효과의 원칙double effect principle'을 적용한다. 즉 의료진의 동기를 기준으로 평가함으로써 죽음을 초래한 투약 행위를 사람을 죽이려는 행위로 판단하지 않는 예외를 인정한다. 이러한 원칙은 결과적으로 의사조력 안락사 논쟁의 시발점이 되었다. 환자의 사망을 초래하는 의료적 조치를 의사의 정당한 윤리적 의료 행위로 볼 수 있느냐는 점 때문이다.

하지만 호스피스나 고통 완화 돌봄 모두 결과적으로는 환자를 사망에 이르게 하는 처치를 피하고자 노력한다. 보수적 관점에서는 과도한 진정제 투약 행위를 일종의 살인 행위와 유사하다고 본다. 이들은 고통 완화 돌봄까지만을 고려한다. 시한부 삶을 살아가는 환자가 삶의 마지막 단계에서 겪는 극심한 신체적 고통 그리고 그에 버금가는 정신적·사회적 고통의 문제까지 해결할 방법을 달리 모색하지는 않는다. 고통 완화 돌봄을 받는다 해도 지옥의 형벌 같은 극심한 고통이 다가올 수 있지만 이는 환자 자신이 끝까지 짊어져야 할 몫이라 여긴다.

이러한 문제까지 고려한 방안이 바로 존엄사법에 의한 의사조력자살이다.


5) 존엄사법에 따른 의사조력자살

이상이 일반적으로 워싱턴 D.C. 시민 중 말기 환자인 사람들이 선택할 수 있는 생의 마지막 선택 과제다.

여기서 한 걸음 더 나아가 워싱턴 D.C.는 〈워싱턴 D.C. 2016
년 존엄사법Washington D.C. Death with Dignity Act of 2016〉(D.C. Law, 21~182)
을 통과시키고 2017년 2월 18일부터 시행에 들어갔다. 이 법의
서두에서 밝힌 존엄사법의 취지는 다음과 같다. 괄호 안은 필자
의 보충 설명이다.

> 인간답고 평화로운 방법으로 죽기를 바라는 적절한 요건
> 을 갖춘 (18세 이상의 D.C. 거주자로서, 그리고 생존 기간이 6개월 미
> 만인 말기 환자로서 삶을 마치기 위한 약을 스스로 투약할 능력을 가진)
> 환자에게 (삶을 마치게 할) 약을 처방하거나 투약하는 일과 관
> 련된 절차와 요건을 제시하기 위하여, 그리고 (존엄사에) 참
> 여할 의사들, 그리고 (존엄사 요건을 확인하기 위해) 협의할 의
> 사들의 의무를 규명하기 위하여, 환자들이나 가족들에게 (존
> 엄사 요건과 환자의 상태를) 고지하는 상담을 제공하기 위하여,
> 충분히 인지된 의사 결정과 대기 기간을 가지도록 하기 위하
> 여, (그리고) 그 결과를 보건청에 보고할 것을 요구하기 위하
> 여……. [32]
> ─〈워싱턴 D.C. 2016년 존엄사법〉

서두의 법 제정 취지에서 워싱턴 D.C. 의회는 존엄사법의 절
차와 과정을 법으로 정하게 된 이유를 밝힌다. 말기 환자들이 '인
간답고 평화롭게' 죽기 원할 때 그들이 존엄하게 죽을 권리를 법
으로 보장하려는 것이다. 이처럼 워싱턴 D.C.에서는 의사의 도

움을 받아 죽을 수 있는 선택권도 생의 마지막 선택 항목으로 보장받을 수 있다. 20세기 이전의 인류사회에서는 찾아볼 수 없었던 매우 이례적 일이다.

우리 시대 죽음의 문화는 이처럼 매우 낯설다. 예전에 비하면 안전한 환경, 질 좋은 영양식, 의료와 복지 혜택을 받아 더 오래 살 수는 있지만 우리는 더 오래 늙어가고, 더 오랜 기간 죽어간다. 보수적인 사람들은 이런 과정에서 제기되는 문제에 과거의 기준에 맞는 규범적 답변을 제시하려 든다. 이미 모든 것이 결정되어 있으니 참고 견뎌야 한다는 주장이다.

평범한 일상을 사는 사람은 자신의 의지대로 자유롭게 활동하며, 노동의 대가를 얻으면서 보람을 느끼고, 가끔은 일상에서 떠나 먼 나라로 휴가를 간다. 사랑하기도, 미워하기도 하면서 무언가를 욕망하거나 스스로를 통제한다. 우리는 이처럼 인간의 얼굴을 하고 살아간다.

그러나 살날이 얼마 남지 않았다는 사실을 인지한 사람에게는 일상적 시간이 주어지지 않는다. 그는 인간으로서의 존엄성에 커다란 상처를 입는다. 늙음과 질병은 일상으로의 복귀를 막는다. 이제 일평생 지키고자 애썼던 삶의 독립성과 주체성, 가치와 의미 그리고 희망을 어디에도 담을 수가 없다. 온몸이 굳어가는 루게릭병에 걸려 죽어가던 모리 교수가 가장 두려워하던 것은 '스스로 뒤처리를 할 수 없게 될 날'이 다가오는 것이었다.

한스 큉은 《슈피겔》과의 인터뷰에서 기억이 모두 사라지기 전에, 그런 두려움이 현실화되기 전에, 즉 삶의 의미를 느끼지 못하는 순간이 오기 전에, 자신이 죽을 시간과 장소를 선택할 수 있어야 한다고 주장했다. 그 역시 스위스 디그니타스에 등록했음을 밝혔다.

말기 환자가 되어 죽음의 경사로에 들어선 이들은 이렇듯 인간으로서의 독립성과 존엄성이 극도로 침해받는 상황을 두려워한다. 질병이 신체에 야기하는 물리적·의학적 고통과 통증뿐 아니라 한 인간으로서 자기 존재의 상실을 두려워하고 고통스러워하는 것이다.

죽음은 결국 홀로 맞아야 하는 것이다. 하지만 누군가의 죽어감의 과정이 너무나 고통스러울 때 우리는 '무엇을', '어떻게' 함으로써 그를 도울 수 있을지 묻는다. 죽어가는 이의 고통을 차단함으로써 의식마저 잃은 상태에서 숨이 멈추기를 기다리는 것이 최선일까? 절절히 고통을 겪다가 자연스럽게 죽도록 해야 할까? 아니면 특단의 조치를 취함으로써 죽어가는 시간의 단축을 돕는 것이 옳을까?

이는 의료적 처지의 문제가 아니라 윤리적·법적 승인이 가능한가의 문제가 된다. 그리고 법적 승인이라는 입법화 과정에 앞서 다양한 윤리적 논쟁이 벌어질 수밖에 없다.

사실 이러한 문제의식은 이미 16세기 몽테뉴도 일찍이 제기했던 바 있다.

이런 군중이 그들을 질식시킨다. 사람이 편하게 죽어가도록 두는 것은 의무에 배반되며, 애정이 부족해서 보살펴주지 않는 증거가 된다는 것이다. 그래서 하나는 죽는 자의 눈을 괴롭히며 또 하나는 귀를 괴롭히고, 다른 자는 혀를 괴롭힌다. 그의 감각이건 사지건 뒤흔들지 않고 두는 것이 없다. 천한 자의 울부짖는 소리를 들으면 가슴이 조이며, 다른 자들이 가면을 쓰고 우는 소리에는 아마도 울화가 터진다. 상냥하고 연약한 마음씨의 인간이라면 더욱 심하다. 이런 때 이런 막다른 경지에서는 그의 심정에 잘 맞춰주며 가려운 데를 긁어주는 부드러운 손이 필요하고, 그렇지 않으면 전혀 긁어주지 말아야 한다. 우리가 세상에 나올 때에 조산부助産婦가 필요하다면, 우리가 세상을 떠날 때에는 조사부助死婦가 필요할 것이다.

　-몽테뉴,《수상록》


　세상에 나올 때도 산모나 아기가 덜 고통스럽도록 돕는 조산부가 필요했듯이 세상을 떠날 때도 편안한 죽음을 맞도록 조사부가 필요하다는 말이다. 고통 속에서 죽어가는 이를 '돕느냐', '버려두느냐'는 긴 죽어감의 시대가 우리에게 던지는 양자택일의 과제다. 과연 어느 쪽이 인간다움을 지키는 길인지 스스로에게 묻지 않을 수 없다. 도와야 하는가? 버려두어야 하는가? 워싱턴D.C.에서처럼 인간답고 평화로운 죽음을 사회가 준비해줄 수는 없을까?
　낯선 죽음의 시대가 우리에게 집요하게 던지는 질문이다.

# 10. 합리적 자살, 왜 허용되어야 하는가?

20세기 들어 의료적 개입과 화학적 치료약이
이전의 인류사회가 경험해보지 못한 생명 연장을 이루어내면서
인류사회는 죽음 이해에 관해 가장 혼란스러운 시기를 겪고 있다.

－스펠먼W. M. Spellman, 《죽음의 역사A Brief History of Death》

《죽음의 역사》를 쓴 스펠먼은 오늘날 현대인은 죽음을 이해하는 데 그 어떤 시대보다 크나큰 혼란을 겪는다고 말한다. 자연스러운 죽음에서 의료화된 죽음으로, 의료화된 죽음에서 존엄한 죽음에 대한 이해로, 존엄한 죽음에서 삶을 마칠 수 있는 권리 논쟁으로 죽음 이해의 축이 계속 바뀌기 때문이다. 이미 몇몇 나라에서는 이러한 논의가 종료되었고, 그 결과 존엄한 죽음에 대한 이해가 사회적 합의 수준에 이르렀을 뿐 아니라 법제화되기도 했다.

사실 인간은 마음먹으면 스스로 목숨을 끊거나 죽음을 앞당기는 일을 도와달라고 요구할 수 있다. 하지만 특별한 예외를 제외하면 지금까지는 이런 행위를 금기시하는 것이 전통이었다. 자살은 해서는 안 될 행위로 보았고, 타인의 죽음을 돕는 것 또한

사회적 범죄라 여기며 금했다. 이런 금기는 오랫동안 인류사회가 지켜온 보편적 생명 경외의 정신을 실천하기 위한 윤리적 원칙이 되어왔다.

생명 존중의 윤리는 〈히포크라테스 선서〉, 고대 바빌로니아의 〈함무라비 법전Code of Hammurabi〉, 우리나라 고조선의 〈팔조법금八條法禁〉에서도 옹호하는 내용이다. 성서도 〈십계명〉 여섯 번째 항목에서 명료하게 "살인하지 말라"를 신의 준엄한 명령으로 규정한다. 그리하여 우리는 생명을 살리는 일은 선한 행위로 규정하는 반면, 생명에 위해를 끼치는 일은 어떤 이유로도 정당화할 수 없는 비윤리적이고 그릇된 행위로 규정한다. 민형사상 징벌을 가해야 할 범죄로 여기는 것이다. 생명에 어떤 해악도 끼쳐서는 안 된다는 '해악 금지의 원칙'은 이렇듯 생명 경외의 윤리를 형성해왔다.

의료과학 기술 영역에서도 이 원칙은 매우 적극적으로 적용되었다. 따라서 모든 의료적 처치와 노력은 죽음을 초래하는 질병에서 생명을 지켜내기 위한 수단과 목적에 초점을 맞춘다. 이러한 원칙 속에서 질병을 예방하고, 죽음을 유예하거나 추방함으로써 인간 생존의 연장을 꾀하는 것을 의료인의 당연한 과제로 여겼다. 하지만 짧은 유예와 추방은 가능할지 몰라도 인간은 결코 죽음에서 벗어나지 못한다. 누구도 이 자명한 진리를 부정할 수 없다. 언젠가는 우리 모두가 죽음을 겪어야 한다는 사실만은 변하지 않는다.

그런데 오늘날 죽음을 수용할 권리뿐 아니라 죽음을 선택할 권리까지 요구하는 사람들이 존재하게 되었다. 과거에는 인간에게 주어지는 죽음을 수동적으로 받아들였다. 하지만 이제 어떤 사람들은 특정한 상황에서는 스스로 죽음을 관리해야 한다고 여긴다. 그들은 평소 몸과 생명에 대해 책임감을 갖고 관리할 권한을 가져왔기에 이제 죽음까지 스스로 결정할 자유와 권리가 있다고 믿는다.

이 권리는 어디서 왔으며 무엇을 위한 것인가? 오래전부터 관습, 전통, 종교에 따라 몸과 생명을 관리하던 방식에서 탈피해, 현대화된 의료 시스템이 죽음을 관리해주던 방식에서 벗어나 스스로 자유와 책임을 가지고 죽음을 관리하겠다는 주장이 과연 정당한 것일까?

죽음을 직접 관리하겠다면서 생명을 단축할 권리가 있다고 주장하는 이유는 죽음보다 더 무서운 것이 있기 때문이다. 바로 무의미하고 견디기 어려운 지속적 고통이며, 희망 없는 절망스러운 고통이 그것이다. 어떤 의학적 수단을 동원해도 치유와 회복이 불가능해서 고통을 겪는 사람이 있다면 그를 어떻게 도울 수 있을까? 몇 개월밖에 못 산다는 시한부 선고를 받은 환자가 바로 나 자신이어서 죽음보다 참기 어려운 고통을 밤낮으로 겪어야 할 때 사랑하는 가족과 지인은 내게 무얼 해줄 수 있을까?

환자의 가족들은 사랑하는 이의 고통을 덜어주겠다고 생각하기 전에 먼저 현실을 '진실하게 이해'해야 한다. 그러기 위해서는 수단과 방법을 찾기에 앞서 현재 벌어지는 상황과 환자의 상태에 대한 적절한 판단, 우리가 가지고 있는 죽음 이해에 대한 진정성 등 많은 것이 요구된다. 독일 본대학교의 신학부 교수 마틴 호네커Martin Honecker는 이같이 과거에는 경험할 수 없었던 새로운 문제가 제기된다면 규범적 원칙을 찾기보다는 상황에 적절한 이해가 선행되어야 한다고 했다. 그는 그것을 사실적합성 Sachgemäßheit[33]이라고 불렀다. 새로운 문제가 야기되는 곳에서는 반드시 전통과 현대의 이성이 충돌한다. 따라서 그러한 문제를 불러온 현실을 현명하게 이해하지 않고서는 타당성이 결여된 우둔한 판단을 내리기 쉽다.

그렇다면 오늘날의 현대인들은 현실을 어떻게 이해하기에 과거와는 달리 자신의 죽음을 관리해야 한다고 생각할까? 아마도 기만과 거짓된 권위에 얽매인 채 마지막 순간을 헛되이 낭비하는 일만은 막으려는 게 아닐까?


## 거짓된 약속과 환상

톨스토이는 소설《이반 일리치의 죽음》에서 죽어가는 이를 더욱 고독하게 하고 괴롭히는 것은 거짓된 희망의 약속과 건성으로 위로하는 태도라고 말했다.

이반 일리치의 가장 큰 고뇌는 거짓말이었다.
단지 아플 뿐 죽음과는 거리가 먼 병,
의사를 믿고 요양만 하면 깨끗이 털고 일어날 수 있다는,

모든 사람들이 그렇게 믿고 있는 거짓말이었다.

그러나 그는 더 크고 고통스러운 분노와 죽음만 남아 있다는 걸 알고 있었다.

그는 그 거짓 때문에 고문을 받듯 고뇌에서 벗어나질 못했다.

모두들 그가 알고 있다는 사실을 인정하는 대신,

진실을 숨긴 채,

그가 알고 있다는 것을 뻔히 알면서도

그로 하여금 그 거짓말에 동조하도록 만들었다.

바로 그 거짓말 때문에 이반은 철저하게 고독했다.

그 거짓말은 죽음이 찾아왔던 바로 그날 저녁까지

그에게 떨어지지 않고 매달려 있었다.


주변 사람들은 거짓 약속과 환상을 심어주며 죽어가는 이반 일리치를 건성으로 위로했다. 삶의 마지막 순간에도 허위와 헛된 권위에 의존하며 거짓 희망을 말해야 하다니 얼마나 잔인한 일인가. 그들은 진실 속에서 마지막 순간을 소중하게 맞을 수 있도록 죽어가는 이를 돕기는커녕 진실을 회피하고 죽어가는 이조차 진실과 직면하지 못하게 막았다.

그의 아내와 의사, 아이들이 고통에 몸부림치며 죽어가는 이반 일리치를 대하는 모습은 마치 연극의 한 장면 같았다. 톨스토이 소설뿐만 아니라 우리의 현실에서도 이러한 일이 벌어진다. 죽어가는 사람 앞에서 그의 고통과 고독, 삶의 마지막 순간을 깊이 이해하거나 존중하지 않는다. 그 앞에서 자신이 종래에 지녔

던 삶의 태도와 생각대로 횡포를 부린 것이다. 그건 어쩌면 자신
들이 이해하는 삶에서는 이런 곤경에 대처할 방안을 배우지 못
했기 때문일지도 모른다.

죽음은 우리에게 두려움을 불러온다. 무엇보다도 죽음은 죽
어가는 실존이 밟는 삶의 마지막 단계다. 죽음 이후의 것은 미지
이며, 종교와 심리학이 어떤 말로 설명한다 해도 아무도 경험해
보지 못한 내용이다. 죽음을 두려워하는 사람들에게 위로가 되
는 근사체험 이론도 그중 하나다. 과거의 죽음 이해의 형식 속에
서 우리는 죽어가는 이에게 진실해야 할 의무를 배울 수 없었다.
그렇다면 과거의 죽음 이해가 담아내지 못한 문제는 무엇인가?

## 환자의 자기결정권

죽음과 직면한 사람들은 그것을 피할 수 없다는 사실을 서서
히 받아들인다. 점점 작동이 느려지다가 마침내 멈추는 낡고 고
장난 기계처럼 죽음은 점진적으로, 그러면서도 뚜렷하게 다가
온다. 그다지 큰 고통이 없다 해도 마찬가지다. 죽음에 저항하기
위한 신체적·정신적 에너지가 모두 소진되고, 약하게 숨을 들
이쉴 힘조차 없어서 모든 것이 멈추는 순간이 다가온다. "우리가
삶으로 오기 전을 두려워하지 않았듯이 삶 이후도 두려워할 것
이 없다"고 주장했던 장 아메리의 고백이 위로가 되는 순간이다.

불운하게 사형선고를 받은 소크라테스는 정작 죽음이 자신

에게 해악이 된다고 규정할 근거가 없다고 보았다. 그러므로 그는 삶과 죽음 가운데 사회가 부여한 규범을 어기면서까지 생존을 택하는 것은 바람직한 일이 아니라고 생각했다. 반드시 살아야만 한다고 생각하는 사람들도 있겠지만 간혹 살아야 할 명료한 이유가 없는 경우도 있음을 소크라테스를 통해 알게 된다. 이경우 삶과 죽음을 바라보는 시각은 상당히 달라진다. 죽음을 받아들이기로 작정했다면 죽음 앞에서 삶과 생명을 어떻게 이해하고 관리하는 것이 옳은지 판단해야 한다. 그리고 죽어가는 이는 책임감을 가지고 이에 대해 자유롭게 결정할 수 있어야 한다.

생의 마지막 결정 단계에서 극심한 고통에 시달리는 죽어감의 과정을 고통 없는 죽음과 동일선상에 둘 수는 없다. 오늘날 이런 특정한 상황에서 자신의 죽음을 관리하는 방법을 대략 다섯 가지로 나눌 수 있으며 그 가운데 하나를 선택해야만 하는 '순간'이 찾아온다. 타인이 대신 선택할 수는 없으며 죽어가는 사람은 스스로의 의지대로 그 순간을 결정해야 한다. 그 다섯 가지는 앞 장에서 다룬 바 있는 치료 중단, 고통 완화 돌봄, 호스피스, 진정제 처방, 조력자살이다.[34]

현재 대한민국은 치료 거부, 치료 중단, 진정제 처방 등은 허용하지만 조력자살은 스위스 등 다른 나라에서 도움을 받을 때만 가능하다.

그렇다면 왜 죽어가는 환자가 자신의 죽음을 결정하고 관리할 수 있어야 할까? 오늘날 이들은 마지막 단계에서 의료진이나 타인이 아무 제약 없이 자신의 생명에 관해 판단하도록 생명을 맡기는 처지가 되었기 때문이다. 제프리처럼 몸이 마비되어 인간으로서의 존엄성을 누리지 못할 때 생명 연장은 곧 고통의 연장이 된다. 이처럼 극도로 삶의 질이 악화되어 인간 존엄성에 근본적 침해를 받는 소수의 사람들은 자신의 죽음이 '존엄성을 지키며 죽는 죽음'이 되기를 간절히 원한다.

사실 현대 호스피스 제도도 생명 연장이라는 과제보다는 인간으로서의 존엄성을 지키는 일에 초점을 둔다. 예컨대 호스피스 병원에서 임종을 앞둔 환자를 돌보다 보면 다음과 같은 의문이 든다.

첫째, 환자의 생존을 조금이라도 연장하기 위해 계속 노력해야 할까? 그러려면 충분히 영양을 공급하고 생존 조건을 만들어주면 된다. 하지만 호스피스는 환자의 생명 연장을 꾀하기 위해 혹은 환자의 죽음을 앞당기기 위해 인위적으로 노력하지 않는 것을 원칙으로 한다.

둘째, 환자의 생존보다는 고통 없는 편안한 상태를 위해 노력해야 할까? 이 경우 생명 연장이 아니라 고통 없는 죽음에 초점을 둔다. 일시적으로 환자를 살려내는 행위는 오히려 고통을 연장하므로 고통 없는 생존을 바라는 환자의 행복추구권을 훼방할 수도 있기 때문이다.

셋째, 비록 환자가 괴로워한다 해도 최소한의 의식이 있도록 소량의 진통제만 사용해야 할 것인가? 이 경우 환자는 고통에 시달리면서도 가족이나 친지들과 최소한의 의사소통을 할 수 있다. 이런 상태가 되면 가족들은 더 많은 진통제를 투약해 차라리 환자가 의식을 잃더라도 편안해지기를 원한다. 이는 결국 환자 스스로 음식을 섭취하거나 수분 섭취를 할 능력조차 차단해 결과적으로 환자의 죽음을 앞당긴다.

죽어가는 과정에 있는 환자에게 가장 좋은 것이 무엇인지 환자 스스로가 그리고 그를 돌보는 가족들이 나름대로 잘 이해하고 심사숙고해서 준비해야 한다.

호스피스 돌봄 또한 생명 연장의 의도를 포기하고, 생명을 고의적으로 단축하는 행위는 하지 않는 것이 원칙이다. 환자가 극도의 불안과 고통을 호소할 때 고통 완화 목적으로 진정제를 처치한다면 환자를 진정시킨다는 본래의 목적을 달성하기보다는 죽음을 초래할 수도 있다. 따라서 반드시 이러한 이중적 결과를 예상하고 이해할 수 있어야 한다.

### 의료 행위의 제한

오늘날 약 80%의 사람들이 삶의 마지막 단계에서 사랑하는 사람들과 차단되어 고립된 상태에서 쓸쓸하게 죽어간다. 의료진의 도움을 받아 생명을 이어가다가 마침내 한계에 도달하여 세상과 이별하는 것이다. 세브란스병원 김 모 할머니의 경우 의식을 잃고 식물인간 상태가 되었는데도 전문가들의 치료 영역에서 벗어날 수 없었다. 병원에서 놓아주지 않았을 뿐 아니라 법이 가로막았다. 병원에서는 의료적 생명유지장치를 떼면 이내 사망하리라 예측했으며, 법은 생명의 지속적 가치만을 중시하면서 죽어가는 환자조차 병원에 가두어둘 것을 맹목적으로 요구했다. 그러므로 김 모 할머니의 연명치료 중단을 승인한 2009년 5월 21일 대한민국 대법원의 판결은 과거의 의료적 관행의 한계를 인정하고 그 효력 정지를 선언했다는 데 의미가 있다.

죽음이 가까워져 삶의 터전에서 응급실로 옮겨질 때부터 사실상 홀로 가야 하는 죽음의 여정이 시작된다. 구급차에 실려 병원으로 이송되는 위급한 순간부터 합리적으로 죽음을 관리할 수 있는 방법이 있다. 미리 죽음에 관한 '사전의료지시서advance directives, living will'를 작성해두는 것이다. 이것은 자신의 죽음에 대한 일종의 관리 지침서라고 할 수 있다. 오늘날 대한민국을 비롯한 여러 사회에서는 삶의 마지막 단계를 내다보며 사전의료지시서를 미리 작성해두는 운동이 폭 넓게 일어나고 있다.

일반적으로 사전의료지시서는 연명치료를 시도하지 말라는 일종의 치료 거부나 치료 제한을 요구하는 내용을 담고 있다. 삶으로의 복귀나 회복이 전적으로 불가능하다면 연명치료란 무의미하고 불필요하며, 환자뿐 아니라 주변 사람들에게 무의미한 무거운 짐을 지우는 일이 된다. 따라서 이는 특정한 상황이 되면 자신의 생명을 존속시키기 위한 노력을 하지 말아달라는 요구다.

과연 이러한 요청은 윤리적으로 혹은 법적으로 정당할까? 흔히 자연사법, 존엄사법, 혹은 자기결정권법이라는 이름으로 불리는 이 법적 위임 절차는 환자의 의사를 명료하게 판단할 문서상 증언이나 증인이 있을 경우 법의 테두리 안에서 시행될 수 있다.

지금까지는 환자의 상태를 관리하는 사람은 오로지 의사였으며, 환자와 가족들은 의사의 지시에 동의하는 형태로 의료진과 환자의 관계가 설정되었다. 하지만 사전의료지시서가 작성되어 있다면 환자의 요구대로 의료진의 연명치료 범위를 제한하는 것도 가능하다. 이는 환자의 '자기결정권'이 의사의 처치에 우선한다고 보기 때문이다. 자유로운 의사를 가지고 가장 행복한 방향으로 결정을 내리는 환자의 행위는 의사의 치료 행위보다 중요한 가치를 갖는다. 이렇듯 환자가 자신의 유익을 위해 결정권을 행사할 때 흔히 언급되는 '불필요한 연명치료 행위'와 '통상적 치료 행위'를 비교하면 다음과 같다.

회생 가능성이 희박한 환자에서 의료 행위에 대한 의견 일치율은 인공호흡기, 심폐소생술, 혈액투석, 경관 영양 공급, 정맥 영양 공급, 항생제, 마약성 진통제 순서이다. 인공호흡기, 심폐소생술, 혈액투석 등은 예외적인 연명치료로 보는 반면, 영양 공급, 항생제, 진통제 사용 등은 통상적인 진료 행위로 간주하고 있다.

－허대석, "환자의 자기결정권과 사전의료지시서"[34]

앞의 치료 행위 중 심폐소생술, 인공호흡기에 의한 연명은 사전의료지시서에 따라 거부되거나 중단될 수 있지만 영양 공급과 통증 조절 등 기본적 의료 행위는 유지되는 것이 원칙이며 그 밖의 의료 행위는 진료 현장에서 의료진의 판단에 따라 시행될 수 있다는 것이다. 대한민국의 경우 2018년부터 시행된 말기 환자의 연명치료 중단에 관한 법은 환자의 자율적 판단을 존중하면서도 그 판단 내용이 명료하지 않을 경우 간접적인 방법으로 환자에게 유익한 의사를 추정할 수 있도록 규정한다.[35]

이러한 내용은 2009년 세브란스병원에 입원해 있던 김 모 할머니에 관한 대법원 결정의 후속 조치에 따른 것이다. "환자의 평소 가치관이나 신념 등에 비추어 무의미한 연명치료를 중단하는 것이 객관적으로 환자의 최선의 이익에 부합한다고 인정되어 환자에게 자기결정권을 행사할 수 있는 기회가 주어지더라도 연명치료의 중단을 선택하였을 것이라고 볼 수 있는 경우에는 그 연명치료 중단에 관한 환자의 의사를 추정할 수 있다"[36]는 판례를 법률로 보완한 것이다.

이러한 법률적 보완은 사실 환자의 자기결정권을 누군가 대리할 수 있는 가능성까지 허용한다. 아마도 이는 우리 사회에서 사전의료지시서 작성 같은 합리적 죽음에 대한 준비가 보편화되지 않았기 때문이라고 생각된다. 하지만 사전의료지시서의 기본 요지는 삶의 질 저하로 인간으로서의 존엄성을 침해받는 무의미한 생존을 거부하겠다는 환자의 의지를 담아내는 데 있다. 특정한 경우 생존 자체가 무의미하다는 합리적 판단을 내림으로써 생명의 존속만을 최고의 가치로 여기기 쉬운 의료적 처치 행위를 제한하고, 의료적 생존이 아닌 자연적 죽음을 선택하 겠다는 자기결정권의 행사인 것이다.

이런 선택권을 법적으로 뒷받침하기 위해 대한민국은 〈호스 피스·완화 의료 및 임종 과정에 있는 환자의 연명 의료 결정에 관한 법률〉을 제정하고 2018년 2월부터 시행하도록 했다. 생존 가능성이 얼마 남지 않은 말기 환자도 무조건 생존 연장을 추구 하던 과거와는 달리 기계에 의존하는 생명 연장을 거부할 수 있 게 된 것이다.

이 같은 결론에 도달하기까지 우리나라에서도 의료윤리와 법적 판단 사이에서 합의를 도출하는 과정이 있었다. 우선 환자 의 생명에 대한 의사의 책임 논란에 불을 지핀 '보라매병원 사 건'이 있다. 1997년 12월 서울 보라매병원에서 위독한 환자의 가족이 경제적 이유를 들어 퇴원을 요청했다. 의료진은 퇴원하 면 사망할 수 있다고 판단하면서도 가족의 요청을 받아들였고 환자는 그 즉시 사망했다. 이때 환자 가족과 의료진 모두가 살인 죄로 기소되었고, 자신의 의사를 밝힐 수 없는 환자의 생명에 대 한 책임 논란을 불러일으켰다. 환자의 생명에 위중함이 예상된 다면 생명을 지켜야 할 의료진은 환자를 퇴원시켜 위중함에 빠 지게 해서는 안 된다는 원칙이 확인된 셈이다.

보라매병원 사건에 이어 앞에서도 여러 번 언급한 세브란스 병원 '김 모 할머니 사건'이 발생했고 환자의 가족은 대법원의 판결에 따라 할머니의 생명유지장치를 제거했으나 할머니는 장 치의 도움 없이 210일을 더 생존했다.

이 두 사건은 우리 사회에서 환자의 생명 연장과 산 자의 희망을 포기해야 한다면 그 행위가 사회적으로 승인받을 수 있는 조건이 무엇인지, 그리고 행위의 정당성을 어떻게 인정해야 할지 깊이 숙고하는 기회를 제공했다. 의학적 진보가 생명 연장의 기회를 제공하는데도 말기 환자의 경우 그 혜택을 받기보다 거부할 수도 있다는 주장은 사실 매우 이례적이고 낯설다. 이런 결정을 내린다는 건 단순한 일이 아니다. 의학적으로 생존을 거부하는 일은 어떤 의미에서 의학적 조력자살이라는 성격을 띠기 때문이다.


## 견딜 수 없는 고통과 조력자살

이렇듯 안락사와 조력사를 합법화하게 된 것은 질병으로 인한 고통의 문제가 더는 외면할 수 없는 지경에 이르렀기 때문이다. 향후 대한민국 국민 10명 중 3명이 암으로 사망한다고 예측하는 통계가 있다. 이런 데이터는 사회가 고령화됨으로써 많은 사람들이 노화 과정에서 건강을 잃고, 죽음에 이르기까지 오랜 기간 무의미한 삶을 견뎌내야 함을 보여준다. 그들은 회복 가능성이 없는 연명치료를 받으며 지치고, 극심한 외로움, 질병에 따르는 장애 등을 감수해야 한다. 극심한 고통에 시달리면 사람은 인간으로서의 존엄성을 느낄 수가 없고, 살아 있으면서도 생존의 기쁨과 의미를 누리지 못한다. 고령 노인이 되어가는 과정에 있는 사람들은 앞날을 예측할 수 없으므로 불안하지 않을 수 없다.

삶의 마지막 단계에서 죽음을 앞당기도록 도와달라는 요구를 사회가 받아들여야 한다는 주장은 과거의 생명윤리학적 차원에서는 쉽게 답하기가 어렵다. 이 지점에서 우리는 고령사회라는 새로운 정황에서 제기되는 말기 환자의 죽을 권리 요구에 어떻게 답할지 고민하게 된다. 이 새로운 지평은 법적·도덕적·철학적·종교적 숙고를 요구한다.

환자가 생의 마지막 권리로 요구하는 조력자살의 합법화 논쟁은 인간의 권리가 비교적 폭 넓게 인정되는 사회, 비교적 안정된 노후를 보낼 수 있는 사회, 상당 부분 빈곤을 극복한 고소득사회, 종교적 후견이 약해진 후기 종교사회, 국민의 기대수명이 매우 길어진 사회에서 확산되는 추세다.


말기 환자의 죽을 권리


환자의 죽을 권리에 대한 법적 승인은 수명 연장 및 노인 자살률의 증가 동향과도 밀접한 관련이 있다. 2017년 통계에 따르면 대한민국 전체 사망자는 약 28만 5600명으로 1983년 이후 최대치를 기록했다. 80세 이상 사망자 중 남성은 4만 8500명, 여성은 7만 9400명이었다. 약 10년 전인 2007년에는 80세 이상 사망자가 31.2% 정도였으나 2017년에는 44.8%로 증가했다. 특별한 질병에 노출되지 않는다면 절반에 가까운 노인들이 80세 이후까지 살다가 세상을 떠난다.

고령 노인들의 죽음의 현실은 여러 면에서 열악하다. 2016년 사망자의 약 4.6%, 즉 1만 3092명이 스스로 목숨을 끊었다. 매 40분마다 1명, 하루 평균 36명이 스스로 목숨을 버린 셈이다. OECD 보고서에 따르면 OECD 국가의 정신과 치료 기간이 평균 27.5일인 데 비해 대한민국은 무려 116일에 달한다. 이와 관련하여 2011년 우리나라 자살률은 인구 10만 명당 33.3명으로 정점을 찍은 후 2016년에는 25.6명으로 다소 낮아졌다. 그러나 OECD 평균 12.4명에 비하면 여전히 2배 이상 높은 셈이다. 다른 나라들이 계속 낮아지는 데 비해 우리나라 자살률은 유독 최상위권에 머물고 있는 것이다.

더욱 심각한 것은 노인 자살률이다. 2015년 65세 이상 노인의 자살률은 인구 10만 명당 72.13명으로 OECD 평균 18.4명의 4배에 이른다. 그중 80대 자살률은 2015년 기준 OECD 노인 자살률의 4.6배인 83.7명으로 나타났다. 이렇게 우리나라 노인 자살률이 높은 까닭은 노후를 뒷받침할 만한 연금이나 사회보장제도의 취약성, 핵가족화로 인한 고립, 노화로 인한 질병 때문인 것으로 추정된다. 한 일간지는 이런 현실을 다음과 같이 보도했다(OECD 2015년 자료를 반영한 것으로 추정).

우리나라 65세 이상 노인 자살률이 2009년부터 6년째 OECD 국가 중 1위를 차지하고 있다. 스스로 목숨을 끊은 노인은 10만 명당 54.8명으로 OECD 평균의 3.2배에 달한다.

(…) 10년 뒤인 2026년 초고령사회(만 65세 이상 인구가 전체 인구의 20% 이상) 진입이 예측되는 만큼 대책 마련이 시급하다는 목소리가 높아지고 있다.[37]

　노인이 될수록 자살을 많이 생각할 수밖에 없는 까닭은 무엇일까? 사는 것보다 죽는 게 낫다고 생각하게 할 만한 경제적 문제나 심각한 건강 문제가 있기 때문이다. 스위스의 경우 1950년대에는 자살률이 대한민국과 유사한 구조를 보였다. 당시 스위스 자살률(인구 10만 명당)은 23.3명(남성 34.6명, 여성 12.9명)이었고, 그중 65세 이상의 자살이 비정상적으로 높았다. 2016년 대한민국 노인 자살률은 전체의 71.4%로 1950년대의 스위스 노인 자살률 52.7%보다 월등히 높다. 노인 자살률이 급격히 높아지는 까닭은 노인들이 도저히 생의 위기에서 벗어날 수 없다고 생각하는 순간 이미 죽음의 길에 들어섰다고 여기기 때문이다. 그들은 그 '죽어감'의 시간이 연장되기를 바라지 않는 것이다.

　이런 현상을 더욱 부채질하는 것이 바로 최악의 노인 빈곤율이다. 2015년 기준 65세 이상 대한민국 노인 빈곤율은 약 49.6%로 불명예스럽게도 OECD 국가 중 1위를 차지했다. OECD 평균인 12.6%의 4배에 달하는 수치로 한국 노인 둘 중 하나는 극도로 가난하게 살고 있음을 보여준다. 네덜란드 2018년 66-75세 노인 빈곤율이 2.5% 정도인 것을 생각하면 대한민국 노인 빈곤 문제가 얼마나 심각한지 알 수 있다.

　노인 빈곤은 건강을 잃어가는 고령층을 너욱 깊이 소외시키고 병들게 만들어 고통스러운 삶보다 차라리 죽음을 선택하는 편이 낫다고 생각하도록 하는 직접적 요인이다. 설령 어떻게든 빈곤을 견딘다 해도 빈곤에 더해 건강까지 잃고 나면 생존의 희망과 기쁨은 쉽사리 박탈되고 만다.

정신적으로 안정되지 못한 사회, 경제적으로 빈곤한 사회에서 노인이 되어 말기 환자로 살아간다는 것은 더욱 비참한 현실이다. 노인 자살률과 빈곤율 모두 OECD의 4배라는 구조는 결국 고령사회에서 건강도 잃고, 소득도 없이 병든 노후를 보내는 우리나라 노인의 현실을 적나라하게 드러낸다. 이처럼 출구가 없기에 극빈 노인들 중에는 막다른 골목이 다가오면 스스로 삶을 마감하려는 이들이 적지 않다.

## 죽을 권리

미국의 병리학자 야콥 케보키언Jacob Kevorkian 박사는 평소 말기 환자에게는 죽을 권리가 있다는 신념을 가지고 있었다. 그는 자신이 돌보던 말기 환자 130명을 도와 고통 없이 삶을 마치도록 처치했다. 일종의 자비사a mercy killing를 시행한 것이다. 이로 인해 1999년 기소되었고, 10~25년 형을 선고받고 복역하다가 2007년 석방되었다. 어떤 형태로든 안락사에 관해 개입하거나 조장하지 않겠다고 약속한 후의 일이다. 그는 이때 "죽는 것은 범죄가 아니다Dying is not a crime!"라는 유명한 말을 남겼다. 범죄가 아닌 일을 도왔으니 자신도 범죄자일 수 없다고 생각했을까?

케보키언이 의사로 일하던 미시간주에는 당시 의사조력자살에 관한 법이 없었다. 현재 시점에서 보면 오리건주(1997년), 몬태나주(2009년), 워싱턴주(2009년), 버몬트주(2013년), 콜로라도주(2016년), 캘리포니아주(2016년), 하와이주(2018년), 워싱턴 D.C.(2015년)에 이어 뉴저지주에서도 2019년 8월 1일부터 의사조력자살을 환자의 마지막 권리로 인정하고 합법화하기로 했다.

2019년 5월 기준 의사가 처방하고 직접 처치하는 직접적 안락사까지 합법화한 나라는 네덜란드, 벨기에, 콜롬비아, 룩셈부르크, 캐나다 5개국이다.

스위스와 독일은 의사가 처방만 하는 조력자살이 가능하도록 합법화하거나 법원 판례를 남겼다. 이런 나라들은 '아주 특정한 경우 예외적'으로 자살할 권리를 인정하고 있다.


## 자살 이해의 변천

노인들이 비교적 안정된 삶을 영위하는 네덜란드에서는 말기 환자가 죽음을 앞당기기 원할 경우 이를 법적으로 허용하고 도와주는 사회 정책으로서 안락사 및 조력자살에 관한 법을 2002년 국민투표를 거쳐 합법화했다. 극한의 상황에 처한 환자에게 반사회적 자살이 아닌, 사회적으로 승인된 자살을 할 권리를 인정하기로 한 것이다. 이 법안을 합법화함으로써 네덜란드는 말기 환자의 죽음을 앞당길 권리를 인정한 최초의 사회가 되었다.

사회적으로 합법화된 자살은 20세기 말에 나타난 초유의 낯선 제도라고 할 수 있다. 이런 결정은 말기 환자가 비인도적인 고독한 자살에서 해방되어 사회의 도움을 받으며 존엄하고 편안한 죽음을 맞을 권리를 인정하고 이에 대한 국민적 동의와 승인에 합의했다는 의미를 가진다. 이렇듯 합법화된 자살은 전통적 자살에 대한 이해를 근본적으로 갱신하는 기회가 되었다. 1990년대 이후 전 세계에 파급되기 시작한 제도화된 자살은 그동안 금기시해온 자살에 대한 이해가 오늘날 특정 경우에는 전혀 통용될 수 없는 현실을 드러냈다.

동서고금을 막론하고 오랫동안 자살을 사회적 범죄로 여겼다. 자살한 사람은 범죄자 취급을 받았기에 명예로운 장례도 치를 수 없었다. 중세 기독교 세계에서는 자살이 악마에게 이끌리는 행위라고 가르쳤다.

그리스와 로마, 아시아에서는 전통적으로 전쟁에 패하거나 패배가 예상될 경우 참혹하게 유린당하고 적에게 승리의 쾌감을 주는 것을 피하고자 자살하는 경우가 많았다. 로마 시대에는 수치스러운 죽음보다 명예를 택하겠다는 동기에서 행하는 자살을 합리적인 행위라 여기기도 했다.

그러나 5세기 교부 아우구스티누스는《하나님의 도성 De Civitate Dei》에서 상당 분량을 할애해 살인이나 자살에 대한 금지 원칙을 강조했다. 그는 이교의 전통인 명예 자살도 사실상 비판했다.

루크레티아는 이교도 타르퀴니우스 왕의 아들에게 성폭력을 당한 후 그 사실을 남편 콜라티누스와 친족들에게 알리고 자살했다. 아우구스티누스는 루크레티아가 순결이라는 관점에서는 칭송받을 만하지만 순결을 잃었다는 수치감 때문에 자살한 것은 이교 세계에서도 흔했던 그릇된 용기pseudo-courage라고 평가 절하했다. 이러한 분위기 가운데 기독교 세계는 아를르공의회(452년)에서 자살을 중대한 범죄로 정죄하기에 이르렀다.

약 1000년에 걸쳐 서구 기독교사회에서 자살자는 교회에서 장례를 치를 수 없었을 뿐 아니라 교회 무덤에 묻힐 수 없었다. 심지어 자살한 사람을 대낮에 장사 지내는 것도 금했다. 시체는 마차들이 지나가는 길에 땅을 파서 묻게 했다. 신의 명령을 거부한 범죄자이므로 편안하게 영면해서는 안 된다고 여긴 것이다.

루이 16세가 통치한 17세기 프랑스에서는 자살한 사람의 시체를 땅바닥을 향하도록 마차에 매달아 온 동네 여기저기 끌고 다니는 형벌을 가했고, 자살자의 재산을 몰수했다. 18세기에는 자살을 일종의 광기에 사로잡힌 비정상적 행위로 간주하는 견해도 있었다.

그러나 영국에서는 1879년 자살을 재산 몰수로 징벌하면서도 이를 살인과는 구별했고 1882년에는 대낮에 자살자의 장례를 치르도록 허락했다.

영국과 웨일스에서는 1961년부터 자살을 형사 범죄의 범주에서 제외했고, 실패한 자살 시도도 징벌하지 않았다. 20세기부터 대부분의 나라에서는 자살을 중범죄로 간주하지 않게 되었다. 자살을 부정적으로 바라보던 시각은 강력한 신의 생명 주권을 주장하는 기독교 문화권에서 매우 강화되었지만 사회가 종교적 해석과 지배에서 서서히 벗어나기 시작한 근대사회에 들어서면서 징벌적 시각은 약해졌다.

19세기 말 이루어진 뒤르켐의 고전적 자살에 관한 연구[38]는 모든 자살은 일종의 사회적 요인을 가진 현상이라는 새로운 관점을 제시했다. 그는 사회학적 관점에서 자살을 네 가지로 유형화했다. 공동성과 연대성을 상실한 폐쇄된 삶 속에서 과도한 개인주의에 사로잡힌 '이기적 자살', 집단이나 타자를 향한 충성과 의무 때문에 개인주의적 성향을 버리고 자신을 포기하는 '이타적 자살', 가치 구조의 급변에서 오는 '아노미적 자살', 과도한 통제와 규율의 압박에 저항하면서 차라리 죽음을 선택하려는 '숙명적 자살'이 그것이다. 그는 이 네 가지 유형의 자살은 각기 사회 환경을 응대하는 개인의 의식과 밀접한 관련이 있다고 보았다.

미국의 정신분석의학자 칼 메닝거Karl Menninger는 뒤르켐과 달리 자살자의 특성을 정신의학적으로 분석했다. 그는 자살이란 대개 "자기가 자기 스스로를 적대시하는 과도한 과장"에서 기인한다고 여겼다.

> 자살은 세 가지 내면적 속성을 포함하는
> 매우 특별한 종류의 죽음으로 보아야 한다.
> 죽는다는 속성,
> 살해한다는 요소,

그리고 살해된다는 요소다.

－칼 메닝거, 《자신에 대항하는 인간Man against Himself》


프로이트는 우울증에 빠진 사람은 스스로 자살할 힘이 없다고 보았다. 하지만 그러한 사람이 죽이고 싶은 대상을 자기 자신으로 규정할 때 스스로를 공격하는 행위로서 자살이 일어난다. 메닝거는 프로이트의 관점을 이어받았고[39] 결국 자신을 적대시하는 인간의 세 가지 심리적 성향이[40] 자살을 불러온다고 결론내렸다.

그 심리는 첫째, 죄책감guilt에 사로잡혀 죽기를 원하는 마음, 둘째 앙갚음revenge하기 위해 누군가(자기)를 죽이려는 마음, 아무런 희망을 가질 수 없어서hopelessness 죽기를 바라는 마음의 결과라는 것이다. 예컨대 사랑하는 사람의 짐을 덜어주려고 스스로 죽기를 원하거나, 자신에게 나쁜 짓을 한 사람에 대한 분노 때문에 그를 비난하고 공격하려는 목적에서 스스로 죽기를 원하거나, 자신의 고통을 종식하고자 스스로 죽기를 원한다.

뒤르켐은 사회심리학적으로, 메닝거는 정신의학적으로 자살을 설명하지만 두 사람 모두 자살을 사회적으로 혹은 정신의학적으로 스스로를 살해하는 결과를 초래하는 '지나친 이상 징후', 즉 과도한 심리적·정신적 비정상으로 보았다.

한편 문학 속에 그려진 자살을 미화하거나 낭만화하는 경향도 있었다. 예컨대 요한 볼프강 폰 괴테Johann Wolfgang von Goethe의 《젊은 베르테르의 슬픔Die Leiden des Jungen Werther》이 많은 모방 자살을 조장했던 경우 등이다.

장 아메리는 이들과 다른 관점을 보여준다.

그는 어처구니없고 모순으로 가득 찬 상황에서 모욕받고 부자유스러운 인간이 저항을 위한 자유로운 선택으로 행한 '자발적 자살'은 범죄나 심리적 이상이 아니라 자유를 지키려는 인간다운 행위라고 주장했다. 사방이 벽으로 둘러싸인 소외된 세계에 갇혀 벽에 머리를 처박고 살아야 하는 비참한 지경에 처한다면 자살은 '자기 살해Selbstmord'가 아니라 '자유로운 죽음Freitot'일 수 있다고 생각했던 것이다.[41] 실제로 그는 자살로 생을 마감했다.

아메리의 주장은 너무나 반생명적인 것일까? 아니면 삶과 죽음의 갈림길에서 얻는 자유에 대한 새로운 이해일까?

> 자발적 죽음이 선택되면
> 우리가 경험할 수 있는 것은 삶과 죽음의 부조리,
> 자유의 부조리한 도취다.
> 이러한 경험의 가치는 가벼운 것이 아니다.
> ─장 아메리,《자살에 대하여》

오늘날 의사조력사 혹은 의사조력자살이라 불리는 문제를 이해하려면 뒤르켐이나 메닝거의 이론만으로는 충분하지 않다. 왜냐하면 지금의 시대에는 '법제화된 자살'을 이해하는 분위기와 함께 고통스러운 삶에서 탈출하기 위한 합리적 권리로서의 특정한 자살을 인정하는 사회가 엄연히 존재하기 때문이다. 이때 논의되는 자살은 이성적 이해와 설득이 가능한 '합리적 자살'이다.

의사조력자살을 이해하기 위해 나는 노화와 죽음에 관해 여러 저작을 남긴 장 아메리의 자살 이해를 참고할 필요가 있다고 생각한다.

아메리는 홀로코스트 생존자로 히틀러 치하에서 고문을 반대하며 나치와 싸웠다. 그는 자살을 자유와 평화의 길로 이해했던 스토이시즘 철학자들처럼 자살을 강제된 삶에서 벗어나 자유를 지키는 길로 이해했다. 이런 이유에서 그가 사용하는 자살이라는 말의 어의는 독일어의 자기 살해가 아니라 자발적인 혹은 자유로운 죽음이다.[42]

의사조력자살의 경우 심리적 이상이나 사회심리적 이상 반응으로서의 자살이라기보다는 아메리적인 자유 죽음으로서의 자살로 보는 편이 본질에 가까운 접근으로 생각된다.


## 자살 조력에 대한 평가

오늘날에는 자살을 형법상 범죄로 규정할 수는 없지만 이를 조장하거나 권고하거나 지원하거나 유도한다면 그러한 행위가 '반드시 필요한' 것이 아니었을 경우 범죄로 규정된다. 독일에서는 타인의 자살을 돕거나 방임하는 것이 불법이므로 자살하는 사람을 보고도 자살을 막지 않았다면 긴급 구호 의무를 저버린 행위로 기소될 수 있다. 하지만 스위스 법은 자신의 특정한 이익을 도모하기 위한 행위가 아닌 한 인도적 차원에서 자살을 돕는 행위를 범법 행위로 간주하지 않는다.

2006년 스위스 로잔고등법원은 오랫동안 정신적 곤경을 겪어온 익명의 사람에게 삶을 마칠 권리를 인정했다. 네덜란드의 존엄사법, 미국 워싱턴주의 존엄사법,[43] 오리건주의 존엄사법[44]은 말기 환자가 극도의 고통을 겪으면서 진지한 마음으로 죽음을 앞당기기를 원할 때 의사의 도움을 받아 자살할 권리를 보장한다. 여기서 말하는 권리는 의무나 당위가 아니라 적극적으로 주장하고 찾아야 누릴 수 있는 권리다. 아무런 희망도 찾을 수 없는 환자가 극심한 통증을 견디며 사회적 승인도, 사랑하는 가족들의 관심도 받지 못한 채 고독하게 생명을 끊는 비인도적 자살의 빈도가 높아지자 이들과 연대해 그들의 죽음을 도와주는 것이 오히려 '인도주의적 조치'라는 합의에 도달한 것이다.

조력사는 크게 의사의 직접적 처치로 죽음을 앞당기는 안락사와 의사의 처방을 받아 환자 스스로 처방약을 취함으로써 죽음을 앞당기는 조력자살이 있다. 이런 조력자살을 '자비사'라고 비판하는 목소리도 적지 않지만 조력자살을 제도화하는 나라가 오히려 하나둘 늘어나는 현실이다.

2017년 말에는 이탈리아도 조력사를 입법화했다. 하와이주 역시 조력자살 합법화 법안을 제정하고 2019년 1월 1일부터 시행하고 있다. 이처럼 조력자살을 제도화한 사회가 비인도적 사회인지, 그러한 제도를 구비하지 않은 사회가 비인간적 사회인지에 대한 평가는 사람마다 다를 것이다.

이러한 변화는 그동안 자살을 금기시한 생명윤리의 기조를 규범적으로가 아니라 상황적으로 적용하는 데서 일어났다. 연명치료 거부를 요구하는 사전의료지시서, 고통 완화치료에서 적용되는 이중 효과의 원칙,[45] 환자의 자율적 요구에 따라 법적 승인하에 이뤄지는 의사조력자살은, 생명은 하늘이 주셨으니 절대 손대면 안 된다는 과거의 규범이 다소 상대화되거나 수정되어야 한다는 관점을 받아들인 사회에서 일어난다.

　　어느 기자가 케보키언에게 "의사가 환자의 생명을 단축시킨다면 신의 뜻을 거역하면서 신과 같은 역할을 하는 게 아닌가?"라고 물었을 때 그는 "의사가 환자의 생명을 다루는 것 자체가 이미 신의 역할을 하는 것"이라고 대답했다. 자연적 죽음을 막아내며 사람의 목숨을 살려내는 일 그리고 자연적 죽음을 유예해 놓은 상태에서 죽음을 앞당기는 일은 모두 생명에 손을 대는 행위일 것이다. 한편에서는 지지와 찬성을 보내고, 다른 한편에서는 전통으로 금기시해온 이 결정에서 우리는 과연 금기를 넘어서는 요구를 할 수 있는 시대로 진입한 걸까?

# 11. 견딜 수 없는 고통, 어떻게 보아야 하나?

"정말 죽고 싶었어?"
"죽고 싶어서 자살하는 사람은 어느 누구도 없어."
"그러면 왜 사람들은 자살을 할까?"
"왜냐하면 그들은 고통을 멈추게 하고 싶었기 때문이야."
—티파니 드바르톨로Tiffanie DeBarotolo, 《어떻게 락스타를 죽이는가How to Kill a Rock Star》

나는 오늘날 논의되는 의사조력자살이나 의료진이 아닌 사람들이 수행하는 스위스의 조력자살을 오랜 인류의 역사에서 금기시해온 자기 살해의 한 형태로 생각하지 않는다. 그것을 일종의 합리적 자살, 즉 '자발적이며 이성적 죽음'이라고 여긴다. 이는 종래의 종교적 가르침이나 종교윤리 혹은 법적 정당성이라는 관점에서는 매우 수용하기 어려운 유형의 죽음이다.

이 낯선 죽음을 이해하려면 현실을 면밀히 살펴볼 필요가 있다. 새로운 죽음의 윤리가 요구되는 정황은 어떤 것인가? 바로 연장된 수명의 그늘 아래 자리 잡은 인간의 '견딜 수 없는 고통'이 그것이다.

3개월 이상 통증이 지속될 때 이를 만성통증이라 하는데 만성통증 환자들 가운데 일부는 도저히 처치할 수 없는 통증을 지닌 환자들입니다. 이들의 증상은 수술이나, 신경차단, 물리적 재활, 그리고 소량의 아편제로도 치료할 수 없을 정도로 극도로 고통스럽습니다. 이런 통증을 겪는 환자들은 그들의 통증이 지속적이고, 온몸의 진을 빼며, 수면이나 성기능을 방해하는 것이라고 말합니다. 통증을 그치게 할 유일한 방법으로 많은 이들이 자살을 생각합니다. 이들은 쉬임 없이 비명을 지르거나, 탈진하거나, 우울증에 빠지고 사회적으로 고립되거나, 몸을 움직이지 못한 채 허구한 날 침대에 매여 있거나, 기침을 하는 등의 문제를 호소합니다.[46]

극심한 통증으로 괴로워하는 중증 암질환 말기 환자를 도울 방법은 무엇일까? 여러 가지 경우를 생각해볼 수 있다.

첫째, 홀로 그 통증을 감내하게 하는 것이다. 제대로 잠을 잘 수도, 음식을 먹기도 어려우며, 움직일 수도 없는 상태에서 통증 치료조차 효과를 보이지 않을 때 그들은 서서히 삶의 의지를 박탈당하고 오로지 통증을 멈추게 하려는 목적으로 스스로의 죽음을 생각할 것이다. 이럴 경우 환자가 아무리 고통을 호소해도 주위 사람들은 아무것도 해줄 게 없어서 그저 지켜보며 안타까워할 뿐이다.

둘째, 병원이나 호스피스 병동에서 통증 완화치료를 받는 방법을 권고하는 것이다. 하지만 어떤 수단으로도 치료되지 않는 통증이 있다는 사실을 앞의 문서는 증언한다. 호스피스 돌봄은 죽어가는 생명을 보살피면서 진통제와 안정제 처방으로 환자가 가수면 상태에 빠지게 하는 것이다. 하지만 결과적으로 첫 번째 방안에서 크게 벗어나지 못한다. 죽음의 순간이 다가올 때까지 돕는 형식이 다를 뿐이다. 이때 환자가 고통스러워하더라도 적극적 식이요법을 병행해 하루라도 더 생존하게 해야 할지, 최소한의 생존 조건에서 환자가 죽음에 연착륙하도록 도와야 할지가 관건이 된다.

셋째, 치사량에 이르는 통증치료제를 처방하는 방법이다. 그런데 그동안 병고로 허약해진 몸에 그 정도로 약물을 주사하면 환자는 혼수상태에 빠지거나 그 상태에서 깨어나지 못한 채 예상치 못한 죽음에 이를 수도 있다. 이는 환자의 고통을 극소화하는 방법이다. 하지만 법적 제도가 미비하다면 케보키안 박사의 경우처럼 살인 행위로 기소될 수도 있다.

넷째, 삶의 독립성과 존엄성을 침해받는 고통스러운 삶을 연장하기보다 스스로 죽음을 앞당기는 쪽을 택한 환자가 도움을 요청한다면 그를 돕는 일이다. 몇 가지 조건만 충족되면 말기 환자를 도울 권리를 보장하는 사회에서는 이른바 가장 가벼운 안락사 범주에 들어가는 조력자살이 이를 위한 대표적 방법이다. 이러한 권리를 보장하지 않는 사회들도 있는데 대한민국에서도 법적으로 허용되지 않는다.

국가와 사회 혹은 이웃과 친지 중 누구도 돕지 않을 경우, 스스로 선택할 수 있는 죽음은 고독한, 반사회적, 비윤리적인, 참혹한 죽음이며, 무엇보다 비인간적인 자살이다. 이 경우 죽음을 앞당기는 사람이나 그 주변에 있는 이들은 극심한 정신적·윤리적인 갈등을 겪는다. 죽어가는 이의 존재와 행위 모두 사회규범에 벗어난 것으로 간주되기 때문이다.

오직 극소수의 사회만이 치유 불가능한 고통을 가진 이들의 자유와 선택권을 존중하면서 그들 스스로 삶을 매듭짓도록 돕는 법안을 마련해두고 있다. 이런 법안의 적용 과정에서 발생할 수 있는 오해와 오용 가능성에 대한 방지책을 십분 고려하면서 인간의 마지막 권리를 존중하는 것이 인도주의적 사회를 이루어가는 일이라고 합의한 것이다. 그 권리는 특정한 정황에서 자신의 죽음을 결정할 자유와 선택권을 말한다.


## 조력사를 허용하자는 이유

고통 때문에 죽기를 바라는 이를 외면하고 방치해 자살하게 하는 사회가 도덕적인지, 죽기를 원하는 이를 따뜻하게 돕는 사회가 도덕적인지 고심하지 않을 수 없다. 어떤 편이 사랑과 자비의 나눔에 가까울까? 의사조력자살 혹은 좋은 죽음(안락사)의 합법화에 대한 합의를 이루어낸 사회는 다음과 같은 이유로 그 정당성을 주장한다.

첫째, 환자 개인의 자율성과 자기결정권을 존중해야 한다. 개인이 자신의 생명에 최종적으로 결정권을 행사하는 것을 국가적 정당성으로 금할 수는 없다.

둘째, 환자가 극심한 고통으로 청원한다면 그의 생명을 종식하도록 돕는 행위는 신의 생명 주권을 침해하는 것이 아니다. 신은 환자를 고통 속에 버려두는 것을 원하지 않는다.

셋째, 견딜 수 없는 고통과 극심한 고난에 처한 이를 도울 수 있는 다른 방안이 없다면 의사조력자살이 하나의 방안이 될 수 있다.

넷째, 소극적 안락사, 즉 생명유지장치 제거로 생명의 종식이 앞당겨지는 것이 정당하다면 적극적인 안락사도 이에 준하는 차원에서 윤리적 정당성을 가진다.

다섯째, 극심한 고통을 받는 사람을 돕기 위해서 조력사나 안락사를 시행하는 것은 의사의 전문적 직무나 의무에서 벗어난 것이 아닌, 일종의 새로운 인도적인 의료 행위다.

여섯째, 극심한 고통을 받는 환자가 존엄한 죽음을 원할 경우 이를 돕는 것은 사랑과 정의의 원칙에 위배되지 않으며 환자의 자율권과 행복추구권을 보장해야 할 국가 사회의 과제다.

일곱째, 안락사의 오용과 남용에 대한 우려는 법과 이성적 방법으로 충분히 통제할 수 있다.[47]

오늘날 의사조력자살은 크게 보면 생명유지장치를 제거해서 환자가 죽음에 이르게 하는 '소극적' 안락사와 간접적으로 약물을 처방하고 환자가 그 약물을 취함으로써 사망하게 하는 간접적 의사조력자살, 마지막으로 의사가 진통제와 함께 치사량의 약물을 환자에게 주입하는 '적극적이며 직접적'인 조력자살이 있다. 이 모든 경우 환자의 상태에 관해 전문 의료진이 내리는 진단의 객관성이 보장되어야 하며, 환자의 명료한 의사에 따른 자기결정권 행사를 전제로 해야 한다.


## 오리건주 시행 사례

미국 오리건주에서는 1997년 10월 27일 존엄사법을 제정한 후 주민들에게 존엄사 선택권을 보장하고 있다. 이 법은 존엄사를 청원할 수 있는 자격을 다음과 같이 제한한다.

-18세 이상 성인
-오리건주 주민
-자기결정권을 행사할 만한 판단 능력과 의사소통 능력을 갖춘 자
-6개월 이내에 분명히 사망한다는 진단을 받은 말기 환자

이상의 자격을 갖추었다면 오리건주 면허를 소지한 의사에게 치사량의 약 처방을 요구할 수 있다. 이 처방전에 따라 약을 수령하려면 다음 절차를 거쳐야 한다.

-환자는 의사에게 최소한 15일 이내에 2회 구두 요청을 해

야 한다.

-환자는 두 명의 증인 앞에서 서명한 문서상의 요구를 의사에게 제출해야 한다.

-처방을 할 의사와 제2의 의사는 반드시 환자 상태에 대한 진단과 예후를 확인해야 한다.

-처방을 할 의사와 제2의 의사는 환자에게 안락사를 수행할 판단 능력과 대화 능력 및 수행 능력이 있는지 판단해야 한다.

-만일 두 의사 가운데 한 명이 정신의학적·심리학적 이상 징후의 영향으로 환자의 판단력이 손상되었다고 판단할 경우 환자가 심리검사를 받게끔 조치해야 한다.

-처방을 할 의사는 반드시 환자에게 존엄사 이외의 대안에 관해 알려주어야 한다. 즉 편안한 돌봄, 호스피스 돌봄, 통증 조절 등에 관한 정보를 주어야 한다.

-처방을 할 의사는 환자의 처방 요청을 가족에게 알릴 것을 환자에게 요구해야 한다.

의사가 법적 요건을 갖추어 처방하고 환자가 처방에 따라 약물을 수령했을 경우, 의사는 이와는 별도로 오리건주 보건성 Oregon Public Health Division에 반드시 보고해야 한다. 오리건주 보건성은 1999년, 처방전에 따라 환자에게 존엄사 시행을 위한 약물을 내어준 약사들도 반드시 보건성에 보고하도록 하는 조치를 추가했다. 이 법이 요구하는 내용에 따라 의사조력자살을 시행할 경우 자살에 조력한 의사나 환자는 형법에 따라 소추되지 않는다. 나아가 존엄사를 선택했다는 이유로 환자 역시 건강보험이나 생명보험에서 불리한 대우를 받지 않는다.

오리건주 보건성이 발표한 2017년 존엄사법DWDA (Death with Dignity Act, 이하 약어로 표기) 보고서에[48] 따르면 존엄사법이 통과된 1997년 이후 2018년 2월 현재 모두 합해 1967명이 존엄사 처방을 받았고 그중 처방에 따라 사망한 이들은 1275명이었다. 2017년에는 218명이 의사의 조력자살 처방을 받았다. 2017년 처방을 받은 218명 중 129명이 처방대로 사망했고, 44명은 처방을 받았었지만 다른 요인으로 사망했다. 2016년 처방받았던 14명을 포함해 2017년 DWDA로 사망한 143명 중 65세 이상의 환자는 80.4%였다. 사망자 평균 연령은 74세였고 76.9%가 암환자인 것으로 밝혀졌다.

DWDA로 사망한 이들은 사망자 1만 명당 39.9명의 비율이었다. DWDA 사망자 중 90.9%(130명)가 호스피스 돌봄을 받고 있었으며, 90.2%가 집에서 가족들이 지켜보는 가운데 죽음을 맞았다. 사망자 94.4%가 백인이었고, 48.9%가 대학 교육 이상을 받은 사람이었다. 2017년 존엄사법에 따라 죽음을 선택한 이들은 남성 83명, 여성 60명이었는데 이들 중 47%가 사별하거나 이혼했고 결혼을 하지 않은 경우였다.

이들은 스스로 존엄사를 택하는 이유를 첫째, 삶을 즐길 수 있는 활동을 전혀 할 수 없다는 점(88.1%), 둘째, 스스로 먹고 마시고 용변을 보지 못해 자율성을 잃었다는 점(87.4%), 셋째, 인간으로서의 존엄성을 상실했다는 점(67.1%) 때문이라고 답했다.

## 30년에 걸친 논쟁

서구사회의 의사조력자살 허용과 반대에 대한 논쟁의 역사는 거의 30년이 넘어가고 있다. 조력자살을 요구하는 환자들은 이미 조력자살을 준비한 사회에도, 그리고 아직 준비하지 못한 사회에도 있을 것이다. 오늘날 상대적으로 평균수명이 길고 소득 수준이 높은 국가나 사회에서는 과반 이상의 사회 구성원들이 '안락사' 혹은 '의사조력자살'이라는 새로운 죽음의 방식에 찬성과 지지를 보낸다. 반면 전통적인 죽음 이해를 견지하는 이들은 의사조력 안락사 법제화를 강하게 거부한다.

조력자살에 대한 각계의 태도는 어떨까? 살펴본 자료에 따르면 1974년 영국 감리교회가 최초로 반대 성명을 냈다. 그 후 2016년 현재 조력자살에 관해 찬성하거나 반대하는 성명서가 모두 62개 발표되었다. 그중 45개가 조력자살을 포함한 안락사를 반대했고 나머지 17개는 찬성하는 입장을 표명했다. 이 중 기독교계의 16개 성명서는 모두 반대를 표명했다.

최초의 반대 성명이 나온 1974년 이후 2년이 지나 처음으로 지지 성명이 나왔다. 최초의 지지 성명은 1976년 '죽을 권리를 위한 세계연합회The World Federation of Right to Die Societies'가 발표했다. 그 뒤를 이어 1990년대에 나온 성명서는 단 둘을 제외하곤 모두 반대하는 내용이었다. 그러나 2000~2010년에 이르는 10년 동안 여론이 바뀌어 그 기간에 발표된 성명서 9개 중 5개가 찬성을 표명했다. 2011~2016년에는 무려 23개에 달하는 성명서가 발표

되었는데 그중 반대가 18개, 지지가 5개였다. 이와 같은 성명서 발표의 역사는 안락사 혹은 조력자살에 관한 논쟁의 역사를 고스란히 담고 있다.

일단 지정학적으로 미국을 제외한 각 지역 여러 나라, 예컨대 캐나다, 유럽, 뉴질랜드, 오스트레일리아 등지에서는 많은 사람들이 안락사나 조력자살 입법화에 관심을 가지고 잦은 논쟁을 벌였다. 반면 아시아와 아프리카 등지에서는 찬반 성명서가 거의 나오지 않았다. 인권 선진국에서는 죽어가는 이의 고통, 인권, 자유, 책임 등이 중요한 이슈였지만 그렇지 못한 사회에서는 그런 논의가 아예 일어나지도 못했고, 인권 선진국에서 일어나는 변화와는 다소 거리를 두면서 과거의 규범을 적용하는 태도를 굳게 지켰다.

일반적으로 안락사 혹은 의사조력자살을 거부하는 태도는 대부분 보수적인 종교 전통에 뿌리를 둔 집단에서 나온다. 이들은 말기 환자의 고통이 제아무리 크다 해도 전통규범을 버릴 수 없다는 태도로 일관한다. 하지만 자세히 살펴보면 이들끼리도 민감하게 서로 다른 소리를 내는 것을 감지할 수 있다.

우선, 가톨릭 교회가 전통적 관점에서 종래의 생명윤리 노선을 지키며 죽음윤리의 수정을 거부하는 입장의 선두에 있다는 것을 알 수 있다. 둘째, 가톨릭교회나 개신교 근본주의 진영과 한 목소리를 내다가 낯선 죽음의 현실을 일부 수용하고 새로운 신학적 관점에서 새로운 죽음윤리를 제안하는 수정주의적 입장이 있다. 영국 성공회, 네덜란드 개혁교회를 비롯해 이 문제에 약간

관심을 보이는 연합감리교회와 미국장로교회, 퀘이커교 등이 다소 수정주의적 태도를 보인다. 이들의 주장을 파악하기 위해 일단 의사조력자살과 안락사를 반대하는 보수적 관점부터 살펴보고 이어서 수정주의적 관점을 살펴보기로 하자.

## 반대하는 관점

의사조력자살을 반대하는 사람들은 다음과 같은 사유를 들어 반대 의견을 피력한다. 이러한 견해는 과거에 형성된 죽음의 윤리 전통에 충실한 것으로 비정한 규범주의에 빠지기 쉽다.

첫째, 의사조력자살은 신의 생명 주권을 침해하고 생명 경외라는 인간의 도덕적 의무를 저버리는 것이다. 생명을 목적 그 자체로 보지 않고 가치평가를 통해 생명을 버리거나 외면할 수 있다고 생각한다면 다분히 비윤리적이고 반생명적이다.

둘째, 유한한 인간은 고통이나 고난을 피할 수는 없고 그 고통을 감내해야만 한다. 삶의 마지막 단계에서 주어지는 고난은 인간의 운명이므로 거절하거나 회피하려 드는 것은 결코 바람직하지 않다.

셋째, 특히 살인을 금지한 종교적·도덕적 금기의 관점에서 볼 때, 그리고 인간의 자율성을 이해함에 있어서 인간이 자신 혹은 타인의 생명을 종식하려는 행위는 인간성의 파산이라 할 수 있으며 윤리적 정당성이 없다. 제아무리 환자의 자율적이고 자의적 요구라 할지라도 동일한 윤리적 평가를 받아야 마땅하다.

넷째, 적절한 통증 완화치료나 호스피스 제도를 통해 고통과 고난에 대해 조치하고, 죽음을 맞을 때까지 환자와 연대함으로써 의사조력자살 요구를 대신할 수 있다.

다섯째, 의사의 직무는 생명을 치료하는 것이지 생명을 죽이는 것이 아니다. 〈히포크라테스 선서〉의 정신은 의사로서의 직무의 초점은 생명을 살리는 데 있다고 했다. 죽음을 돕는 것은 의사의 직무가 아니다.

여섯째, 의사조력자살은 개인과 사회에 오남용의 위험을 불러들인다. 조력자살을 합법화할 경우 본래 의도와는 달리 자살 수단이 되거나 환자의 죽음을 이용하려는 사람이 기획 살인을 저지를 수도 있다.

일곱째, 의사조력자살이 허용되면 말기 환자들은 경제적 이유 등으로 죽음을 재촉받을 수도 있다. 사회적으로 고립된 사람들, 즉 신체적 장애가 있는 사람들이나 고령자들, 죽음을 앞둔 이들이 의사조력자살을 선택하게 만드는 일종의 강요 상황이 벌어져 오도될 수 있다.[49]

이상과 같은 반대 관점의 주요 요지를 살펴보면 고통받는 환자의 요구와 낯선 죽음의 문화 자체를 이해하려 노력하기보다는 죽음에 대한 전통규범과 태도를 고수하려는 교조적 태도를 보인다는 것을 알 수 있다.

안락사란 고의적인 것이며, 도덕적으로 용납할 수 없는 인간 살해 행위이므로 나는 그것이 하나님의 법을 어기는 엄중한 행위라고 선언합니다. 이 원칙은 자연법과 하나님의 기록된 말씀에 근거하고, 교회의 전통을 통해 전수되어온 것으로 일반적이고도 보편적인 교도권을 통해 가르쳐온 것입니다.

– 요한 바오로 2세Pope John Paul II, 《생명의 복음Evangelium Vitae》

대부분의 가톨릭교회 구성원들은 의사조력자살 문제에 있어서 개신교 근본주의자들의 보수적 견해와 뜻을 같이한다. 교회에 잘 출석하는 사람들, 성서를 문자로 기록된 하나님 말씀이라고 믿는 사람들, 근본주의적인 종교적 신앙을 고수하고 강화하려는 개신교도나 가톨릭교도들이 이런 견해를 지지하는 사람들의 주류를 형성한다. 보수 근본주의 기독교와 가톨릭교회가 한목소리를 내면서 일관성 있게 이러한 태도를 지켜왔다.

심지어 극단적 성서 문자주의자들은 의사조력자살이나 이중 효과의 원칙을 수용하는 고통 완화치료 행위조차 성서적 진술에 반하는 것이며, 생명의 신성함을 옹호하라는 성서적 명령에 정면 위배된다고 비난한다. 이들은 인간은 죽음을 맞기까지 의학적으로 치유할 수 없는 극심한 고통도 견뎌야 한다고 주장한다. 심지어 무의미한 연명치료를 중단하는 결정이나 죽음을 불러오는 진통제의 함량을 증가시키는 결정에도 이의를 제기한다. 왜냐하면 치료 중단이나 통증치료를 위해 진통제 함량을 늘여 처방하는 행위도 환자의 죽음을 초래하는 인위적 행위라고 판단하기 때문이다. 우크라이나의 사스카톤Sascaton 주교회의는 2016년 캐나다 대법원의 안락사 합법화 결정에 반하여 사목 회의를 소집했다. 여기서 주제 강연을 했던 마크 밀러Mark Miller는 이 관점을 명료하게 대변했다.

> 우리가 환자를 돌보는 기관을 운영하는 데는 두가지 원칙이 있다. 하나는 사람을 죽이지 않는다는 것, 다른 하나는 사람을 버리지 않는다는 것이다.[50]

이처럼 보수적 관점에서는 환자의 죽음을 초래하는 모든 행위를 멈춰야 한다고 주장한다. 개신교 근본주의, 가톨릭교회, 성공회, 미국 장로교, 독일 개신교협의회 등이 생명의 존엄성과 신의 생명주권 존중이라는 관점에서 환자 개인의 자유와 자율성을 부정하고 의사조력자살이나 안락사를 반대하는 데 한목소리를 내고 있다.

반면, 조금 덜 보수적인 입장에서는 죽음을 앞둔 환자의 요구에 따라 치료를 중단하거나 생명유지장치를 제거하는 '인위적' 행위를 허용할 수 있다고 생각한다. 이는 신의 섭리에 따라 죽음을 맞는 이의 죽음을 비자연적으로 지연시켜온 행위를 해제하는 것이기 때문이다.

## 수정주의적 관점

알다시피 네덜란드는 세계 최초로 안락사와 의사조력자살을 입법화한 나라다. 입법화 과정 이전부터 네덜란드 개신교회는 인간 생명에 대한 전통적 해석과 진보적 해석 사이에서 수정주의적 관점을 취했다. 사실 인위적으로 환자의 생명을 종식하는 문제에 관한 종교적 토론에서는 다음 두 가지 문제에 관한 생명윤리학적 판단이 요구된다. 하나는 '극심한 고통에 시달리는 환자가 자신의 죽음을 관리할 권리와 자율성을 가지느냐'에 대한 판단이고, 또 다른 하나는 '특정한 경우 합리적 자살을 허용할 수 있느냐'에 대한 판단이다.

이 두 가지 문제에 대하여 대부분의 종교적 전통은 부정적 입장을 표명해왔다. 기존의 주류 근본주의 개신교 그룹은 환자가 스스로 내린 결정에 따라 의사의 도움을 받아서 자신의 삶을 종식하는 것이 허용되어야 한다는 '환자의 권리 주장'을 냉정하게 거절한다. 그것은 오만한 인간의 과도한 자율성을 인정하고, 결과적으로 신의 생명 주권을 부정하는 것이므로 이를 교회가 동의할 수 없는 도덕적 악moral evil으로 간주하기 때문이다. 이 경우 환자 생명의 관리자나 보호자는 환자 자신이나 환자 가족이 아니라 신, 종교, 성직자, 교리, 전통 등이 된다.

그런데 환자가 겪는 고통을 줄여주기 위해 정작 아무것도 해주지 못하면서도 우리가 돌보아줄 테니 "죽을 때까지 견디라"는 입장은 매우 심각한 문제를 야기한다.

이런 보수적 입장에 반하여 환자는 이렇게 항변하게 된다.

만일 내가 나의 죽음을 결정할 수 없다면
이것은 도대체 누구의 몸인가?
누가 내 생명을 소유하는가?
–수이 로드리게즈Sui Rodriguez[51]

기독교 후기의 정황을 수긍하는 비종교적 집단이나 진보적
신학 전통을 수용하는 사람들은 보수적 입장과는 달리 신의 뜻
을 찾기에 앞서 환자의 고통과 신음 소리에 먼저 귀를 기울이는
입장을 취한다. 이들은 신이 인간에게 존엄성을 부여했으며, 인
간은 그 존엄성을 지키는 청지기로서의 삶을 살아야 한다고 생
각한다. 죽음조차 신이 주신 삶의 영역이므로 신이 부여한 인간
의 존엄성을 끝까지 지키며 책임 있게 관리할 수 있어야 한다고
보는 견해다. 즉 인간으로서의 존엄성이 극도로 훼손되는 특정
한 정황에서 죽음 앞의 환자가 자율성과 주체성을 책임 있게 행
사하는 일, 자신의 죽음을 앞당기며 신의 손에 생명을 되돌려주
는 행위를 불신앙적인 행위로 볼 수 없다는 것이다.

진보적 관점은, 전통 신학의 테두리에서 신의 생명 주권만을
생각하며 죽음을 적대시하고 거부하는 편협한 사고에 빠지지
않는다. 이러한 입장은 생명은 물론 죽음까지 수용하라는 신의
섭리를 폭 넓게 해석하기 위하여 윤리신학을 확장 내지 수정해
야 한다는 요구를 받아들인다. 그 결과 말기 환자가 '특정한 정황

에서' 영적인 그리고 의료적인 도움을 받아 자기결정권을 행사하도록 돕는 것이 범죄적 살해 행위가 아니라, 인간이 책임 있게 행사할 수 있는 최후의 권리라고 인정한다.

이런 관점은 네덜란드 개혁교회the Dutch Reformed Church 가 1972년 발표한 〈안락사: 의료적 개입의 의미와 한계Euthanasia: Meaning and Limits of Medical Interventions〉라는 문서에, 그리고 네덜란드 정통 개혁교회the Orthodox Reformed Churches가 1985년 발표한 〈안락사와 목회적 돌봄Euthanasia and Pastoral Care〉이라는 문서에 담겨 있다. 의사나 목사를 대상으로 한 1972년 문서는 '신의 나라Kingdom of God'라는 관점에서 삶과 죽음을 인간의 자율성, 성숙한 주체, 그리고 책임이라는 태도로 바라보라고 권고했다.

네덜란드 교회는 환자가 견딜 수 없이 고통스러운 정황에 처했을 때 단지 신체적 생명에 대한 집착을 넘어 신의 사랑과 용서에 대한 확신을 가지고 신의 손에 자신을 내려놓는 행위는 불신앙이 아니라고 이해한다. 따라서 '특정한 상황'에서 환자의 의지에 따라 죽도록 돕는 일이나 죽어감의 과정을 멈추는 일은 전적으로 신앙을 가진 인간의 '책임 있는 행위'가 되어야 한다는 원칙을 제시했다.

정통 개혁교회가 작성한 1985년의 두 번째 문서에는 네덜란드 개혁교회도 전폭적 지지를 표명했다. 교회 공동체 구성원과 환자들을 대상으로 한 이 문서에서 네덜란드 교회는 자율성과 자기결정권이라는 개념을 성서의 청지기 직이나 달란트 비유와 연관해 해석한다. 그러면서 삶의 질이 극도로 저하된 특정한 정

황에서 삶보다 죽음을 선택하는 것도 책임 있는 행위로 이해할
수 있다는 견해를 피력했다.

　이 문서는 안식일이 인간을 위해 있듯이 교회나 교리를 위해
인간이 존재하는 것이 아니라 교회나 교리가 인간을 위해, 즉 인
간의 자유와 존엄성을 위해 존재한다는 신학적이고 윤리적인
견해를 담았다. 사람의 "생명은 사람의 책임 앞에 놓여 있다"는
것이다. 따라서 "안락사나 의사조력자살을 요청받는다면 그리
스도 공동체 안에서 이를 사전에 묵살하거나 비난해서는 안 된
다"는 입장을 분명히 했다.

> "논의를 확장하자면 이 논의는 성서의 '청지기 직'과 달란
> 트 비유(〈마태복음〉 25장 14~30절)에 자율성과 자기결정권 개념
> 을 연관시키는 윤리신학적인 숙고다. 여기에 규범이란 사람
> 을 위해 있는 것이고 그 규범의 적용은 하나님 자녀의 자유를
> 위하여 구체적인 정황 속에서 적용되어야 한다는 관점을 가지
> 고 예수께서 안식일에 관해 언급하신 뜻을 제6계명에 적용함
> 으로써 어떤 정황에서는 죽음이 생명보다 선호될 수 있다는
> '생명의 질' 개념이 들어서는 것이다."[52]

　유니테리언 교회와 연합그리스도교회가 이러한 관점을 일
부 지지했고, 미국 장로교회와 연합감리교회, 성공회 일부에서는
찬반 토론이 이어지는 중이다. 이렇게 볼 때 문자적 신앙이나 교
조적 신앙보다 개인의 권리와 자유를 옹호하는 진보적 성향의 교

회들이 비교적 의사조력자살까지 승인하는 태도를 알 수 있다.

견딜 수 없는 고통을 겪는 말기 환자가 죽음을 앞당기기를 원할 때 생명 옹호와 신의 생명 주권이라는 전통을 지키는 것이 옳을까? 아니면 전통규범과 관습을 넘어 그의 죽음이 인간답고 존엄한, 평화로운 것이 되도록 돕는 것이 옳을까? 고령화된 사회에 다가온 낯선 죽음 앞에서 많은 사람들이 견딜 수 없는 고통에 노출될 수밖에 없는 새로운 현실과 마주하면서 우리는 이런 질문을 던지게 된다. 이 물음에 답하기 위해 죽음윤리의 적절한 수정이 필요할 것인지 우리 사회의 심도 깊은 논의가 필요한 시점이다.

물론 우리는 모든 사람이

조력사에 동의하지 않는다는 것을 알지만

사람들은 그들 스스로

그 권리를 행사하려 하지 않을 것이나

누구나 그 권리를 가지고 있다는 것을 알고 있다. –존 롤스

John Rawls[53]

# 12. 새로운 죽음 이해, 과연 필요한가?

"나는 나의 전 생애를
다른 이의 뜻에 따라 살았다…
나의 죽음에서는 내 뜻을 따르게 해다오."

—손 메타Shon Mehta, 《괴물 물고기The Timingila》

보수적 성향의 사람들은 현대의 의사조력자살 승인 요구를 나치의 인종주의적·효용주의적인 타살 범죄였던 안락사 프로그램과 동일시하기도 한다. 이들은 자기네 주장을 뒷받침하려고 "살인하지 마라"(〈출애굽기〉 20장 13절), "거짓 일을 멀리하며 무죄한 자와 의로운 자를 죽이지 마라. 나는 악인을 의롭다 하지 아니하겠노라"(〈출애굽기〉 23장 7절) 같은 친숙한 성서 구절들을 인용한다. 이런 견해는 얼핏 정당해 보이지만 실상 의사조력자살의 의미를 왜곡하거나 호도한다.

이 같은 그릇된 견해는 그저 전통적 죽음 이해로 만족하고 싶다는 완고한 태도에서 시작되었다. 또한 원칙적으로 '예외적 정황'에서의 제한적 적용을 전제하는 독일 법원이나 오리건주 혹은 네덜란드 존엄사법의 법리를 살피지 않은 데서 비롯되었다.

오늘날에는 과거의 죽음 이해가 갖는 한계가 점점 뚜렷하게 드러나고 있다. 이들은 1930년대에 비하면 현대인의 수명이 거의 곱절이나 연장되고, 그 결과 대부분 고령 노인이 되어 '낯선 죽음의 시대'를 겪다가 죽어가는 현실을 애써 외면하거나 간과하려 한다.

오늘날 전개되는 의사조력자살 논쟁은 인종주의, 효용주의, 우생학적 동기, 천박한 배타적 민족주의, 인권을 말살하려는 동기 등이 핵심이 아니다. 나치 시대의 안락사 프로그램이 범죄적 안락사criminal euthanasia였다면 오늘날 우리가 논의하는 안락사의 유형은 인간의 존엄성을 지키는 안락사humane euthanasia라는 사실을 간과해서는 안 된다. 이 문제를 진지하게 숙고하려면 적어도 다음 세 가지 질문에 대한 답변을 마음에 준비해야 한다.

첫째, '전통적 윤리 판단에 따라 자살(의사조력자살이나 안락사)을 금기시해온 과거 규범의 한계를 특정 경우 수정할 필요가 있는가?'라는 근본적 질문이다.

둘째, 우리는 '전통적 윤리 지침의 한계를 드러내는 현실에 대한 정보를 제대로 정확하게 파악하고 있는가?'라는 질문이다.

셋째, 의사조력자살이나 안락사를 요청하는 사람을 '우리가 진정한 사랑과 동정심을 가지고 돕고 싶다면 그 도움은 어떤 행위로 표현될 수 있는가?'라는 질문이다.

한 연구 보고서에 따르면[54] 지난 30년 동안 보수적 신앙을 가진 집단은 의사조력자살에 대해 변함없이 보수적 관점을 지켜왔다. 반면 중도 온건 집단과 진보 집단에서는 안락사 논의가 본격적으로 시작된 1970년대에 비해 이에 대한 거부감이 상당히 약해지고 있음을 확인할 수 있다. 보수적 관점을 가진 사람들은 사실에 근거해 판단하기보다 전통적 견해를 지키려는 교조주의적 태도를 취한다. 이로써 새로운 윤리 판단을 절실하게 요구하는 환자의 고통과 호소를 냉담하게 외면하거나 거절하려 든다. 반면 진보적 관점을 가진 사람들은 구체적 현실을 정확하게 인식하고, 감정적 판단보다는 고통 겪는 환자의 처지에서 이성적 판단을 내리는 경향을 보인다.

한스 큉은 "극심한 고통을 겪는 말기 환자가 세상을 떠날 시간과 장소를 스스로 정하는 행위는 하나님의 생명 주권을 침해하는 것이 아니다"라고 주장했다. 파킨슨병을 앓고 있는 큉은 2013년 로이터통신 기자와의 인터뷰에서 "질병, 고통, 치매가 우리 삶을 견딜 수 없게 만든다면 우리는 우리 생명을 하나님께 되돌려드릴 권리가 있다"고 주장했다.

나는 나 자신의 그림자가 되어 사는 것을 원하지 않는다. 나는 나 자신을 위해 결단하기를 원할 때 나의 의지와 상관없이 요양원에 보내지는 것을 원하지 않는다. 나의 소망을 들어주기 바란다.
　　─한스 큉,《존엄한 죽음Dying with Dignity》

스위스 국적을 가지고 독일 튀빙겐대학교 신학부에서 강의해온 그는 삶의 마지막 단계에서 치매로 인격을 상실한 후 육체만 살아 있는 그림자 같은 삶을 강요받을 순 없다고 생각한다. 언젠가 때가 되면 떠날 것이라며 그는 스위스 디그니타스에 이름을 올려두었다고 담담히 밝혔다.

> 어느 누구도 견딜 수 없는 고통을 마치 하나님이 주신 것인 양 견뎌야 할 필요는 없다. 사람은 자기결정권을 행사할 수 있어야 한다. 사제도, 의사도, 재판관도 그 권리를 막을 수는 없다. (…) 그의 이런 자기결정권의 본질은 살인이나 자살이 아니라 자기 생명을 창조주 하나님 손에 돌려드리는 것이다. [55]

이러한 큉의 견해는 네덜란드 개혁교회 문서에 담긴 안락사 및 조력사에 관한 주장과 매우 흡사하다. 미국 성공회 워싱턴D.C. 교구 의료윤리위원회 역시 의사조력자살을 선택하려는 사람들에 관한 심도 깊은 연구 끝에 《워싱턴 리포트The Washington Report》(1997)를 발간했다. 이 백서는 '매우 예외적 사례'로서 '깊은 동정과 연대를 나누는 가운데' 의사조력자살을 인정할 수도 있다는 내용을 담고 있다. 남부 오하이오주 성공회 교구 생명위원회는 오늘날 어떠한 구체적 정황에서 의사조력자살이 필요한지 그리고 그 윤리적 논쟁점이 무엇인지 검토한 후 "교회나 국가가 이런 예외적 결단을 예외 없이 무조건 금하는 일이 없기 바란다는 말을 백서를 인용해 권고했다. 그리고 교회 구성원들을 향해서는 진지하고 열린 태도를 가지고 이 문제에 대한 의견을 나누며 계속 토론할 것을 제안했다.

남부 오하이오주 성공회 교구 건강과 인간 가치와 윤리위원회는 사람이 자기 생명을 종식하거나 다른 이의 생명 종식을 돕는 일이 도덕적으로 허용될 수 있다는 점에는 동의하였다(1996년 2월 23일). 그러나 의학적 조력사가 생명 유지를 위하여 필요한 의학적 조치를 취하거나 해제하는 것과 도덕적으로 동일하다는 여하간의 제안이나, 조력자살을 결단하려는 사람을 지원하는 성공회 교회의 정책을 만드는 일에는 반대했다. 조력사는 각각의 사례에 따라 그 조건을 면밀하고도 진지하게 숙고하기를 요구한다. 그런 행위를 무조건 거부해서도 안 되겠지만, 반드시 '예외이자 보편적인 룰이 아닌'것이 되어야만 한다.[56]

의사조력자살 문제는 종교 영역만이 아니라 일반 사회에서도 전통과 이성이 갈등하는 문제다. 어느 선까지 사람이 자기 생명을 관리할 수 있는가에 대해 전통적인 생명윤리학적 시각에서 나온 권고와 현실이 요구하는 이성적 판단이 여러 측면에서 갈등하기 때문이다. 환자의 주체적 요구를 거절하면 전통적인 윤리규범과 원칙은 지킬 수 있지만 구체적 정황에서 고통을 겪는 사람의 실질적 호소와 요구를 외면하는 결과로 이어진다. 반면 환자의 요구를 들어준다면 결국 생명이 죽음에 이르도록 돕는 행위까지 정당한 행위로 보아야 하는 딜레마에 빠진다.

인간의 '죽음'만 다루었을 뿐 '죽어감의 구체적 현실'을 충분히 숙고할 여지를 남겨두지 않았던 전통적 생명윤리의 한계에 이러한 딜레마의 본질이 있다. 신의 생명 주권을 주장하는 기독교 생명윤리 혹은 비종교적 전통의 생명윤리는 오로지 생명을 지키거나 옹호하는 것을 윤리적 과제에 집중함으로써 정작 환자가 고통을 겪으며 죽어가는 구체적 현실 앞에서 그를 외면하게 만드는 무능함을 드러냈다. 이러한 딜레마에서 벗어나려면 전통적으로 죽음을 이해하던 방식에서 벗어나야 한다.


## 새로운 죽음의 윤리

이 지점에서 나는 이 시대가 요구하는 생명윤리는 일종의 '죽음의 윤리'까지 확장되어야 한다는 다소 모순되어 보이는 결론을 피할 수 없다고 생각한다. 죽음을 거부함으로써가 아니라, 죽음을 삶의 일부로 받아들이고 죽음의 영역에서도 고통과 폭력을 제거하는 책임 있는 행위를 통해 인간 생명의 존엄성을 보호해야 한다고 생각하기 때문이다. 따라서 우리는 환자의 자유와 존엄과 권리를 지키는 동시에 그와 연대를 나누며 고통 없이 죽음을 수용할 방법을 찾아야 한다. 이는 인간의 자유와 자율, 책임성을 수용하겠다는 자세이자, 견딜 수 없는 고통으로 죽어가는 이웃의 마지막 권리를 인정하면서 그의 인간다움과 존엄성을 지켜주겠다는 태도다.

전통적 생명윤리학적 관점에 얽매여 의사조력자살과 안락사 논쟁을 거부하는 사람들에게 나는 다음 몇 가지 사항에 대한 깊은 숙고의 시간을 가지고 계속 토론할 것을 요청한다.

첫째, 안락사 혹은 조력자살 논쟁의 출발점은 의료기술과 소득 증대, 그리고 사회복지 혜택을 통해 현대인이 누리게 된 '연장된 수명과 고령사회의 특성'에서 비롯되었다. 고령 노인이 급속히 증가한 고령사회에서는 건강수명을 다한 노인들이 외로움, 고통, 장애와 소외 속에서 죽어가는 기간이 더욱 길어진다. 그러므로 고령사회의 노인은 국가와 사회에서 다양한 형태의 지원과 도움을 받을 수 있어야 한다.

고령 노인들이 삶의 마지막 단계에서 삶의 의미와 기쁨을 누리는 사회가 되도록 사회적·경제적으로, 생명윤리학적으로 심원한 안전망을 마련해야 한다는 점에는 이견이 있을 수 없다. 암, 혈관질환, 뇌출혈, 치매, 당뇨 합병증 등으로 몸의 일부 기능을 상실하고 삶의 의미와 기쁨을 찾지 못한 채 오랜 시간 죽음만 기다리는 노인들이 점점 많아지는 현실은 심각한 문제가 되고 있다. 삶의 최후 단계에서 아무런 희망도, 생존의 기쁨도 없이 힘겹게 삶을 이어가야만 하는 강요된 현실에서 벗어나려는 노인들의 바람은 고소득사회의 급속한 노인 자살률 증가로 이어진다. 대한민국 노인 자살률이 OECD 국가 평균 자살률의 4배나 된다는 사실은 다른 나라에 비해 더욱 세차게 노인을 '죽음으로 내모는 사회'라는 비판을 부르기에 충분하다.

둘째, 지난 한 세기 동안 소득 증대와 사회복지 혜택의 향상은 인간의 자유와 권리, 존엄성에 대한 인식을 증진시켜왔다. 그 결과 고소득사회에서는 인간의 자율성과 자기결정권을 존중하는 자유주의철학의 영향이 점차 확대되고 인간의 주체적 삶에 대한 각성이 일었다. 이에 더해 이전 사람들이 향유하지 못한 물질적 풍요와 점증하는 사회복지 혜택은 삶의 가치를 유용성에 따라 평가하는 효용주의적 경향을 부추겼다.

이런 자유주의적·효용주의적 윤리는 고령사회를 살아가는 노인들의 삶의 질과 가치를 주객관적으로 저평가하면서 마치 의료 시스템이라는 창고에 가두거나 버려두는 듯한 현실로 이어진다.

현대의 안락사 논의에 대해 부정적 평가를 초래한 독일 법률학자 카를 빈딩Karl Binding의 '살 가치가 없는 생명Lebensunwertes Leben'이란 개념은 인간의 존재론적 가치를 부정하는 극단적 효용론의 산물이었다. 인간 생명의 가치를 사회공학적으로 평가하고 그 존재가치를 박탈하는 비인도적 안락사는 인간성에 대한 범죄로 규탄받아야 마땅하다.

우리는 이런 경향에 반대하면서 이 사회에 자유주의적 자율성뿐 아니라 인간됨에 관한 연대성의 윤리와 인간 실존의 존재론적 가치를 심원하게 회복시켜야 한다. 그럼으로써 '살 가치가 없는 생명'이라는 비인도적 개념을 비판, 거부하고, 생명 가치를 널리 옹호할 수 있도록 심원한 생명윤리 의식을 배양해야 할 것이다.

셋째, 현대인의 죽음은 '낯선 죽음'이 되었다. 과거의 단순하고 자연스러운, 찾아오는 죽음에서 인간이 관리할 수 있는 죽음으로의 변화는 자연과학과 의료기술의 발달로 인해 사람의 책임영역에 편입된 '죽어감의 시간'이 길어졌기 때문이다. 지나친 의료적 개입을 통한 자연스러운 죽음의 유예는 과도하고 오만한 의료 온정주의가 될지 모른다. 오히려 죽어가는 이의 고통을 연장하거나 증대하는 행위로 이어질 가능성이 있기 때문이다.

현재 대한민국 존엄사법은 이러한 종류의 고통이 연장되는 것을 멈추는 법적 장치로 기능할 수 있다. 하지만 죽어가는 환자가 극심한 고통에 공격당할 때 환자를 보호하는 장치로는 충분치 않다. 대한민국 법제도는 완화치료 중지까지만 허용한다. 따라서 극심한 고통을 겪는 말기 환자가 죽음에 이르기까지 견딜 수 없는 괴로움 속에 비인도적으로 방치되는 결과를 초래한다.

이런 정황을 극복하려면 어떻게 해야 할까? 말기 환자의 일상적 삶이 불가능하고, 회복할 가능성이 전무한 가운데 고통받으며 오로지 죽음을 기다리는 경우, 자발적으로 죽음을 앞당길 환자의 자유와 권리를 인정하는 것은 살인이나 살해 혹은 단순한 자살로 규정할 수 없다. 이는 새로운 형태의 합리적 자살로 이해되어야 한다.

넷째, 죽음의 단계에 들어선 환자가 자의적으로 죽을 권리를 행사하려고 할 때 이를 승인하고 의사조력자살 혹은 조력 안락사를 고뇌하며 허용하는 사회가 오늘날 점점 늘어간다. 이는 부정할 수 없는 사실이다. 이런 현실은 고통과 죽음에 대한 승복이 아니라 고통과 죽음을 수납하는 겸허한 인간의 선택으로 이해될 수도 있다. 이런 점에서 볼 때 의료진의 직무와 소명이 육체적 생명을 살리는 데만 있다고 보는 견해는 낯선 죽음의 시대를 살아가는 우리에게 매우 소극적이고도 제한적인 대처 방안이라고 보지 않을 수 없다.

'생명 옹호'라는 미명하에 전통적인 자연스러운 죽음의 규범을 고수하며, 견딜 수 없는 고통에서 벗어나고자 스스로 죽음을 앞당기려는 이의 절실한 요구를 외면한다면 사랑과 자비의 눈길로 그의 생명을 지키는 행위라고는 볼 수 없을 것이다. 과거의 윤리적 관점에 대한 수정을 거부하는 경직된 교조주의는 고통 속에서 죽어가는 이를 냉혹한 규범 안에 가두어놓은 채 실제로는 그에게 아무 도움도 되지 않는 '버려진 돌봄'을 주장하는 것이나 마찬가지다. 이런 태도는 환자 중심의 윤리가 아니라 현실에 눈을 감는 교조주의적 윤리규범의 산물이라는 비판을 받지 않을 수 없다.

그러므로 2017년 3월 2일 독일 법원이 판결[57]했듯이 '지극히 예외적으로' 이미 죽어감의 과정에 들어선 이가 한없이 연장되는 죽음의 과정에서 견딜 수 없는 고통의 시간을 단축하기를 요청한다면 그의 선택과 결단을 존중해야 한다. 이로써 고통과 무의미의 심연에서 인간의 존엄성과 자유를 지킬 수 있기 때문이다.

다섯째, 이상의 논의는 오로지 생명에 위해를 가하지 않는 소극적 관점만을 대변해온 전통적 생명윤리의 규범만으로는 대처할 수 없는 내용이다. 기독교에서는 죽음을 '죄의 값'이라는 부정적 범주로 규정했으며, 부활절 신앙은 죽음을 수용의 대상이 아니라 극복과 정복의 대상으로 간주하는 성향을 부추겼다. 이처럼 죽음을 거부하고 외면해온 신학적 전통에서 죽음도 인간의 책임 영역이라는 관점으로의 수정이 반드시 필요하다.

그러므로 이 낯선 죽음의 시대에 적합하도록 말기 환자들의 자율적 선택과 요구를 승인하는 새로운 죽음윤리를 제시할 수 있어야 한다. 우리는 생명과 삶뿐 아니라 언젠가 죽음까지 겸허하게 받아들이는 존재가 되어야 한다. 죽음을 받아들이는 것 또한 자연스러운 일이자 인간다움을 구성하는 중요한 요소라는 사실을 잊어서는 안 된다.

여섯째, 보수주의적 종교윤리에서 주장하듯 하나님 신앙과 생명 주권을 빙자해 이웃이 고통으로 몸부림치다가 죽어가게 내버려두는 것을 신앙 행위라고 칭송한다면 매우 잔인하고 무책임한 일이다. 성서도 하나님은 "고통의 하나님이 아니라 궁극적으로 하나님의 백성에게 평안을 주시는 분"(《예레미야》 29장 11절)이라고 고백한다. 고통과 죽음의 연장을 신앙이란 이름으로 미화한다면 하나님의 뜻과 거리가 멀다. 이것은 또한 동료 인간에게는 신앙을 빙자한 매우 냉혹한 태도가 될 수 있다.

한스 큉은 교황 요한 바오로 2세가 파킨슨병에 시달리거나, 무하마드 알리가 침묵의 고통을 겪는 것을 하나님의 섭리라고 보지 않았다. 죽음이 마지막 과제가 아니고 오히려 죽음 너머 그리스도 안에 영원한 생명이 약속되어 있음을 믿는다면 죽음을 뛰어넘는 희망으로 결단하기를 두려워할 필요가 없다는 것이다. 그는 허물어져가는 육체에 집착하기보다 영원한 생명을 고대한다고 고백했다.

이런 요소들은 조력자살이나 안락사에 반대해온 기독교의 전통적 금기를 수정해야 할지 묻게 한다. 이는 질병에 걸려 죽어가는 소중한 사람들을 향한 우리의 사랑과 자비의 표현에 관한 문제만이 아니다. 하나님의 정의로운 목적과 공동선이라는 범주 안에서 어떻게 해야 그 사랑과 자비를 나누는 것인지 고뇌하게 하는 것이다.[58]

이상의 여섯 가지 문제에 대해 제대로 이해했다면 낡고 진부한 과거의 규범을 거듭 적용하려고 해서는 안 되며 하루 속히 현실에 적합한 윤리 지침을 마련할 필요가 있음을 인정하게 될 것이다.

우리 모두 언젠가 이 시대를 살아가는 고령 노인이 될 것이다. 노화 과정에서 건강을 상실하면 극심한 고독과 고통, 허무함, 신앙적 회의에 빠지기도 한다. 이것이 우리가 바라보는 그들, 즉 오늘의 노인이 처한 현실이다. 우리 모두 언젠가 그런 상황에 직면할 것이다. 삶이 죽음을 향해 기울어지는 순간이 다가왔을 때 견딜 수 없는 고통을 겪으며 속절없이 죽음을 기다리는 삶을 선택할 것이다. 이럴 때는 독일 교회가 제안[59]하듯이 환자가 죽어가는 과정을 지켜보면서 생명에 대한 경외와 존엄성을 전제로 돌봄과 연대의 윤리를 실천해야 한다. 하지만 모든 사람이 그러한 방식으로 마지막 삶의 단계를 살아내야 한다고 강요할 수는 없다.

인간의 삶과 죽음에 개입해서 질적 향상을 이루게 한 생명 의료 기술을 긍정적으로 평가하고 우리가 선물처럼 그 결과를 누린다면, 그에 따라 주어지는 죽어감의 긴 시간 역시 우리의 선택과 책임의 영역으로 이해해야 하지 않을까. 어쩌면 그것은 이 낯선 죽음의 시대에 너무나 당연한 일일 것이다. 이런 까닭에 스위스를 비롯한 여러 나라에서는 조력자살을 입법화하고, 죽어가는 이가 고통스러운 죽음의 과정이 아니라, 인간다움과 존엄성을 누리며 편안한 죽음을 선택할 권리를 인정하기에 이르렀다. 이러한 권리 이면에서는 이 시대를 위한 새로운 죽음윤리가 형성되고 있는 것이다.

# 13. 죽음, 삶의 마지막 책임 영역일까?

나는 신이 우리가 아프지 않게 죽어가기를,
그리하여 죽음의 맨얼굴을 응시하기를
바랐을 거라고 감히 생각한다.
—김여환, 《죽기 전에 더 늦기 전에》

어릴 적 가까운 친척 아주머니가 어머니에게 자신의 외동딸에 대해 하는 말을 우연히 들은 적이 있다. 딸이 엉뚱한 짓을 한다는 얘기였다. 초등학생도 안 된 딸이 눈시울이 빨개져 훌쩍훌쩍 울기에 이유를 물었더니 더 크게 울면서 말했다고 한다. "엄마가 죽는다고 생각하니 너무 슬퍼."

그 말을 듣고 엄마의 죽음을 상상하는 딸이 가엾기도 했지만 한편으로는 기분이 몹시 언짢기도 해서 딸을 혼냈다고 했다. 그러고 나서 생각하니 자신이 언젠가는 죽는다는 사실을 부정할 수가 없었고 홀로 남을 딸이 안쓰러웠다. 그래서 딸을 끌어안고 "엄마 절대 안 죽을 거야"라고 약속을 했지만 그 딸 또한 언젠가 죽는다는 사실을 생각하니 자신도 슬퍼지더라고 했다.

아직은 죽음과 거리가 먼 어린이가 죽음을 생각하고 슬퍼하는 일이 청승을 떠는 것처럼 보일 수 있다. 하지만 죽음이 점점 가까워지면 우리는 진지하게 죽음에 관한 문제와 직면하지 않을 수 없다. 나는 인간의 죽음이 아름다운 것이라고는 결코 생각하지 않는다. 삶의 무수한 고뇌와 문제를 짊어지고 살아가던 한 인간이 찬란한 젊음과 생명력을 소진한 채, 곱고 아름다웠던 얼굴은 온통 주름진 얼굴로 바뀌고, 여기저기 허약해져 무너져가는 몸으로 맞이하는 죽음이 어찌 아름다울 수 있을까.

하지만 많은 죽음 학자들이 애써 아름다운 죽음을 강조하는 것도 일면 의미가 있다고 생각한다. 자연스러운 죽음이 아닌 부자연스럽고도 추한 죽음이 존재할 수 있기 때문이다. 나는 죽음의 본질을 이해하지 못한 채 당황스럽게 죽음을 맞는 경우도 보았고, 죽음의 순간 삶에 대한 미련이 남아 애걸복걸 생명을 연장하고 싶어 하는 경우도 보았다. 그런가 하면 차분히 죽음을 준비하면서 스스로 음식을 끊고 조용히 죽음을 기다리다 떠나는 이도 있었다. 대다수 사람들은 마지막 순간 삶의 모든 에너지가 소멸된 채 숨 한 번 들이쉴 힘도 없이 숨을 거둔다. 영화에서 보듯 만면에 웃음을 띠고 가족들에게 멋진 작별을 고하는 평화로운 죽음은 한 번도 보지 못했다. 그래서 나는 작별 인사는 되도록 일찍 나누는 편이 좋다고 생각한다.

오늘날 많은 사람들이 죽음 그 자체보다 죽음에 이르기까지 죽어감의 과정에 주목한다. 나는 죽음을 앞둔 이가 스스로에게 물어야 할 마지막 질문은 '죽음을 어떻게 생각할 것인가', '죽음 이후에는 무엇이 있을까'가 아니라 '어떻게 죽어갈 것인가?'가

되어야 한다고 생각한다. 그 질문은 죽음에 의해 이끌려가는 죽음이 아니라 자신의 자유와 의지, 독립성을 가지고 '인간으로서 존엄성을 지키며 죽는 것이 어떤 것인가' 하는 질문으로 이어진다. 결국 우리의 질문은 '어떻게 나의 죽음을 맞을 것인가?'로 귀결된다.

언젠가 벗과 함께 가까운 심학산을 오르면서 죽음에 관한 생각을 나누었다. 우리는 김훈의 낙화 이야기에서 인간이 죽어가는 여러 모습이 그려진다는 사실에 깊이 공감했다. 추해짐을 거부하다가 마치 목이 잘려나가듯 굴러떨어지는 동백꽃, 바람에 흩날리며 산화하듯 지는 매화나 벚꽃, 연둣빛으로 나타났다가 소리 없이 지는 산수유, 추하고 추하도록 끈질기게 가지에 붙어 있다가 풀썩 떨어지는 목련의 낙화는 다양한 인간의 죽음을 연상하게 했다.

그런데 어찌해야 하나. 고령사회에서 우리가 맞게 될 죽음은 대부분 꽃잎 색이 바랜 목련처럼 나이 들고 늙어 쇠약해진 노년의 죽음일 수밖에 없기 때문이다. 운이 나빠서 중증질환에라도 걸리면 그 죽어감의 과정이 훨씬 괴롭다. 누군가는 극복할 수 없는 고통을 안고 밤낮없이 죽음만을 기다려야 한다.

암 병동에 가보면 암 등의 중증질환에 걸린 채 몇 년 동안이나 죽어감의 시간을 버텨내는 환자들이 비일비재하다. 그들은 죽음의 그림자가 길게 드리운 육체에 이것저것 주렁주렁 매단 채 의료적 도움을 받으며 길고 긴 고통의 시간을 연명한다. 그 누추함이 싫어서 스스로 단식하며 단정히 앉거나 누워 죽음을 기다리는 수도자도 있지만 흔치 않다.

인간의 죽음은 크게 자신의 의지와 상관없이 다가오는 자연적 죽음과 의지를 가지고 관리할 수 있는 죽음으로 나뉜다. 과거에 비해 현대인은 어느 정도 자신의 죽음을 스스로 관리할 수 있게 되었다.

자신의 의지와 상관없이 죽음을 맞는 경우는 크게 보아 두 가지다. 하나는 자연적으로 죽음을 맞는 자연사, 다른 하나는 외적요인에 의한 죽음, 즉 타살이다. 과거에는 대부분의 죽음이 사고를 당하거나 수명이 다해 세상을 떠나는 자연사였고, 전쟁이나 질병으로 자신의 의지와 상관없이 죽음에 이르는 경우도 많았다. 그러므로 굳이 자신의 죽음을 관리해야 할 필요가 없었다.

지금 우리가 사는 시대에서는 관리와 처치로 생존 기간을 늘리거나, 특별한 경우 죽음을 앞당겨 생존 기간을 단축하는 것이 가능하다. 과거에는 죽어가는 이가 자발적으로 죽음을 택하는 경우는 거의 없어서 대개가 자연적 죽음을 맞았다. 그러나 2018년 3월 현재 전 세계에서 죽음을 선택할 권리를 인정하고 법으로 보장하는 나라와 주정부가 14개에 이른다.[60] 이런 나라에서는 죽어가는 사람이 법이 정한 바에 따라 자신의 죽음을 규제할 권리를 보장받는다.

인간이 자신의 죽음을 관리하거나 규제하는 방법에는 크게 보아 스스로 생명을 종식하는 자살이 있고, 합법적으로 직간접 도움을 받아 죽음을 앞당기는 '조력자살'이 있다. 조력자살은 가장 소극적인 데서부터 직접적·적극적 범주까지로 나뉜다. 가장

## 인간의 죽음

| | | | | | |
|---|---|---|---|---|---|
| **환자의 자발적 요구가 있음** | 의사의 도움이 있음 | 의사의 처치 | 직접적 조력자살 | 존엄사 ending life with dignity | 합리적 자살의 법제와 요건을 충족할 경우 허용 |
| | | 의사의 처방 | 간접적 조력자살 | | |
| | 의사의 도움이 없음 | 생명유지 장치 제거 | 소극적 조력자살 | 협의의 존엄사 letting die | 환자의 사전의료지시서에 따름 |
| | | 의사의 도움 치료 거부 | 소극적 안락사 | | |
| | | 자살 | | | 생존 능력을 스스로 정지시킴 |
| **환자의 자발적 요구가 없음** | 자연적 죽음 | 자연사 | | | 생존 능력의 소멸 |
| | 인위적 죽음 | 타살 | | | 타인에 의한 생존 능력 제거(범죄) |

소극적인 경우는 생존 희망이나 가능성이 없는 환자가 불필요한 연명치료를 받지 않겠다는 의향서를 미리 남김으로써 의료진이 환자의 의사에 반한 연명치료를 시행하지 않도록 조치하는 것이다. 여기에는 생명유지장치 부착을 거부하는 치료 거부를 비롯해 이미 부착한 생명유지장치를 제거하는 치료 중단도 포함된다.

이 경우 환자의 생명을 살리려는 노력은 하지 않지만 환자가 편안히 생을 마칠 때까지 자연적 생존 조건을 제공하며 돌보아준다. 이는 환자를 '자연스럽게 죽게 하는 것letting die'을 의미하며 소극적 안락사 혹은 소극적 존엄사라고 볼 수 있다. 대한민국에서도 2018년 2월 4일부터 이런 소극적 존엄사가 법적으로 허용되었다.

그런데 이른바 안락사나 존엄사라고 지칭하는 죽음 관리는 단지 '죽게 하는 것'과는 차원이 조금 다르다. 현재 몇몇 나라나 주정부에서 허용하는 죽음 관리에 관한 법 규정들은 다소 적극적으로 생명을 종식시키는 행위를 의미하며 그 근본 정신은 인간으로서 존엄성을 지키려는 환자의 자유로운 의사결정권을 존중하는 데 있다.

앞서 살펴본 것처럼 인류 역사 최초로 1997년 미국 오리건주에서, 그리고 2002년 네덜란드에서 견딜 수 없는 고통을 겪는 말기 환자가 죽음을 앞당기기를 원한다고 명료한 의사를 표명할 경우 이를 허용하는 존엄사법을 제정했다. 이 법의 정당성을 부정하는 이들은 격렬히 반대했으나 오리건주는 주민투표를 통해, 스위스와 네덜란드에서도 국민투표를 통해 원래의 법안을 재차 확정했다.

영원한 삶을 꿈꾸던 쿠메의 무녀는 늙고 늙어 새장에 갇힌 채 아무리 죽기를 원해도 죽을 수 없었다. 그 고통스러운 상태는 어쩌면 인간의 자유와 행복추구권이 부정당하는 상황으로 볼 수도 있을 것이다. 견딜 수 없는 고통을 견디며 살아가는 것은 결국 인간의 독립성과 주체성 그리고 존엄성이 근본적으로 부정당하는 것과 다를 바가 없었기 때문이다.

현대 복지국가의 소명은 국가 구성원의 생명과 건강을 지키는 데서 행복을 보장하는 의무까지 확장되어간다. 의사조력자살에 관한 법을 제정한 나라는 국가가 국민의 자유와 권리를 연장함으로써 '특정한 경우' 스스로 자신의 죽음을 결정할 자유와 권리를 보장한 것이다. 비교적 최근, 즉 2017년 12월에는 국민 대다수가 가톨릭 신도인 이탈리아에서도 의사조력자살을 허용하는 법안을 통과시켰다. 벨기에나 네덜란드에서는 미성년자에게도 자기결정권을 부여하도록 결정했고, 굳이 육체적 고통에 한정하지 않고 '정신적 고통'과 '예상할 수 있는 고통'까지 견딜 수 없는 고통의 범주에 포함시키는 경향도 보인다.

이에 더해 네덜란드 정부와 의회는 2016년부터 말기 환자가 아니더라도 75세 이상 노인이 희망을 가질 수 없는 상태에서 '다 끝난 삶completed life'이라 여기며 삶의 여정을 마치고 싶어 할 경우 어떻게 대처할지 토론을 벌이고 있다. 병에 걸리지 않았으나 104세의 나이에 스위스에서 안락사한 오스트레일리아 생태학자 데이비드 구달David Goodall 박사[61]의 경우처럼 삶 자체가 짐이 되어 하루하루를 인간답게 살아갈 수 없도록 만드는 정황이 있기 때문이다. 삶의 여정이 다 끝났다 해도 심신의 자유와 편안함을 누릴 수 있다면 누가 죽음을 바라겠는가?

이렇듯 편안한 죽음, 곧 조력자살을 허용하려는 동향에 대해 프란시스 교황은 의사조력자살이란 생명을 '내팽개치는 문화throwaway culture'의 소산이며, 사랑으로 돌보는 행위에서가 아니라 거짓 사랑과 공감에서 나온 것이라고 비판했다.[59] 그는 조력자살은 소중한 생명을 그저 하나의 골치 아픈 문제로 보는 것이라며 자살을 돕는 의사들의 행위는 이기심의 극치라고 비난하기도 했다. 즉 적당한 건강과 아름다움, 쓸모가 없으면 거부하거나 버리는 행위에 참여하는 것과 같다는 비판이다. 그는 진정한 사랑은 누구도 주변화하거나 모욕하거나 제외하지 않는다며 조력자살을 확산시키려는 죽음문화를 "인간을 그저 하나의 물건 정도로 여기는 것 이상이 아니다"[62] 라고 비판했다.

하지만 이런 오래된 원칙론으로는 오늘의 문제를 해결할 수 없기에 존엄사법을 제정하는 나라가 하나둘씩 늘어나는 현실이다. 종교는 다분히 인간의 자율성과 자유, 책임성을 제한하는 역할을 담당해왔다. 하지만 오늘날 사람들은 종교적 신념을 가진 이들의 호소에 따라 행동하기보다 자유와 권리를 지키는 일에 더 많은 관심을 가진다. 안락사나 조력자살을 입법화한 나라의 국민들은 종교의 통제와 권고에서 벗어나 종교 후기 시대를 살아가는 면모를 보이는 셈이다.

심지어 그들은 종교적인 혹은 보수적인 윤리의 무능을 날카롭게 비판하고 지적하기도 한다. 보수적인 사람은 괴로워하는 사람의 고통을 덜어줄 방안을 구체적으로 제시하지도 못하면서 고통 속에서 오래오래 죽어가는 것이 더 옳다고 주장한다. 이는 이웃의 절실한 권리와 요구를 외면하는 냉정함이 더 좋은 신앙의 길이라고 주장하는 것과 하등 다를 바가 없다. 이런 신앙적 권고는 대부분 환자 중심의 이해가 아니라 교리 중심 혹은 과거의 윤리적 관점에 갇힌 관점이라는 한계가 있다.

죽음을 어떻게 준비할 것인가

## 비애에 잠기게 하는 죽음

아담 마이어 클레이턴Adam Maier Clayton은 현대의학으로는 치유할 수 없는 정신질환을 앓고 있었다. 뇌의 이상 반응이 전신에 고통을 야기하는 희귀한 정신병이었다. 캐나다는 2016년 견딜 수 없는 고통을 겪는 이에게 의사조력자살을 선택할 권리를 부여했지만 정신적 고통의 경우는 제외했다. 아담은 인간으로서 존엄성을 지키며 죽기를 원했지만 캐나다 법은 허락하지 않았다.

그는 가족이 자살 방조 혐의를 받지 않도록 부모가 잠든 한밤중에 집을 떠났고 멀리 떨어진 모텔에서 스스로 목숨을 끊었다. 2017년 4월 13일, 그의 나이 스물일곱 살이었다. 그의 어머니는 아들이 인간의 존엄성을 지키며 삶을 마치기 원했지만 캐나다가 그럴 기회를 차단했다며 자식의 외롭고 고독한 죽음을 애통해했다.

2018년 5월 2일 영국 의회가 조력자살 법안을 거부하자 스위스 비영리 단체 디그니타스는 영국 정치가들을 비난하며, 마지막 선택의 자유를 원하는 대중을 무시한 것은 "기본 인권을 침해하고 커다란 고통과 비용을 부담시키는 행위이며 정치가들의 무지하고 무책임하며 위선적인 태도"라고 발표했다.[63]

스페인 최초로 합법적 안락사를 요청한 전신마비 환자 라몬 삼페드로는 "우리 삶의 주인은 신이 아니라 우리 자신"이라고 주장했다.

우리의 주인은 저 높은 곳에 있는 신이니 우리 의식을 그분

뜻에 맡기라고 강요한다면, 우리는 아무것도 주체적으로 행할 수 없게 될 겁니다. 그러나 우리가 자유롭게 창조된 존재라고 생각한다면 삶의 유일한 주인은 우리의 의식입니다.

　　　-라몬 삼페드로,《죽음은 내게 주어진 마지막 자유였다》

　아무리 고통이 크더라도 '살아야 한다'고 강요할 권위는 국가, 종교, 그 밖의 어느 누구에게도 없다는 것이 조력자살을 승인한 사회의 법리적 배경이다. 인간이라면 진지하고 책임감 있게 자신의 삶에서 매사를 결단하고 선택하며 살아갈 자유가 있다. 그것은 마지막 순간도 마찬가지다. 그는 죽음 앞에서도 진지하고 책임감 있게 결단하고 선택할 자유를 누려야 한다.

　자신의 삶을 매듭짓는 방법을 선택할 자유, 그것은 지난 역사 속에서 거침없이 부정되었다. 과거의 생명윤리는 생명의 존엄성을 이해하는 데 있어 '치료하고 살리는 일'에만 온통 관심을 가졌기 때문이다. 그 결과 죽음을 앞둔 이가 어떻게 자신의 죽음을 선택할 수 있는가에 관한 윤리적 논의는 배제해왔다. 극심한 고통을 겪는 사람이 마지막 자유를 행사할 수 있는 권리가 전통적 윤리와 도덕 혹은 신앙의 이름으로 부정되는 것은 그러한 미명하에 자유를 부정하고, 견딜 수 없는 고통 속에 환자를 내버려두는 행위를 정당화하는 것이다. 이는 매우 잔인하고도 비인간적인 행위가 아닐 수 없다.

　자연사든, 조력자살이든 언젠가 우리 각자는 죽음과 만나야 한다. 그리고 그 죽음은 죽음과 직면한 사람이 누구의 후견도 받

276　　　　　　　죽음을 어떻게 준비할 것인가

지 않고 스스로 더 나은 죽음의 방식을 선택할 수 있는 마지막 권리와 연계되어 있다. 더 나은 죽음의 방식, 그것은 인간답고, 고통이 없으며, 평화로운 것이어야 한다.

## 마지막 권리

전통적 죽음 이해에 머물거나 마음의 여유를 가지고 죽음을 깊이 숙고하지 않는 사람들은 죽어가는 이의 권리가 무엇인지 생각할 여지가 없다. 이들이 사랑하는 사람의 죽음을 대하는 자세는 대부분 가장 무력하고 연약한 인간으로서의 죽어가는 이를 바라보며 고작 그의 죽음을 기다리는 것뿐이다. 그 죽음의 과정은 죽어가는 이가 원하는 것과는 아무 상관 없이 일어난다.

내가 살펴본 바에 따르면 최근 우리에게 소개되는 인간의 죽음에 관한 책들은 대부분 다른 나라 사람이 쓴 것이었다. 그리고 그들의 이야기는 다소 충격적이다. 심지어 그들이 들려주는 이야기를 도무지 있을 수 없는 일이라고 생각하며 "법으로 죽을 권리까지 허용하다니……"라고 탄식하는 사람들도 있다. 그러나 이러한 책들이 분명하게 제시하는 하나의 방향이 있다. 바로 "나의 죽음을 기다려야 할 시간이 오면 내가 그 방식을 결정하는 것이 옳다"는 사실이다. 누가 나 대신 내 죽음의 방식을 결정하겠는가? 아무 결정도 하지 않는다면 그것은 그저 관습적 죽음을 스스로 선택하는 것과 마찬가지다. 그랬을 때 죽어가는 이의 권리는 거의 무시된다.

말기 폐암 환자가 된 내과의사 이나츠키 아키라稲月明의《오늘부터 나도 암환자입니다僕はガンと共に生きるために醫者になった》는 죽음을 앞두고 '삶의 질을 최우선'으로 선택하는 이유와 그 죽어가는 과정을 기록한 책이다.

신문기자 출신인 프랑스의 마리 드루베Marie Deroubaix는 폐암에 걸려 고통이 극심해지자 인간으로서의 존엄성을 지키며 죽기를 작정했다. 그녀는 의사조력자살이 허용되는 벨기에로 가서 편안한 죽음을 맞았다. 그녀의 이야기는《내가 죽음을 선택하는 순간Six Mois A Vivre》에 담겨 있다.

이들은 불행히도 말기가 되면 극심한 고통이 찾아오는 폐암에 걸렸던 것이다. 나의 동료 중 한 사람도 너무나 극심한 폐암 말기의 고통 때문에 뇌로 향하는 신경선을 절단한 채 감각 없이 연명하다가 세상을 떠났다.

우리는 '도시에서 죽는다는 것'이 무엇인지 잘 안다. 도시에서의 죽음이란 대부분 병원에서 맞이하는 의료화된 죽음이다. 나의 삶을 타인에게 맡기지 않았듯이 나의 죽음도 타인에게 맡길 수 없다는 사실이 점점 더 분명해진다면 '인간답고 존엄하게' 죽음을 맞을 권리를 담은 사전의료지시서를 작성하는 것도 지혜로운 일일 것이다.

차일피일 미루다 중환자실로 실려갔다면 이미 때가 늦었다. 그때부터 스스로의 의지와 상관없이 의료화된 죽음의 절차가 시작되기 때문이다. 내가 죽음의 방식을 택하지 않으면 타인들이 나의 죽음을 결정한다. 내가 결정하지 않았다면 가장 가까운 이들조차 중요한 결정 앞에서 머뭇거리다가 관행적 절차에 넘겨버리는 경우가 대부분이다.

아툴 가완디는 이미 우리 주변에서 이러한 일이 일어나고 있다고 설명한다.

> 오늘날 우리는 벌써 이 권리를 일부 인정하고 있다. 누군가가 음식이나 물, 투약이나 치료 등을 거부할 경우 그 뜻을 존중해주는 것이다. 그게 비록 현대의학의 관성에 맞서 싸우는 일이 될지라도 말이다. 환자에게서 인공호흡기나 영양 공급관을 떼어낼 때마다 우리는 그 사람의 죽음을 앞당기는 행위를 하는 셈이다. 약간의 저항이 있긴 했지만 심장 전문의들도 이제는 환자가 원할 경우 의사에게 심박 조율기를 꺼달라고 할 권리가 있다는 걸 인정했다. 우리는 또 마약성 진통제와 진정제가 죽음을 앞당긴다는 걸 알면서도 고통과 불편을 줄이기 위해 처방하기도 한다.
>
> ─아툴 가완디, 《어떻게 죽을 것인가》

대부분의 나라에서 죽음을 앞당기는 간접적 방식으로 위와 같은 것들을 수용한다. 그 밖에도 새로운 죽음의 문화를 여전히 받아들이지 못한 사회에서는 결정해야 할 문제들이 남는다. 고통받는 사람이 원하는 약의 처방을 조금 더 적극적으로 허락해야 한다는 것이다. 죽어가는 이가 생명의 존속보다 중시하는 것이 있음을 명심해야만 한다. 그들은 인간다움을 잃지 않고 존엄하게 죽을 수 있는 권리를 이해해주기 바란다. 하지만 여전히 소수의 사회에서만 죽음 이해의 변화를 받아들인다.

지난날에는 자연사를 주된 죽음으로 바라보던 관점을 통해 죽음 이해의 중심축이 형성되었다. 자연사가 아니라 의료화된 죽음이 보편화된 오늘날, 현대의 정황에 맞는 새로운 죽음 이해가 요구된다. 과거의 생명윤리는 환자의 생존을 돕는 의사의 역할을 중시했고 죽음은 그저 거부하고 극복해야 할 과제로 여겼다. 그러한 생명윤리는 고령사회의 죽어감의 과정에서는 인간의 존엄성을 박탈하고 죽어감의 과정을 연장하는 것만을 미덕으로 여기는 냉혹한 윤리적 태도의 배경이 된다.

인간의 죽음 이해에 있어 과거와 현재에 차이가 있다면 결국 과거의 생명윤리에도 수정이 있을 수밖에 없다. 그러나 오래된 공리, 즉 행복을 극대화하고 고통을 극소화한다는 삶의 원칙은 여전히 유효하다. 극한의 고통이 이미 존재하거나 예상되는 경우 인간적이고 평화로운 죽음을 위해서는 고통 없이 죽는 방법을 선택할 권리를 인정해야만 한다. 생명권과 행복추구권이 공존할 때는 문제가 없지만 특정한 정황에서는 생명권보다 행복추구권을 우선해서 판단해야 한다.

인류사회는 오랫동안 인간의 마지막 권리에 깊은 관심을 갖지 않았다. 그러나 2000년대 들어 사회는 고령화되고, 죽어감의 시간은 길어졌다. 이러한 변화 속에서 사람들은 견딜 수 없는 고통이 동반되는 죽어감의 과정을 직간접으로 경험하면서 비로소 죽어가는 이의 권리를 생각하게 되었다. 권리란 자연적으로 주어지기도 하지만 주체적으로 행사할 때 가장 많이 누릴 수 있는 것이다. 그리고 인간의 권리를 제도적으로, 적극적으로 보장해 주는 사회라야 더 좋은 사회라고 할 수 있을 것이다.

# 마치는 이야기

스위스 소설가 롤프 도밸리Rolf Dobelli는《불행 피하기 기술Die Kunst des guten Lebens》에서 "죽음을 생각하는 것은 시간 낭비"라고 주장했다. 과연 그의 주장이 옳은 것일까? 그는 아마도 죽음이 멀리 있다고 여기며 살아왔거나 죽음이 순간적으로 우리를 급습한다고 생각하는 듯하다. 그의 책에는 이러한 주장을 펼치기 위한 사례만이 나와 있다. 나는 그의 주장보다 장 아메리의 죽음에 관한 언급이 더 진실하다고 생각한다.

"젊어서 죽고 싶지 않다면 늙는 수밖에 도리가 없다."

아메리의 통찰은 매우 현실적이다. 스위스 국민 약 81%, 우리나라 국민 약 82.4%가 60세가 넘어 죽음을 맞는다. 사람들은 대부분 늙어서 죽는다. 그런데도 자신의 죽음을 숙고하는 것이 시간 낭비일까? 그렇지 않다. 죽음을 생각하는 것은 시간 낭비가 아니라 오히려 죽음 앞에서 무의미해지는 것들에 매달려 사는 불행을 피하기 위해 참된 기술을 습득하는 인간적 시간이라고 생각한다.

죽음이라는 주제를 가장 잘 표현한 우리나라 시를 꼽으라면 아마도 황동규 시인의 〈풍장〉과 천상병 시인의 〈귀천〉을 들 수 있을 것이다. 풍장은 노화되어 낡고 낡아 죽는 것을 연상시키며, 모든 애착과 집착을 버린 허무한 해탈의 지평을 가리키는 듯하다.

반면 〈귀천〉은 삶의 저편에서 소풍 나왔다가 다시 돌아가는 여정으로서의 죽음을 매우 낭만적으로 그려낸다. 그는 단절, 고통, 아쉬움, 슬픔을 모두 초월한 채 마치 담담히 홀로 여행길에 나선 여행자처럼 죽음을 노래한다. 우리는 이렇게 왔던 곳으로 돌아가는 것일까?

나 하늘로 돌아가리라.
아름다운 이 세상 소풍 끝내는 날,
가서, 아름다웠더라고 말하리라.
－천상병, 〈귀천〉

짐작컨대 시인은 군부독재의 갈퀴에 차이고 찢긴 삶을 살았을 것이나 그는 이 삶을 "아름다웠다"고 고백한다.

박노해 시인도 자신의 죽음을 생각하며 이 세상에 놀러왔다가 떠나는 손님처럼 작별 인사를 할 수 있기를 소망한다.

다른 거는 하나도 안 바랄게요
그때가 언제라도 좋으니
"저, 잘 놀다 갑니다."

맑은 웃음으로 떠나게만 해주서요.
　　- 박노해, 〈이제와 우리 죽을 때〉

　그런가 하면 황동규의 시는 현생의 모든 소유, 자신의 신체조차 훌훌 풀어버리고 노화를 넘어 자연으로 해체되는 길에서 죽음을 바라보는 듯하다. 죽음과 더불어 모든 것이 해체되면 우리는 무無로 돌아가는 것일까?

　　내 세상 뜨면 풍장시켜다오
　　　　　(…)
　　바람을 이불처럼 덮고
　　화장化粧도 해탈解脫도 없이
　　이불 여미듯 바람을 여미고
　　마지막으로 몸의 피가 다 마를 때까지
　　바람과 놀게 해다오.
　　- 황동규, 〈풍장〉

　죽음을 담은 시를 쓴 이들은 다분히 종교적이다. 그들의 시적 상상력은 죽음의 폐허를 바라보기보다는 신이나 자연의 품에 안기는 편안함, 죽음 건너 속박 없는 자유의 거리를 그려보는 데 펼쳐진다.
　죽음과 죽어감을 설명하는 시 몇 편으로 모든 것을 다 말할 수는 없을 것이다. 그러나 죽음 자체만을 생각하는 과거의 습성으로는 죽어감의 고되고 고통스러운 과정을 이해하기 매우 어렵다고 생각한다. 죽어감의 과정에서 죽음보다 더 큰 고통과 위협이 다가오는 경우가 많기 때문이다. 그래서일까. 용혜원은 죽음을 이렇게 소망한다.

> 죽음이 나를 찾아오는 날은
> 화려하게 꽃피는 봄날이 아니라
> 인생을 생각하게 하는
> 가을이 되게 하소서
> (…)
> 병으로 인하여 몸이 너무 쇠하지 않게 하여주시고
> 가족이나 이웃에게 불편함을 주지 않는
> 기력이 있고 건강한 때가 되게 하소서.
> ─용혜원, 〈죽음이 나에게 찾아오는 날은〉

죽음을 만나는 날이 스스로에게, 가족에게, 그리고 이웃에게 불편하지 않은 가을날이 되기를 시인은 소망한다. 그저 그렇게 소망할 뿐이다. 병으로 인하여 쇠한 날의 죽음과 같이 되지 않기를 바란다는 말이다.

죽음을 준비한다는 것은 삶의 마지막 단계를 지혜롭게 준비하는 것이며, 그 마지막 단계에서는 시에 담기지 않는 매우 현실적인 일도 결정해야 한다. 치료를 거부해야 할지, 고통 완화를 위한 치료를 선택해야 할지 등이다. 그 밖에도 사전의료지시서 작성, 자발적 단식, 조력자살 요청 등을 포함해 죽음에 관해 여러 가지 마음의 준비를 해야 한다.

마침내 우리는 죽음을 피할 방법이 없다는 사실을 인정하게 된다. 퀴블러 로스의 말처럼 죽음을 인정한 연후 용혜원 시인과 박노해 시인처럼 이 세상과의 그리고 사랑하는 사람들과의 작별을 준비하는 것이다. 그리고 선조들이 그랬듯이 죽음을 받아들이되 그 죽음이 고통 없는 편안한 것이 되기를 소망한다.

일단 죽음을 받아들이면 남은 시간의 소중함을 깨닫는다. 이러한 깨달음은 참되고 진실한 것을 향해 자신을 개방할 용기를 준다. "철학하는 것은 죽는 것이다"라고 했던 소크라테스의 뜻을 모두 다 헤아릴 수는 없다. 다만 참되게 살려면 죽음을 생각하지 않을 수 없다. 그리고 죽음을 생각하면 할수록 삶은 소중하고 아름다운 것이 되므로 이 둘을 떼어놓아서는 안 된다.

고대부터 전해지는 "메멘토 모리"라는 경구 역시 삶을 살아가는 이는 죽음을 망각해서는 안 되며 늘 죽음을 기억하며 살아야 한다는 의미일 것이다. 둘을 떼어놓을수록 우리는 분별없이 세상을 사는 사람이 되기 쉽다.

피천득은 미구에 죽는다 해도 지금은 살아 있는 순간의 아름다움을 이렇게 그렸다.

이 순간 내가
별들을 쳐다본다는 것은
그 얼마나 화려한 사실인가.

오래지 않아
내 귀가 흙이 된다 하더라도
이 순간 내가
제9교향곡을 듣는다는 것은
얼마나 찬란한 사실인가

그들이 나를 잊고
내 기억 속에서 그들이 없어진다 하더라도
이 순간 내가
친구들과 웃고 이야기한다는 것은
그 얼마나 즐거운 사실인가

두뇌가 기능을 멈추고
내 손이 썩어가는 때가 오더라도
이 순간 내가
마음 내키는 대로 글을 쓰고 있다는 것은
허무도 어찌하지 못한 사실이다.
－피천득, 〈이 순간〉

아직은 슬프고도 비장한 죽음에 대해 고민하는 자리에 처하지 않았다면 그 삶은 아무리 사소해도 여전히 아름답고, 소중하며, 의미 있는 것이다. 비록 넉넉하지 않아도, 충분히 건강하지 않아도, 남은 시간이 많지 않아도, 삶의 의미와 기쁨이 마르지 않는 삶을 살아야 한다. 견딜 수 없는 극한의 고통 속에 있지 않다면 우리는 여전히 소중한 삶을 살아야 할 의무를 지닌 사람이다.

굳이 "죽음이 있기에 삶의 의미가 있다"고 했던 하이데거를 들먹이지 않아도, "우연하게 살아 있는 존재라 할지라도 우리는 사랑하고, 가치를 찾고, 삶의 의미를 찾는 존재"라고 했던 사르트르J. P. Sartre 를 소환하지 않더라도, 우리는 이미 인간으로 살아가는 동안 그 인간다움을 지키며 살아야 할 책임이 있는 존재다. 그러나 언젠가는 존재 이유조차 모두 박탈당하는 시간이 우리 각자에게 다가올 것이다.

죽음 앞에서 남는 것은 참된 가치로 엮인 진실한 삶이다. 미움과 거짓과 헛된 가치에 매달려 살아온 시간은 죽음 앞에서 스스로를 가난하게 하는 것이리라. 카네기멜론대학교 랜디 포시 교수가 죽음을 앞두고 "언제나 진실을 말하라"고 권고했던 것도 후회 없는 삶의 진실성을 지키며 살아갔을 때만이 우리가 죽음 앞에서도 떳떳할 수 있기 때문일 것이다.

자신의 죽음을 그 누구의 권위로 결정할 수 있는가? 국가도, 종교 교리도, 사랑하는 이도 그럴 권한이 없다. 다른 이의 요구나 욕망에 따라 사는 대신, 그 모든 것들로부터 자유한 사람이 누리는 자기결정권보다 더 중요한 것은 그 결정의 내용, 즉 생명의 존엄성과 자유를 스스로 지키고 옹호하며 사는 일이다.

견딜 수 없는 고통으로 생명의 존엄성과 자유가 박탈된 상태가 아니라면 스스로 죽음을 앞당기기를 결정하는 행위는 스스로를 파괴하는 일이다. 그러나 죽음보다 더 강하고 극심한 고통이 존재 의미를 박탈한다면 누구에게나 아메리가 주장했던 자유로운 죽음을 선택할 자유와 권리가 있다고 생각한다. 다만 그 권리를 행사할 것인지, 하지 않을 것인지는 스스로 책임감 있게 결정할 문제다. 그것은 누구도 강요할 수 없는 개인의 자유로운 선택이어야 하는 동시에 동료 인간들이 깊은 동정심과 연대감을 가지고 긍정할 수 있는, 진지하고도 합리적인 결정이어야 한다.

이런 관점에서 본다면, 낯선 죽음의 시대가 요구하는 새로운 죽음윤리는 지난 과거의 경험에서 나온 사유에만 머물지 않는다. 즉 인간이란 "자기 삶을 책임 있게 살아가야 하는" 존재라는 이해에 만족하지 못한다. 과거의 사유는 삶과 죽음을 분리하기 때문이다. 그랬을 때 삶은 능동적 행위가 필요한 책임의 영역인 반면 죽음은 그저 수동적으로 주어지는 것이라는 이해에 머물게 된다.

이렇듯 과거의 죽음이해로써 오늘의 죽음 문제를 다룰 경우 우리는 구체적 현실과는 동떨어진 경직된 규범주의에 빠지고 만다. 그러므로 나는 삶과 죽음을 대립시켜온 전통에 내재된 오류를 수정해야 한다고 생각한다. 이미 몇몇 나라에서 사회적 합의를 이룬 것처럼 삶과 죽음을 포괄하는 지평에서 '죽음의 윤리'를 새롭게 구성해야 한다. 죽음 앞에서도 인간의 책임과 자유와 권리가 능동적으로 행사될 수 있어야 하기 때문이다.

죽어가는 이의 관점에서 본다면 새로운 죽음윤리에 대해 사회적 합의를 거쳐 법제화하는 사회들이 생겨난다는 사실은 참으로 다행스러운 일이다. 나는 죽어가는 이를 고통 속에 내버려두는 냉혹한 윤리를 뛰어넘어 죽어가는 이가 인간답고 평화로운 죽음을 선택할 권리가 자유롭게 보장된 사회가 조금은 더 진보한 좋은 사회라고 생각한다.

죽음 너머에 무엇이 있을까? 유감스럽게도 우리가 살아 있는 동안 확인할 길이 없다. 그것은 지금까지도, 이후에도 비밀일 것이다. 그 너머에 대해서는 스스로 믿는 바에 따라 그저 희망할 뿐이다. 우리에게 주어진 인간다움과 존엄성을 지키며 삶과 죽음을 관리하는 데까지가 우리의 책임이며, 그 이후는 우리 소관이 아니다. 우리에게 주어진 삶만이 아니라 죽음까지 관리할 책임이 이 세상에 태어나는 순간부터 우리 각자에게 이미 주어진 것이라 믿어야 한다.

독일의 해방신학자 도로테 죌레Dorothee Söelle는 삶의 여정을 둘로 나누었다. 우리 삶에는 피안을 향하는 '떠나감의 여정Hinreise'과 차안을 향한 '되돌아옴의 여정Zurückreise'이 이어져야 한다고 본 것이다.[64] 그녀는 피안을 잊은 차안만의 여정, 혹은 차안을 잊은 피안만의 여정은 그저 현실에 과도하게 집착하도록 만들거나 혹은 무책임하게 사는 결과를 낳는다고 생각했다.

그렇다. 죽음을 잊지 않은 여정으로서의 남은 삶을 살아가는 것만이 차안에 머무는 동안 우리가 수행해야 할 과제다. 동시에 죽음을 생각하면서도 피천득이 그랬듯이 "이 순간 내가 별들을 쳐다보고, 음악을 들으며, 벗들과 웃으며 대화를 나누고, 자유롭게 생각하고 글을 쓴다는 것은 그 얼마나 화려한 사실인가"를 깨닫는 것이 우리의 과제다.

# 주

1   Eberhard Jüngel, *Tod*. Gütersloher Verlaghaus, 1985, p.11.

2   듀센 부부의 죽음에 관한 내용은《뉴욕타임스The New York Times》에 실린 기사 Kenneth. A. Briggs, "Suicide Pact Preceded Deaths of Dr. Van Dusen and His Wife,"(Feb. 26, 1975) 참조.

3   William A. Smith(2003). Reflections on Death, *Dying and Bereavement: A Manual for Clergy. Taylor and Francis. Appendix*. 이 책의 부록에 실린 듀센 부부의 죽음에 관한 자세한 기록과 그들이 남긴 유서 참조.

4   Mark F. Carr. Ed., (2009). *Physician-Assisted Suicide: Religious Perspectives on Death with Dignity*. Wheatmark. p.98.

5   페터 놀에 관한 기사는《슈피겔》1984년 6월 25일자에 실린 기사 "물러섬도 자포자기도 없다Kein Aufbaeumen, Keine Verzweiflung"을 참조.

6   https://www.nytimes.com/1990/01/21/books/dying-like-an-expert.html.

7   이현필의 생애는 다음을 참조. 이현필, KIATS 엮음,《이현필》, 2014.

8   박공순 원장의 죽음에 관한 기사 "여성 수도자의 마지막 가는 길",《한겨레》(2017년 9월 17일). http://well.hani.co.kr/793631.

9   Diego De Leo, et al, "Aging and Suicide". Griffith University, 2001.

10   배진희, "노인 자살에 대한 심리사회적 자원의 완충효과에 관한 연구".《사회연구》, 2011, p.39~67.

11   조일준, "한국인 기대수명은 남녀 모두 세계 1위다".《Huffpost》(2017년 2월 22일). https://www.huffingtonpost.kr/2017/02/22/story_n_14924176.html(2019년 4월 23일 읽음)

12   Daniel W. Belsky et. al. "Quantification of Biological Aging in Young Adults". PNAs, 2015.

13 "Stephen King On Getting Scared: 'Nothing Like Your First Time'. NPR Morning Edition heard September 24, 2013. 3: 58 AM ET. https://www. npr.org/2013/09/24/223105565/stephen-king-on-getting-scared-nothing-like-your-first-time.

14 Erin L. Boyle. "What does Stephen King Fear?" Linked in. (Oct 2, 2016); https://www.linkedin.com/pulse/what-does-stephen-king-fear-erin-l-boyle.

15 중앙치매센터에서 발간한 〈대한민국치매현황 2018〉 참조.

16 암에 관한 명칭 100여 가지는 국립암연구소National Cancer Institute 자료 참조 (www.cancer.gov/types).

17 보건복지부 2018년 1월 9일 자료.

18 통계청 보도자료 "2017년 사망 원인 통계".

19 필 주커먼, 박윤정 옮김,《종교 없는 삶》, 판미동, 2018.

20 P. M. H. Atwater L.H.D, The New Children and Near-Death Experiences. Rochester, Vermont: Bear & Company, 2003.

21 현대의 죽음학자들 중에는 죽음 이후에 대한 정신과학적 연구를 통해 근사 체험에 관한 이론을 제시하는 사람들도 있다. 죽음에 아주 가까이 다가갔지만 되살아난 이들의 근사체험을 종합적으로 정리한 무디에 따르면 근사체험은 아홉 가지 특징으로 묘사된다. 월터 판케Walter Phanke 역시 그의 책 *The Psychedelic Mystical Experience in the Human Encounter with Death*(1969)에서 무디와는 다소 상이하지만 근사체험이 지닌 의식의 신비한 경험을 아홉 가지 특징을 들어 설명하고 있다.
①우주적 일치감
②시간과 공간을 초월하는 체험
③기쁨, 평화, 사랑, 축복이 넘치는 긍정적 기분
④거룩함에 대한 느낌
⑤직관적인 지식의 획득
⑥신체를 벗어나면서도 신체와 관계되는 것 같은 모순의 일치 경험
⑦형용 불가한 경험
⑧이런 신비적 체험은 일시적으로 끝남
⑨이와 같은 근사체험을 했던 이들이 삶에 대한 태도와 행동에 긍정적인 변화를 보인다는 점

근사체험 연구가인 앳워터P.M.H. Atwater 역시 *Coming Back to Life*(2014)에서 근사체험의 특징을 다음과 같이 묘사한다.

① 신체로부터 나와 떠다니며 자신의 몸을 보고 듣는 경험
② 어두운 터널을 지나는 경험
③ 어둠의 끝자락에서 빛을 만나는 경험
④ 사랑하는 사람이나 낯선 이가 다정한 인사를 건네는 소리를 듣는 경험
⑤ 출생에서 죽음에 이르기까지 살아온 지난날에 대한 파노라마
⑥ 삶의 소명이 끝나지 않았다는 느낌과 되돌아가기 싫음
⑦ 시간과 공간을 넘나드는 경험
⑧ 신체로의 복귀를 서러워함
⑨ 그러나 몸으로의 복귀가 피안의 다른 편인 차안此岸이 아니라는 깨달음을 가지게 되면서 죽음을 두려워하는 기색이 이전보다 적어지고 생을 즐기는 태도를 갖게 됨

22 근사체험에 관한 이해를 위해 다음을 참고. 최준식,《죽음학 개론》, 도서출판 모시는 사람들, 2013.

23 Pim van Lommel(2018. 10. 25). "Non-local Awareness and Near-Death Experiences". Lecture Video https://www.youtube.com/watch?v=FWaHfKvXpRs.

24 Hans Küng, Walter Jens, Dietrich Niethammer & Albin Eser. *Dying with Dignity: A Plea for Personal Responsibility.* New York: Continuum, 1998.

25 Inez D. de Beaufort and Suzanne van de Vathorst (2016). "Dementia and Assisted Suicide and Euthanasia". *Journal of Neurology.* No. 262. pp. 1463~1467.

26 Jean-Yves Duclos and Bouba Housseini. (Jan., 2015). "Quality, Quantity and Duration of Lives". *Canadian Journal of Economics.* Vol. 48. pp. 1~27.

27 "65세 이상 어르신 진료비 작년 25조······. 6년새 78% 급증".《조선일보》 (2017년 3월 9일).

28 Eduardo D. Bruera and Russell K. Portenoy (2010). *Cancer Pain, Assessment and Management.* Cambridge University. p. 54.

29 Forest Tennant, "Intractable Pain". http://practicalpainmanagement.com.

30 최철주. "'삶과 죽음 이야기' 〈7〉 멋진 죽음은 없다".《동아일보》(2012년 10월 3일).

31 https://endoflifewa.org/end-life-options-2/.

32 인용문 중 괄호 안 내용은 이 법 2항에서 규명하는 개념 정의에 따라 보완한 것.

33 Martin Honecker (1977). *Sozialethik zwischen Tradition und Vernunft*. Tuebingen,

34 생명윤리학적 의미에서의 안락사는 행위자, 수단의 성격과 방법에 따라 다양하게 나뉠 수 있으나 여기서는 환자의 자발적 요구에 따라 법이 규정하는 합법적 절차에 따른 의사의 직접적 행위로 환자의 편안한 죽음을 결과하는 것을 의미한다. 노영상(2004).《기독교 생명윤리 개론》. 장로회신학대학교 출판부 참조.

35 〈호스피스 · 완화의료 및 임종과정에 있는 환자의 연명의료결정에 관한 법률〉(2017년 8월 4일) 참조.

36 허대석 (2009). "환자의 자기결정권과 사전의료지시서".《대한의사협회지》. 865~870.

37 "OECD 노인 자살 세계 최고⋯⋯고령화 사회 '슬픈 자화상'"《중앙일보》. (2017년 9월 9일)

38 Emil Durkheim (1897). *Suicide: A Study in Sociology*. The Free Press.

39 Sigmund Freud (1920). "Mourning and Melancholia." *Collected Papers*. Vol. IV. Hogarth Press. pp. 152~170.

40 Karl A. Menninger (1938). *Man against Himself*. Houghton Mifflin Harcourt.

41 Jean Amery (1999). *On Suicide: A Discourse on Voluntary Death*. Indiana UP.

42 Jean Amery (1999). *On Suicide: A Discourse on Voluntary Death*. Indiana UP.

43 "The Washington Death with Dignity Act". *Washington State Legislature*. Chapter 70 245 RCW.

44 "2017 ORS 127.800 Definitions". §1.01. *Oregon State Legislature*. Oregon Revised Statue.

45 극심한 고통을 겪는 환자에게 치사량에 이르는 진정제를 투약하는 행위는 일종의 의학적 안락사의 초기 형태라고 볼 수 있다. 다만 이러한 행위는 '이중 효과의 원칙principle of double effect'에 의해 책임이 면탈될 수 있다는 점에서 적극적 안락사 범주에서 제외되는 것이 상례다. 극심한 통증을 겪는 말기 환자는 식사를 하거나, 잠을 자거나, 움직이는 것조차 힘들어하는 경우가 있다. 이 경우 통증 완화를 위해 의사는 고단

위 통증치료제를 처방할 수도 있다. 하지만 과도한 통증치료제 처방은 환자를 혼수상태에 빠뜨리거나 호흡곤란을 불러오고, 심지어 죽음을 초래할 수도 있다. 환자의 통증을 치료하려는 목적을 가진 처치가 환자의 죽음이란 결과를 부를 수도 있는 것이다. 치료 목적이 환자의 사망이라는 부수적 결과를 가져올 때 이런 행위는 고의적 살인 행위로 간주되지 않는 것이 원칙이다. 이때 적용하는 윤리적 원칙 가운데 하나가 이중 효과의 원칙이다.

토마스 아퀴나스Thomas Aquinas는《신학대전Summa Theologiae》2권에서 누군가 무단침입했을 때 자기 자신을 보호하려고 제어하다가 침입자를 죽인 경우, 예컨대 본래 자기방어를 위한 노력이었으나 결과적으로 침입자의 생명을 손상했다면 이는 의도하지 않은 생명 손상이 일어난 것이므로 일종의 정당방위로 간주해야 한다고 주장했다. 하나의 행위가 두 가지 결과를 초래하기 때문에 이런 사례를 이중 효과의 원칙이라고 부른다.

하지만 이 경우 자신의 생명을 지키려는 목적에서 침입자를 제어한다는 의도만으로 모든 행위가 정당화되지는 않는다. 아퀴나스는 침입자를 제압하는 것을 뛰어넘어 지나치게 과도한 폭력을 행사했다면 그러한 행위를 의도된 해악으로 간주해야 한다고 보았다. 오직 자기 자신을 지키려는 수준에서 행사한 폭력만이 정당하다고 본 것이다.

이 이중 효과의 원칙이 성립되려면 윤리학적 논의를 통해 대개 네 가지 요건을 갖추어야 한다. 첫째, 행위 자체가 방어적인 것으로 도덕적으로 선하고 무사 무욕해야 한다. 둘째, 행위자가 고의로 나쁜 결과를 초래하는 것이 아니어야 한다. 셋째, 동기 우선의 원칙에 따라 선한 결과는 나쁜 결과를 통해 일어나는 것이 아니어야 한다. 넷째, 선한 결과는 반드시 후속하는 나쁜 결과보다 더 좋은 것이어야 한다.

의학적 지평에서 이 원칙을 적용한다면 어떤 일이 가능할까? 임종을 앞둔 이에게 고통 완화를 목적으로 고단위 모르핀을 투약했는데 그러한 행위의 결과 환자의 죽음이 앞당겨졌다면 앞서 말한 네 가지 원칙에 따라 윤리적으로 검토한 후에야 그 투약 행위에 대해 판단할 수 있다는 의미다. 즉 의사가 고통 완화를 목적으로 환자에게 모르핀 투약을 결정할 수 있고, 만에 하나 이 투약 행위로 환자의 죽음이 초래되었다 할지라도 의사는 그 죽음에 면책을 받는다.

물론 의사는 약물을 처방하기 전에 예상되는 만에 하나의 경우라도 환자나

가족에게 미리 고지할 의무가 있다. 극히 드물기는 해도 전문가인 의사가 환자의 죽음을 초래할 수도 있다는 사실을 알면서도 높은 함량의 모르핀을 처방한다면 이는 일종의 의사조력자살에 가깝다. 환자는 이로써 고통 없는 편안한 죽음을 맞이한다. 고통스러워하는 환자가 죽을 때까지 내버려두는 것이 옳은가, 위험을 무릅쓰고 환자의 고통 완화를 돕기 위해 모르핀을 처방하는 것이 옳은가 하는 논쟁이 제기될 수 있다.

46  Forest Tennant and Laura Hermann (2000). "Intractable or Chronic Pain: There is a Difference". *West J Med*. 173(5). p 306.

47  Committee On Medical Ethics, Episcopal Diocese of Washington, D,C. (1997). *Assisted Suicide and Euthanasia: Christian Moral Perspectives: The Washington Report*. Morehouse Publishing. pp. 31~33.

48  "Oregon Death with Dignity Act Report 2017". Written by Public Health Division, Center for Health Statistics (February 9, 2018). http://public. health.oregon.gov/ProviderPartnerResources/Evaluationresearch/ deathwithdignityact/Pages/index.aspx

49  Committee On Medical Ethics, Episcopal Diocese of Washington, D,C. (1997). *Assisted Suicide and Euthanasia: Christian Moral Perspectives: The Washington Report*. Morehouse Publishing. pp 33~36.

50  Kiply Lukan Yaworcki, "Reaffirm Catholic Health Care in Face of Euthanasia," Prairie Messenger Vol. 94, No. 26(Dec. 14, 2016).

51  Lisa Hobbs Birnie and Sue Rodriguez(1994). *Uncommon Will: The Death and Life of Sue Rodriguez*. MacMillan.

52  Jan Jans, "Christian Churches and Euthanasia in the Low Countries". http:// www.ethical-perspectives.be/viewpic.php?LAN=E&TABLE=EP&ID=54,

53  John Rawls(1999). *Collected Papers*. Samuel Richard Freeman, eds,. Harvard University Press.

54  Benjamin E. Multon and Terrence D. Hill and Amy Burdette (June 2006). "Religion and Trends in Euthanasia Attitudes". 《Sociological Forum》. Vol. 21, No.2. pp. 249~279.

55  Tom Heneghan . "Hans Kueng Considering Assisted Suicide As Parkinson's Disease Suffering Continues". *Reuters*(Oct. 4, 2013).

56  Linda L. Emanel, Ed(1998). Regulating How We Die: The Ethical, Medical,

and Legal Issues Surrounding Physician-Assisted Suicide. Harvard University Press. p. 137.

57 2017년 3월 2일 독일연방법원은 종교계의 맹렬한 반대가 있음에도 불구하고 인간의 마지막 권리에 대해 새로운 판례[BVerwG 3 C 19.15]를 내놓았다. 말기 환자인 한 여성은 극심한 고통으로 인해 스스로 삶을 마치기를 작정하고 당시 독일에서 법적으로 처방이 금지되어 있는 극약을 처방받을 수 있게 해달라고 소송을 제기했다. 이후 독일연방법원으로부터 승소 판결을 받아냈다. 이 판결문에서 독일연방법원은 네 가지 중요한 원칙을 밝히며 원고의 요청을 법원이 수용할 수밖에 없는 그 법리적 이유를 밝혔다. 판결문 내용을 요약하면 다음과 같다.

첫째, 원칙적으로 자살하기 위한 마약 구매는 허용되지 않는다.

둘째, 중증 질병을 앓고 있는 동시에 치유 불가능한 고통을 겪고 있는 사람이 언제 그리고 어떤 방법으로 자기 삶을 마칠 것인지를 결정할 권리는 보편적 인권법의 정신에 따라 허용되어야 한다.

셋째, 기본권과 관련해 자살 목적의 마약 복용은 중증 불치병 환자라는 긴급 상황에서는 예외적으로 승인될 수 있다.

넷째, 중증의 불치병을 앓고 있는 환자가 격심한 고통에 시달리는 극한의 긴급 상황이란, 환자가 스스로 자기 삶을 마치기 위해 결단할 능력과 진지성이 있어야 하고, 다른 합리적 가능성이 없는 경우, 즉 죽음을 앞당기는 것 외에 고통을 극복할 다른 가능성이 없는 경우다.

이 판결은 중증의 치유 불가능한 질병으로 인해 극심한 고통을 겪고 있는 환자가 언제 어떻게 자신의 삶을 마쳐야 할 것인지를 자유롭게 결정할 수 있는 권리를 행사할 수 있어야 한다는 원칙을 독일 의회의 의사 조력사 입법화 과정에 앞서서 독일연방법원이 먼저 확정한 판례로서 의미를 가진다.

58 Committee on Medical Ethics Episcopal Diocese of Washington D.C. *Assisted Suicide and Euthanasia*

59 적극적 안락사를 허용하는 나라로 네덜란드, 벨기에, 콜롬비아, 룩셈부르크, 캐나다가 있다. 이에 더해 조력사를 허용하는 나라는 스위스, 독일, 그리고 미국의 워싱턴주, 오리건주, 콜로라도주, 하와이주, 버몬트주, 몬태나주, 그리고 워싱턴 D.C.가 있고 하와이주가 그 뒤를 잇는다. 뉴저지주는 2019년 8월 1일부터 법적 효력을 가지고 시행된다.

60 독일 교회는 안락사나 조력자살을 돕는 대신 "환자의 죽음까지 동행하는 돌

봄과 섬김의 윤리Sterbebegleitung statt acktiver Sterbehilfe"를 그 대안으로
제시하고 있다. 현재 독일교회가 의사조력사에 대하여 취하고 있는 입장은
다음과 같다.

첫째, 인간은 하나님의 형상을 따라 지음을 받았으므로 하나님이 주신 양도
할 수 없는 인간의 존엄성은 개인의 능력이나 혹은 어떤 범주로라도 제한하
여 이해해서는 안 된다. 그럼에도 불구하고 인간에게는 질병, 사멸성, 그리
고 죽음이 있다는 사실을 부정하지 않는다.

둘째, 교회는 인간 생명과 존엄성을 돌보고 지키는 막중한 의무를 지닌다.
이 책무를 다하기 위하여 교회는 양도할 수 없는 인간 생명과 권리, 존엄성
을 지키고, 삶의 의욕을 불러일으키며, 사람이 죽어갈 땐 그와 연대하며 동
행하는 과제를 수행해야 한다.

셋째, 교회는 죽을병에 걸린 이들에게 하나의 해결책으로 적극적 안락사를
허용해야 한다는 주장에서 윤리적 정당성을 찾을 수 없다. 교회가 할 수 있
는 일은 죽어가는 이를 위로하고, 그의 고난을 덜어주며, 그에게 생명은 하
나님께서 축복하고 허락한 것이라는 확신을 거듭 증언하는 것이다.

넷째, 그렇다고 하여 우리는 사람이 죽어가는 과정에서 자연적인 죽음을 거
스르며 과도하거나 불필요한 의료적 조치를 취하여 죽어가는 과정을 연장
하려는 시도까지 인간의 존엄성을 지키는 행위라고 보지는 않는다. 이런 의
미에서 과도한 의료적 돌봄으로부터 인간의 존엄성을 보호하는 일도 숙고
되어야 한다.

결국 소극적으로 죽게 하는 것은 우리 인간의 한계를 인정하며 긍정할 수 있
지만, 인간이 인간을 적극적으로, 비자연적으로 죽이는 행위는 결코 허용
될 수 없다는 것이다. 소극적 혹은 간접적 안락사는 자연사의 연장으로 이해
하며 승인할 수 있지만 적극적 안락사, 혹은 의사조력사는 인간에 의해 '의
도된 자살 혹은 죽음'이므로 수용할 수 없다는 단호한 입장을 취하고 있다.
다음을 참조하라. EKD (2003), "Sterbebegleitung statt aktiver Sterbehilfe",
https://www.ekd.de/sterbebegleitung_sterbehilfe_13.html

61  Josephine Mckenna, "Pope Warns Against the 'False Sense of Compassion' in
    Euthanasia." *NCR Forward*(Nov 17, 2014).

62  "Dutch set to permit euthanasia for a 'complete life'." *Catholic News Agency*.
    (Oct 16, 2016).

63  구달박사의 조력사에 관한 가디언 기사를 참조할 것. Philip Oltermann,

"David Goodall, Australia's oldesst scientist, ends his own life aged 104," The Guardian(May 10,2018).

64  Diginitas (2 May 2018). "Ignorance, Irresponsibility and Hypocrisy-How a Majority of UK Politicians Violate Human Rights and Create Suffering and Costs". *Zurich-Forch*.

65  Dorothee Sölle(1997). *Die Hinreise. Zur religiösen Erfahrung*. Kreuz Verlag.

인간의 마지막 권리

# 참고 문헌

| 단행본 |

곽혜원,《존엄한 삶, 존엄한 죽음: 기독교 생사학의 의미와 과제》, 새물결플러스, 2014.

구인회,《죽음에 관한 철학적 고찰》, 한길사, 2015.

기시미 이치로, 노만수 옮김,《늙어갈 용기》, 에쎄, 2012.

기윤실부설 기독교윤리연구소 엮음,《소극적 안락사 무엇이 문제인가?》. 예영 커뮤니케이션, 2007.

김건열 외,《의사들, 죽음을 말하다》, 북성채, 2014.

김균진,《죽음과 부활의 신학》, 새물결플러스, 2015.

김미숙 외,《고령화사회의 사회경제적 문제와 정책대응방안》, 한국보건사회연 구원, 2003.

김여환,《죽기 전에 더 늦기 전에》, 청림출판, 2012.

김일순,《의료윤리》, 현암사, 1993.

김형숙,《도시에서 죽는다는 것》, 뜨인돌, 2017.

노영상,《기독교생명윤리 개론》, 장로회신학대학교출판부, 2004.

라몬 삼페드로, 김경주 옮김,《죽음은 내게 주어진 마지막 자유였다》. 지식의 숲, 2006.

랄프 스쿠반, 정범구 옮김,《안녕하세요, 그런데 누구시죠?》, 삼인, 2016.

랜디 포시, 제프리 재슬로, 심은우 옮김,《마지막 강의》, 살림, 2008.

레프 니콜라예비치 톨스토이, 이강은 옮김,《이반 일리치의 죽음》, 창비, 2012.

롤프 도벨리, 유영미 옮김,《불행 피하기 기술》, 인플루엔셜, 2018.

류시화 엮음,《삶의 기술: 에픽테투스 강의》, 예문, 1996.

리처드 도킨스, 홍영남 옮김,《이기적 유전자》, 을유문화사, 1993.

마이클 거리언, 윤미연 옮김,《우리는 그렇게 늙지 않는다》, 위고, 2016.

마크 아그로닌, 신동숙 옮김,《노인은 없다》, 한스미디어, 2018.

맹용길,《생명의료윤리》, 장로회신학대학출판부, 1987.

모리 슈워츠, 김승욱 옮김,《모리의 마지막 수업》, 생각의 나무, 1996.

몽테뉴, 손우성 옮김,《몽테뉴 수상록》, 동서문화사, 2017.

미치 앨봄, 공경희 역,《모리와 함께한 화요일》, 살림, 2017.

박동석 외,《고령화 쇼크》, 굿인포메이션, 2004.

박완서,《그대 아직도 꿈꾸고 있는가, 한 말씀만 하소서》, 세계사, 1999.

박충구,《한국사회와 기독교윤리》, 성서연구사, 1995.

_____,《생명복제 생명윤리》, 가치창조, 2001.

_____,《종교의 두 얼굴》, 홍성사, 2013.

빅터 프랭클, 이시형 옮김,《죽음의 수용소에서》, 청아출판사, 2005.

샘 파르니아, 조쉬 영, 박수철 옮김,《죽음을 다시 쓴다》, 페퍼민트, 2013.

서배스천 세풀베다, 지니 그레이엄 스콧, 방진이 옮김,《삶의 마지막 순간 우리가
    생각해야 하는 것들》, 현암사, 2018.

서울대학교중세르네상스연구소,《중세의 죽음》, 산처럼, 2015.

셔원 B. 누랜드, 명희진 옮김,《사람은 어떻게 죽음을 맞이하는가》, 세종서적,
    2003.

셸리 케이건, 박세연 옮김,《죽음이란 무엇인가》, 엘도라도, 2012.

스콧 래, 폴 콕스, 김상득 옮김,《생명윤리학》, 살림, 2004.

스타니슬라프 그로프, 장석만 옮김,《죽음이란》, 평단, 2013.

시몬느 드 보부아르, 성유보 옮김,《아주 편안한 죽음》, 청년정신, 2015.

신원하,《죽음에 이르는 7가지 죄》, IVP, 2012.

아리스토텔레스, 천병희 옮김,《니코마코스 윤리학》, 도서출판 숲, 2013.

아툴 가완디,《어떻게 죽을 것인가》, 부키, 2015.

알렉산드로스 벨리오스, 최보문 옮김,《나의 죽음은 나의 것》, 바다출판사, 2018.

에밀 뒤르켐, 황보종우 옮김,《자살론》, 청아출판사, 1994.

엔도 슈사쿠, 김승철 옮김,《침묵의 소리》, 동연, 2016.

엘리자베스 퀴블러 로스, 이진 옮김,《죽음과 죽어감》, 이레, 2008.

_____, 데이비드 케슬러, 김소향 옮김,《상실수업》, 인빅투스, 2014.

_____, 박충구 옮김,《삶과 죽음에 대한 기억》, 가치창조, 1998.

에마누엘 레비나스, 자크 롤랑 엮음, 김도형, 문성원, 손영창 옮김,《신, 죽음, 그리고 시간》, 그린비, 2013.

오스카 쿨만 외, 전경연 엮음,《靈魂不滅과 죽은 자의 復活》, 대한기독교서회, 1975.

오쿠마 유키코, 노명근, 노혜련 옮김,《노인복지 혁명》, 예영커뮤니케이션, 2005.

올더스 헉슬리, 정홍택 옮김,《멋진 신세계》, 소담출판사, 1997.

유달영, 손광성 엮음,《한국의 명수필 88선》, 을유문화사, 1993.

이경신,《죽음연습》, 동녘, 2016.

이이정,《죽음학 총론》, 학지사, 2011.

이현필,《이현필》, KIATS, 2014.

장 아메리, 김희상 옮김,《늙어감에 대하여》, 돌베개, 2016.

장-뤽 낭시, 이영선 옮김,《신 정의 사랑 아름다움》, 갈무리, 2012.

전병술,《죽음학》, 모시는사람들, 2000.

정재찬,《그대를 듣는다》, 휴머니스트, 2017.

정지영 엮음,《마음이 예뻐지는 시》, 나무생각, 2001.

정혁규,《웰다잉 두려움 버리기》, 상상나무, 2012.

조르주 미누아, 이세진 옮김,《자살의 역사》, 그린비, 2014.

조르주 베르나노스, 정영란 옮김,《어느 시골 신부의 일기》, 민음사, 2005.

조제프 앙투안 두생 디누아르, 성귀수 옮김,《침묵의 기술》, arte, 2016.

존 디디온, 김재성 옮김,《푸른밤》, 뮤진트리, 2012.

최준식,《임종준비》, 모시는사람들, 2013.

_____,《사후생 이야기》, 모시는사람들, 2013.

_____,《죽음학 개론》. 모시는사람들, 2013.

최철주,《존엄한 죽음》, 메디치, 2017.

케이티 버틀러, 전미영 옮김,《죽음을 원할 자유》, 명랑한 지성, 2013.

플라톤, 박종현 옮김,《국가》, 서광사, 1997.

피에르 쌍소, 김주경 옮김,《느리게 산다는 것의 의미》, 동문선, 2000.

피터 싱어, 박세연 옮김,《더 나은 세상》, 예문아카이브, 2017.

피터 G. 피터슨, 강연희 옮김,《노인들의 사회 그 불안한 미래》, 에코리브르, 2002.

필 주커먼, 박윤정 옮김,《종교 없는 삶》, 판미동, 2018.

필리프 아리에스, 이종민 옮김,《죽음의 역사》, 동문선, 1975.

한국기독교윤리학회 엮음,《삶, 죽음, 그리고 기독교 윤리》, 예영커뮤니케이션, 2006.

한국도교문화학회 엮음,《道敎와 生命思想》, 국학자료원, 1998.

헤르만 헤세, 정경석 옮김,《그대를 사랑하기에》, 민음사, 1974.

_____, 폴커 미켈스 엮음, 유혜자 옮김,《아름다운 죽음에 관한 사색》, 실천문학사, 1996.

황동규,《풍장》, 나남출판사, 1984.


Anna L. Peterson, *Being Human,* University of California Press. 2001.

Augustine, *Confessions,* The Oxford UP., 1998.

Carlos F. Gomez, *Regulating Death,* The Free Press, 1991.

Committee On Medical Ethics, Episcopal Diocese of Washington, D,C. *Assisted Suicide and Euthanasia,* Morehouse Publishing, 1997.

Diego De Leo. et al. *Aging and Suicide.* Griffith University, 2001. Downloaded from http://hdl.handle.net/10072/7266.

Dorothee Sölle and Fulbert Steffensky, *Not Just Yes & Amen.* Fortress, 1983.

Dorothee Sölle, *Die Hinreise. Zur religiösen Erfahrung.* Kreuz Verlag, 1997.

Dorothee Sölle, *The Mystery of Death.* Fortress Press, 2007.

Eduardo D. Bruera and Russell K. Portenoy, *Cancer Pain,* Cambridge University, 2010.

Eberhard Jüngel, *Tod.* Gütersloher Verlaghaus, 1985.

Emil Durkheim, *Suicide,* The Free Press, 1897.

F. M. Kamm, *Morality, Mortality,* Oxford University Press, 2001.

Gardner C. Hanks, *Against the Death Penalty,* Harald Press, 1997.

Hans Küng, Walter Jens, Dietrich Niethammer, Albin Eser, *Dying with Dignity,* New York: Continuum, 1998.

Helmut Gollwitzer, *Ich Frage Nach dem Sinn des Lebens,* Kaiser Verlag, 1982.

Jean Amery, *On Suicide,* Indiana UP, 1999.

John Keown, *Euthanasia, Ethics and Public Policy,* Cambridge UP, 2002.

John Rawls, Samuel Richard Freeman Eds., *Collected Papers,* Harvard University Press, 1999.

Joseph Gallagher, *A Modern Reader's Guide to Dante's The Divine Comedy,*

Liguori/Triumph, 1999.

Karl Menninger, *Man Against Himself,* Harcourt, Brace & World, Inc. 1966.

Konrad Raiser, *For a Culture of Life,* Geneva WCC, 2002.

Linda L. Emanuel Ed., *Regulating How We Die,* Harvard University Press, 1998.

Lisa Hobbs and Sue Rodriguez, *Uncommon Will,* MacMillan, 1994.

Mark F. Carr Ed., *Physician-Assisted Suicide,* Wheatmark, 2009.

Martin Honecker, *Konzept Einer Sozialethischen Theorie,* Tuebingen, 1971.

_____, *Sozialethik zwischen Tradition und Vernunft,* Tuebingen, 1977.

Matt Haig, *Reasons to Stay Alive,* Canongate, 2016.

Michael Burleigh, *Death and Deliverance.* Cambridge University Press, 1994.

Michael Burleich Ed., *Confronting the Nazi Past,* Cambridge UP., 1991.

Mike Magee and Michael D'Antonio. *The New Face of Aging,* Spencer Books, 2001.

Patricia W. Gray, *Death has a Thousand Doors,* Proverse Hong Kong, 2011.

P.M.H. Atwater, *Coming Back to Life,* Transpersonal Publishing, 1988.

P.M.H. Atwater, *The New Children and Near-Death Experiences,* Bear & Company, 2003.

Pope John Paul II, *The Gospel of Life(Evangelium Viae),* Random House, 1995.

Raymond Moody, *Life after Life,* Harper Collins, 1975.

Robert M. Baird and Rosenbaum Start E, *Euthanasia,* Prometheus Books, 1989.

Robert P. Johns, *Liberalism's Troubled Search for Equality,* University of Notre Dame Press, 2007.

Sigmund Freud, "Mourning and Melancholia", *Collected Papers Vol. IV,* Hogarth Press, 1920.

Shon Mehta, *The Timingila,* Sheetal, 2018.

Thieliche Helmut, *Leben mit dem Tod,* Paul Siebeck, 1980.

Tiffanie DeBarotolo, *How to Kill a Rock Star,* Sourcebooks Landmark, 2005.

Udo Benzenhöfer, *Der Gute Tod?,* Vandenhoeck&Ruprecht, 2009.

William A. Smith, *Reflections on Death, Dying and Bereavement,* Taylor and Francis, 2003.

W. M. Spellman, *A Brief History of Death,* Reaktion Books, 2015.

| 논문, 보고서, 정부 문서 |

"노인자살의 현황과 분석." 통계청, 2007.

허대석, "환자의 자기결정권과 사전의료지시서", 《대한의사협회지》, 2009.

"2013년 사망원인 통계." 통계청, 2013.

Benjamin E. Moulton, et. al. "Religion and Trends in Euthanasia Attitudes among U.S. Adults, 1977-2004." *Sociological Forum*, Vol. 21, No. 2(June 2006): 249-279.

Craig Alexa, et. al. "Attitudes towards Physician Assisted Suicide Among Physicians in Vermont." *Journal of Medical Ethics*(Jul., 2007): 400-403.

Canada Supreme Court. "Cater v. Canada Attorney General" (2015), SCC5.

Catholic News Agency. "Dutch set to permit euthanasia for a 'complete life'"(Oct 16, 2016).

Diginitas. "Ignorance, Irresponsibility and Hypocrisy — How a Majority of UK Politicians Violate Human Rights and Create Suffering and Costs". *Zurich-Forch* (2 May 2018).

EKD. "Aerztlichen Behilfe zur Selbsttötung." *EKD TEXTE*, Nr. 97(2008).

EKD. "Sterbenbegleitng statt Aktiver Sterbehilfe." *EKD TEXTE*, Nr. 17(2011).

Erin L. Boyle, "What does Stephen King Fear?" Linked in, (Oct 2, 2016); https://www.linkedin.com/pulse/what-does-stephen-king-fear-erin-l-boyle.

Evangelischen Landeskirche und des Diakonischen Werks Baden" (Februar 2015).

Gauthier, Sasakia, Mausbach J., Reisch T., Bartsch C. "Suicide Tourism: A Pilot Study on the Swiss Phenomenon." *JME* (2014): 1-7.

G. Bosshard, B. Broeckert. D. Clark, L. J. Matersvedt, H.C. Müller-Busch, B. Gordijn, "A Role for Doctors in Assisted Dying? An Analysis of Legal Regulations and Medical Professional Positions in Six European Countries." *Medical Ethics*, V. 34(2008).

G. Bosshard, E. Ulich, and W. Bär "748 Cases of Suicide Assisted by a Swiss Right-to-die Organization." *Swiss Med Weekly*, 132(2003): 310-317.

Heide Aungst, "Death with Dignity," *Geriatrics*, 63(2008), 20-22.

Inez D. de Beaufort and Suzanne van de Vathorst. "Dementia and Assisted Suicide and Euthanasia". *Journal of Neurology*. No. 262(2016).

Jan Jans, "Christian Churches and Euthanasia in the Low Countries". http://

www.ethical-perspectives.be/viewpic.php?LAN=E&TABLE=EP&ID=54.

Jean-Yves Duclos and Bouba Housseini. "Quality, Quantity and Duration of Lives." *Canadian Journal of Economics*. Vol. 48 (Jan., 2015).

J. M. Appel, "A Suicide Right for the Mentally Ill? A Swiss Case Opens a New Debate." Hastings Center Report 37 (May 2007): 21-23.

Josephine Mckenna, "Pope Warns Against the 'False Sense of Compassion' in Euthanasia." *NCR Forward* (Nov 17, 2014).

Karl Binding and Alfred Hoche, *Freigabe der Vernichtung Lebensunwertes Lebens Bioethics*, Vol. 27, No. 7 (Sep. 2013): 402-408.

Kenneth. A. Briggs, "Suicide Pact Preceded Deaths of Dr. Van Dusen and His Wife." *The New York Times* (Feb. 26, 1975).

Kiply Lukan Yaworcki, . "Reaffirm Catholic Health Care in Face of Euthanasia." *Prairie Messenger*. Vol. 94, No. 26 (Dec. 14, 2016).

Mark Lander, "Assisted Suicide of Healthy 79-Year-Old Renews German Debate on Right to Die." *The New York Times* (July 3, 2008).

NPR Morning Edition. "Stephen King On Getting Scared: 'Nothing Like Your First Time'. (September 24, 2013. 3: 58 AM ET.)https://www.npr. org/2013/09/24/223105565/stephen-king-on-getting-scared-nothing-like-your-first-time.

Oregon Public Health Division. "DWDA Report 2013."

Oregon Public Health Division. "DWDA Report 2015."

Oregon State. "Oregon's Death With Dignity Act 2014."

Peter Noll, "Kein Aufbaeumen, Keine Verzweiflung." *Der Spiegel* (1984.06.25).

Pim van Lommel, "Non-local Awareness and Near-Death Experiences." Lecture Video https://www.youtube.com/watch?v=FWaHfKvXpRs (2018.10.25.).

Public Health Division, Center for Health Statistics. "Oregon Death with Dignity Act Report 2017" (February 9, 2018).

Tom Heneghan, "Hans Kueng Considering Assisted Suicide As Parkinson's Disease Suffering Continues." *Reuters* (Oct. 4, 2013).

Urte Bejik and Mattias Kreplin, "Begleitung im Sterben — Eine Orientierungshilfe der

Michael Cook, "Switzerland's Peculiar Institution," *BioEdge* (July 24, 2015).

Walter Pahnke, "The Psychedelic Mystical Experience in the Human Encounter With Death." *Harvard Theological Review*. V. 62 (Jan. 1969).

Washington State Legislature. "The Washington Death with Dignity Act" (2009).